本书由山东省高校科研计划项目（人文社科类）基金资助（项目批准号：J18RA170）

朱熹"《易》教"思想研究

李群 著

中国社会科学出版社

图书在版编目（CIP）数据

朱熹"《易》教"思想研究 / 李群著. -- 北京：中国社会科学出版社, 2024.11. -- ISBN 978-7-5227-4335-6

Ⅰ. B244.75；B221.5

中国国家版本馆 CIP 数据核字第 2024UC9650 号

出 版 人	赵剑英
责任编辑	安　芳
责任校对	张爱华
责任印制	李寡寡

出　版	中国社会科学出版社
社　址	北京鼓楼西大街甲 158 号
邮　编	100720
网　址	http://www.csspw.cn
发 行 部	010-84083685
门 市 部	010-84029450
经　销	新华书店及其他书店
印　刷	北京明恒达印务有限公司
装　订	廊坊市广阳区广增装订厂
版　次	2024 年 11 月第 1 版
印　次	2024 年 11 月第 1 次印刷
开　本	710×1000　1/16
印　张	12.75
插　页	2
字　数	215 千字
定　价	68.00 元

凡购买中国社会科学出版社图书，如有质量问题请与本社营销中心联系调换
电话：010-84083683
版权所有　侵权必究

目　录

绪　论 …………………………………………………………… (1)
　　一　选题缘由 ………………………………………………… (1)
　　二　研究现状与综述 ………………………………………… (5)
　　三　研究内容与方法 ………………………………………… (12)

第一章　"《易》教"概念、内涵及流变 …………………… (16)
　第一节　"《易》教"的概念 ………………………………… (16)
　第二节　"《易》教"的内涵 ………………………………… (22)
　第三节　"《易》教"内涵的流变 …………………………… (25)
　　一　"《易》教"的萌芽——卜筮设教 …………………… (25)
　　二　"《易》教"的确立——以德为先、人文教化 ……… (29)
　　三　"《易》教"的凸显——明王道，正人伦 …………… (31)
　　四　"《易》教"的发展——修己安人 …………………… (34)
　　五　"《易》教"的继承——迁善改过 …………………… (37)

第二章　朱熹生平著作及"《易》教"思想形成的时代背景 …… (40)
　第一节　朱熹生平与著作 …………………………………… (40)
　　一　朱熹生平 ………………………………………………… (40)
　　二　朱熹主要著作 …………………………………………… (52)
　第二节　朱熹"《易》教"思想的时代背景 ………………… (52)
　　一　社会政治动荡　阶级矛盾加剧 ………………………… (53)
　　二　经济发展恢复　贫富不均严重 ………………………… (54)
　　三　文教活动兴盛　思想兼收并蓄 ………………………… (56)

第三章 朱熹"《易》教"思想的渊源 …… (58)
第一节 对宋易象数学"《易》教"思想的继承发展 …… (58)
一 象由数生：刘牧之《河图》《洛书》 …… (58)
二 圣人之心即太极：邵雍先天易学与后天易学 …… (61)
第二节 对宋易义理学"《易》教"思想的继承发展 …… (65)
一 "理一分殊"：李侗"《易》教" …… (65)
二 太极即理：二程以"理"为核心的义理之"《易》教" …… (68)
三 太虚即气：张载以"太虚"为核心的义理之"《易》教" …… (79)
第三节 小结 …… (84)

第四章 朱熹"《易》教"思想的理论基础 …… (87)
第一节 本体论 …… (87)
一 宇宙本体论：太极即理 …… (87)
二 心性本体论：性即理、心即理 …… (90)
第二节 本体论与方法论、认识论（工夫论）之融合：理一分殊 …… (92)

第五章 朱熹"《易》教"思想之工夫 …… (95)
第一节 《周易本义》卷首九图与《易学启蒙》中体现的"《易》教"思想 …… (97)
一 《河图》《洛书》中的"《易》教"之韵 …… (97)
二 先天易与后天易中体现的"《易》教"思想 …… (103)
第二节 《周易本义》文本中体现的"《易》教"思想 …… (120)
一 《周易本义》其书及注《易》原则方法 …… (120)
二 《周易本义》之"《易》教"思想 …… (124)
第三节 小结 …… (173)

第六章 朱熹"《易》教"思想的历史影响及当代价值 …… (175)
第一节 朱熹"《易》教"思想的历史影响 …… (175)

一　朱熹"《易》教"思想的继承发展 ……………………（175）
　　二　朱熹"《易》教"思想的局限 …………………………（179）
第二节　朱熹"《易》教"思想的当代价值 ……………………（181）
　　一　朱熹"《易》教"思想有助于当代个人品德的养成 ……（181）
　　二　朱熹"《易》教"思想有助于当代家庭教育的完善 ……（182）
　　三　朱熹"《易》教"思想有助于当代学校立德树人
　　　　目标的实现 ………………………………………………（184）
　　四　朱熹"《易》教"思想有助于当代社会伦理的提升 ……（185）

参考文献 ……………………………………………………（187）

后　记 ………………………………………………………（197）

绪　　论

一　选题缘由

（一）学界对儒家"《易》教"思想研究尚显匮乏

《周易》本为"卜筮之书"，原是夏商周三代史官掌握的卜筮之书之一。《周礼·春官宗伯·大卜》云："（大卜）掌三《易》之法：一曰《连山》，二曰《归藏》，三曰《周易》。"前两《易》已亡佚，独《周易》因孔子"老而喜《易》，序《彖》《系》《象》《说卦》《文言》"，并将其纳入儒家文献，孔子弟子在其易学思想的基础上编成《易传》（亦称《十翼》），阐发其晦隐于内的内涵同时，亦将儒家思想通过《周易》得以诠释与升华。后世儒生在此基础上不断钻研砥砺，根据时代的需求及个人解易理路的偏好，在对《周易》经传的注疏与解释中形成了悠远深邃的易学史，易学也在中国思想史中占据了不可替代的位置。可以说，"无论是汉唐经学、魏晋玄学还是宋明理学，都以《易》为其基础性理论资源，其核心问题和思维模式都通过《易》而得以阐释和证成"①。

相比易学研究的其他方面，对"《易》教"的研究则显得颇为稀疏。"《易》教"一词最早出现在《礼记·经解》："孔子曰：'入其国，其教可知也。其为人也：温柔敦厚，《诗》教也；疏通知远，《书》教也；广博易良，《乐》教也；洁静精微，《易》教也；恭俭庄敬，《礼》教也；属辞比事，《春秋》教也。'"历代儒生对"《易》教"的评论主要体现在对上述语句的注疏当中。如孔颖达疏云："'洁静精微，《易》教也'者，《易》之于人，正则获吉，邪则获凶，不为淫滥，是洁净。穷理尽性，言

---

① 张克宾：《朱熹易学思想研究》，人民出版社2015年版，第2—3页。

入秋毫，精微。"① 唯清代著名史学家章学诚著《文史通义》开篇即有《易教》上中下三篇，可见其对"《易》教"的重视。学者石明庆等②认为，章氏以《易》之贯通精神来总论文史，认为"六经"皆先王之政典，所以"六经"皆史，亦即"六经"皆礼；文由史出，故"六经"皆文；易象包"六艺"，故"六经"皆象。章氏坚持"六艺"一体论（"六艺"也称"六经"之教），而《易》则统摄其他五艺，因"《易》与天地准，故能弥纶天地之道"（《系辞上》）。现代新儒家早期代表人物马一浮（1883—1967）亦发表《观象卮言》一文，表达了类似观点。他认为："末后之教于此（'此'指《易》，引者按）揭尽，可以息言矣"③，并由《易》为出发点，建立起自身的新儒学体系。

诚然，历代大儒之所以对《易》经传本身的研究兴趣大于"《易》教"之研究兴趣，其原因并非"《易》教"之意浅矣。反之，《易》本身即为"教"之源。比起"教"，古人更讲求对"学"的推重。在师法和家法的传承与发扬中，儒学后生不断通过自身对于"道"的理解，孜孜以求于"道我合一"的境界，试图达到"修齐治平"、内外双修的目的。在此过程中，易学不仅得到发展和沿承，修习者亦可获得人生意义的追求。古代思想家对教育之实的命名不是用"教育"一词，而是分别采用"教"和"学"这两个词。二者比较起来，则又以"学"为重。换言之，作为经学教育的一部分，习《易》的过程即是接受《易》之教的过程，传承《易》的过程即是"教授"《易》的过程。"易学"与"《易》教"是同一过程之两面，二者相辅相成，所谓"教学相长"是也。因此，诸多易学家亦是教育家，反之亦然。

随着现代教育的产生，教育学逐渐成为一门独立的学科。而随着科举考试退出历史舞台，《周易》也同其他的经学一道成为哲学界专门研究的内容，经学教育亦与现代教育体系分道扬镳。著名学者黄济开中国教育哲学之先，他认为，"要建立具有中国特色的教育哲学，就必须研究中国古

---

① （唐）孔颖达：《礼记正义》卷50，北京大学出版社1999年版，第1369页。
② 石明庆、马斗成：《章学诚〈易教〉篇与六艺一体论——兼论易学与章学诚的学术精神》，《周易研究》2012年第5期。
③ 马一浮：《观象卮言》，《复性书院讲录》卷6，见虞万里校点《马一浮集》第1册，浙江古籍出版社、浙江教育出版社1996年版，第489页。

代的教育哲学思想"。① 而《易》作为"六经之首""大道之原",是中国古代教育哲学不可或缺的一部分。然而,由于《易》体系之复杂、庞大,尤其是自宋代欧阳修首发异议之后,疑古思潮冲击不断,孔子与《易》之关系遭到近乎全面的否定。自近代教育伊始,学界研究"《易》教"者寥寥无几。不过,随着1972年长沙马王堆帛书《周易》经传的出土和诠释,学界对孔子与《周易》关系的认识发生了根本性的转变,这为重新探讨"《易》教"成为可能。之后,国内开始了对"《易》教"的研究,但成果颇为匮乏,"《易》教"内容仅涉及先秦,此方面的研究将在第二部分研究现状及趋势中详述。

(二) 朱熹易学思想与教育思想缺乏贯通

钱穆曾云:"在中国历史上,前古有孔子,近古有朱子,此两人,皆在中国学术思想史及中国文化史上发出莫大声光,留下莫大影响。旷观全史,恐无第三人堪与伦比。"② 作为宋朝著名的理学家、思想家、哲学家、教育家及儒学的集大成者,朱熹不仅于理学有莫大贡献,对易学的研究亦颇为深入。其在吕祖谦《古周易》基础上,撰写了代表其易学思想的《周易本义》《易学启蒙》《太极图说解》《通书注》,包含其易学思想的《晦庵先生朱文公文集》及与友人论《易》的书信。同时,朱门后生根据朱子讲学记录编写的《朱子语类》以及其孙朱鉴根据语类及文集汇编的《文公易说》都是其易学、"《易》教"思想的明证。但笔者通过文献综述发现,中国哲学界对朱熹的研究主要是在其经学思想、易学思想及理学思想上,而教育学界仅把朱熹教育思想的哲学基础追溯至其理学思想。根据哲学界学人的研究,朱熹理学思想之根源本于《易》,此研究发现将会对其教育思想更加深入全面的认识起到十分重要的作用。然遗憾的是,目前学界对其"《易》教"思想的研究尚付阙如。

(三) 中国教育哲学重要的思想补充

正如黄济所说,中国古代教育哲学思想是建立有中国特色的教育哲学的重要资源。在注意"古为今用"的同时,也应注意"尊重历史的辩证

---

① 黄济:《中国古代教育哲学思想的发展历程及其主要特点》,《北京师范大学学报(社会科学版)》1994年第6期。

② 钱穆:《朱子学提纲》,生活·读书·新知三联书店2014年版,第1页。

发展",并"用历史观点来评价历史人物"。① 这就要求我们必须深入到中国古代教育哲学中去,用历史理性的视角挖掘不同时代、不同流派以及不同人物的教育哲学思想,"集古代优秀文化之大成"。

作为儒家主要思想典籍"六经之首"的《周易》,是研究儒家教育思想十分重要的素材。不仅《周易》经传成为儒生研究拜读的内容,其不同时代的权威注本亦成为科举考试的必备书目。诸如,唐代孔颖达所著《周易正义》成为唐代科举考试"经"类的主要内容;再如,宋代朱熹所著《周易本义》成为明清学校的官方教科书。因此,《周易》与教育的关系可谓紧密相连。然自改革开放中国教育哲学得以重新在大学展开研究和教学以来,对《周易》教育思想的研究颇显不足。从中国知网硕博论文来看,仅有几篇硕士论文涉及《周易》的教育思想。从期刊论文的数量来看,以《周易》教育为主题的论文只有一百多篇(1982—2024),其主题主要涉及具体卦以及《易传》所体现的教育思想或者从教育学分支如教育管理学、道德教育、大学人文教育等方面探究《周易》中所体现的教育思想及对当代教育的镜鉴。然以历史理性视角专门研究《易》教思想的成果,则只有宋立林撰写的硕士论文《孔子〈易〉教思想研究》(2006),胡玉翠、王彬合撰的论文《〈易〉教的三重向度:简易、不易、变易》(2020),以及宋立林围绕孔子"《易》教"撰写的几篇期刊论文。其他涉及"《易》教"一词的论文几乎很少涉及对"《易》教"本身的探讨,在此不做引述。可以说,作为儒家教育思想重要组成部分的"《易》教"思想是中国古代教育哲学思想不可逾越的研究范畴,也是建立中国教育哲学重要的思想素材之补充。

(四)"《易》教"思想的现实意义有待进一步发掘

中国古代的教育哲学思想要想"古为今用",必须适应当代的教育追求和教育实践。如冯建军所说,"中国教育哲学的建立需要以当代中国的教育精神为根,合理吸收西方教育哲学和中国传统教育哲学的资源"②。同时,《周易》作为中国思想文化之"大道之原",要想在新的时代焕发

---

① 黄济:《关于传统教育现代化的几点思考》,《北京师范大学学报(社会科学版)》1995年第5期。

② 冯建军:《新时期我国教育哲学发现的三个基本问题》,《教育研究》2015年第1期。

生命与活力，也应适应新的时代需求而加入新的理解、诠释和应用。西方诠释学中的"视域融合"说认为，诠释者只有首先充分融入原文本当中，并将自己的知识结构和时代印记镶嵌其中，从而在尊重原文本含义的同时，将时代与个人的视域与原文本和原作者的视域融合为一，从而达成对文本新的理解。因此，"《易》教"思想虽古已有之，但如果没有新时代教育哲学新的诠释与应用便不会得以继续发展；而作为中国古代教育哲学的重要组成成分，"《易》教"亦应被我们当代的教育界重新拾起，用以丰富我们的教育理论与实践，真正做到将"教育哲学在中国"变成"中国教育哲学"，这是当代中国教育哲学界的学人所不可推卸的责任。

二 研究现状与综述

（一）有关"《易》教"的研究

有关"《易》教"的专门研究，有宋立林的硕士论文《孔子〈易〉教思想研究》及后续的数篇论文，以及胡玉翠、王彬合撰的论文《〈易〉教的三重向度：简易、不易、变易》。通过对保存在今、帛本《易传》和其他文献中的大量"孔子易说"等显性资料及保存在《孔子家语》等文献中"孔子易说"之隐性资料的考察，宋立林认为，孔子"《易》教"的独特性体现在其针对大人、君子的"教育、教化"性及针对庶民的"宗教"性；孔子"《易》教"建立在"天人合一"思想基础上，同时对不同阶层分别强调了"观其德义"和"神道设教"两种不同教化方式；孔子"《易》教"思想可概括为："忧患与谦让""重言与慎言""尚变与重时""德博而化"等方面；另外，孔子将"《易》教"目的和效果概括为"洁静精微而不贼"是由《易》本身的特点决定的。① 胡玉翠、王彬则从教化方式角度探讨"《易》教"在由形而下的生活教化上升为形而上的哲学教化过程中所呈现出的中国式哲学方式：首先，"《易》教"采用以象示意的简易之教来教化民众；其次，"《易》教"以阴阳互动的变易之教来明示君子要唯变是从；最后，天道下济人道，"《易》教"以不易之德来实现社会伦理秩序的不易。② 前者从历史理性的角度，专门探讨了

---

① 宋立林：《孔子"易教"思想研究》，硕士学位论文，曲阜师范大学，2006年。
② 胡玉翠、王彬：《易教的三重向度：简易、不易、变易》，《周易研究》2020年第4期。

孔子"《易》教"的特征、方式、内容等，为"《易》教"的个别化研究提供了研究范式的参考；后者跨越历史，从三种不同的《周易》教化方式入手，结合《易》之"简易""变易""不易"的内涵，深入探讨了《易》教的"象"（简易）、"时"（变易）、"位"（不易）对人及社会的教化作用，不啻为一种崭新的视角，对后续研究具有一定的启发。台湾地区学者赖贵三曾发专文《孔子的〈易〉教》《孟子的〈易〉教》，试图探赜、梳理孔孟与《易》之关系及其主要思想，并借之对孔孟的道德哲学进行全面的观照和统整。以《孔子的〈易〉教》为例，赖氏通过对通行本《周易》及帛书本《易传》为主的文本的爬梳，试图对孔子天道、人事与心性的思想全貌做全面的分析与统整，并再次确立《易传》在儒家哲学思想发展上的根本价值。同时，他得出了以下结论，《易传》与《论语》在思想上有密切的内在相承脉络；易乾以仁为创生根本，《论语》以仁立成德教化，省思孔子的"《易》教"，建构为"践行"的价值体系与功夫；重视个人的德行修养，以配合天地宇宙的自然规律："天人合德。"通过对《系辞》上下传、《帛书易传》，尤其是其《要》《缪和》及《昭力》等篇内容的细致考察，再次确认了"孔子论易的事迹应该是可靠而信征的"[①]。

就中国知网及谷歌学术搜索的资料来看，除上述研究之外，《周易》与教育、教化之间关系的研究可谓成果丰富，主要有以下三种理路。首先，从教育哲学的角度通论《周易》经传中所体现的教育思想与观念。例如台湾地区学者周甘逢撰写的博士论文《周易教育思想研究》（1995）试图借《周易》经传内涵及相关文献，钩弋出《周易》教育哲学基础，由此解析教育思想内涵与时代意义，并阐释其对后世人文之影响，建议规划我国未来发展的具体途径。[②] 其次，从教育学分支或相关领域探讨《周易》与教育的关系以求对当代教育有所借鉴。如杨昌勇从教育具有的社会学性质、教育与政治法治、宗教、社会风俗习惯、生产劳动等方面的结合论证了《周易》经传中所蕴含的丰富的教育社会学思想，同时也客观

[①] 赖贵三：《孔子的易教》，文津出版社2007年版。
[②] 周甘逢：《周易教育思想研究》，高雄师范大学，博士论文，1995年。

地提出了其与当代社会发展特点之不适切之处。① 再如黄正泉从伦理学及道德教育的角度探讨《周易》之道德谱系。他认为，《周易》构建了一种特殊的道德谱系，这种道德谱系由本能无意识、文化无意识、社会意识、自我意识道德化四个层面构成。《周易》的道德谱系把"人"与"道"联系起来，从而有了"人道"，也把"道"与"德"联系起来，从而有了"道德"。故其既是人学，亦是伦理学。② 另如黄海啸从《周易》的视野观照当下大学的人文教育，并从《易传》天地人"三才"之道中把握"人文化成"的丰富内涵。他认为，人们可以从"乾""坤"两卦中体会"自强不息""厚德载物"的人生哲学，亦可以从《易经》求内与治外相统一的思想与儒家内圣外王品格二者之间的融通追求儒家天地人伦"十字打开"的"成人""达人"人格。③ 最后，通过《易传》所体现的若干思想及具体卦的教育内涵探讨《周易》与古代教育的关系及其中所蕴含的教育智慧。譬如谈嘉德从"蒙"卦的卦体、卦辞、爻辞入手，探讨了师生关系、受教育者的不同类型、教育者启蒙之方法及效果等方面，论证了教育之滥觞源于《周易》之"蒙"卦。④ 姜国钧通过《易》的内涵（简易、变易）、乾、坤二卦的特点以及"和合"思想等方面论述了古代教育绵延不绝的原因⑤，从侧面印证了《周易》作为古代教育之源不可替代的地位。

由上可知，对"《易》教"的研究，学界主要集中在三个方面。第一，对儒家"《易》教"定义及内涵的研究。清代章学诚《文史通义》认为：儒家"《易》教"既包含教育教学义（体例之教），更包含政教教化义。⑥ 此处的教育教学义主要指对于《周易》经传及其诠释文本具体的教育教学活动。台湾地区学者高明认为：孔子"《易》教"包含"不占而已"（义理）、"可以无大过"（德性）两点。⑦ 大陆学者宋立林认为，孔

---

① 杨昌勇：《论〈周易〉的教育社会学思想》，《齐鲁学刊》1994年第1期。
② 黄正泉：《论〈周易〉的道德谱系》，《伦理学研究》2006年第6期。
③ 黄海啸：《〈周易〉视野下的大学人文教育》，《周易研究》2008年第4期。
④ 谈嘉德：《〈周易·蒙卦〉是儒家教育思想的滥觞》，《孔子研究》1986年第3期。
⑤ 姜国钧：《大易哲学与中国古代教育之绵延》，《大学教育科学》2007年第6期。
⑥ （清）章学诚：《文史通义校注·易教上》，中华书局1983年版，第1页。
⑦ 高明：《孔子的易教》，《高明文辑》（上），台湾黎明文化事业公司1978年版。

子"《易》教"应包含"教化"及"宗教性"双重含义。前者隶属于"六经"之教的教化系统；后者则是由《周易》的特殊性所决定的。其宗教性体现在对下愚的"神道设教"及君子"性与天道"（哲学性）思想的开启。但因其最终落实到人道，故儒家"《易》教"从本质上看主要指《周易》的教化。① 综上，儒家"《易》教"从内涵上分教育教学义、政教教化义及宗教义三个层面，但从从属关系来说，教育教学义及宗教义从属于教化义，故笔者同意宋立林的看法，即儒家"《易》教"主要是"《周易》的教化"的观点。

第二，对《周易》经传中包含的"《易》教"思想的研究，此方面分为两类。第一类是《周易》经传的教化思想，又分为两个理路。第一个理路是以杨昌勇②、张俊相③、李笑野④、江净帆⑤、郑万耕⑥等学者为代表，他们遵循儒家"《易》教"之根本内涵，探讨《周易》经传中所蕴含的道德教化思想；第二个理路以谈嘉德⑦、杨昌勇⑧、杨春增⑨、戴永新⑩、黄海啸⑪等为代表，根据当代教育之内涵，探讨《周易》经传中所蕴含的丰富的教育理念，譬如人文教育、启蒙教育、教育管理、家庭教育、素质教育、和谐教育、教育社会学等。第二类是《周易》经传的宗教思想。此类也分为两点，包括"卜筮""神道设教"思想及"性与天道"的哲学思想。比较有代表性的观点有：王新春认为，《周易》古经"卜筮"思想中蕴含的"人的发现"的意蕴，通过《易传》得到了哲学

---

① 宋立林：《孔子"易教"思想发微》，《燕山大学学报（哲学社会科学版）》2012年第3期。
② 杨昌勇：《论〈周易〉的教育社会学思想》，《齐鲁学刊》1994年第1期。
③ 张俊相：《〈周易·蒙卦〉的童蒙道德养成教育观》，《伦理学研究》2008年第1期。
④ 李笑野：《〈周易〉教育思想探微》，《长白学刊》2000年第6期。
⑤ 江净帆：《论〈周易〉"谦"卦之谦德教化意蕴》，《重庆师范大学学报（哲学社会科学版）》2011年第1期。
⑥ 郑万耕：《〈周易·象传〉及其教化观念》，《孔子研究》2013年第6期。
⑦ 谈嘉德：《〈周易·蒙卦〉是儒家教育思想的滥觞》，《孔子研究》1986年第3期。
⑧ 杨昌勇：《论〈周易〉的教育社会学思想》，《齐鲁学刊》1994年第1期。
⑨ 杨春增：《论〈周易〉教育管理思想》，《天津市教科院学报》2006年第6期。
⑩ 戴永新：《〈周易〉的领导素质教育探微》，《管子学刊》2003年第2期。戴永新：《〈周易·家人〉卦家庭教育思想探微》，《济南大学学报（社会科学版）》2004年第1期。
⑪ 黄海啸：《〈周易〉视野下的大学人文教育》，《周易研究》2008年第4期。

层面上的升华，由此确立起易学天人之学的哲学品格，其中也透显出宗教巫术的非理性信仰向理性转化的过程。① 沈志权②、孔德立③等认为《周易》中所蕴含的祭祀、卜筮及神道设教思想揭示了其背后的伦理教化功能。翁美琪认为，从夏商的敬畏天命到《周易》的天人合一，中华远古文化清晰而典型地呈现了"哲学起源于宗教"这一发展轨迹。④ 综上，《周易》中蕴含的宗教思想以卜筮为起点，在人的理性思维的发展中逐渐升腾出哲学性及伦理性，成为中国文化、哲学及教育等思想中更为重要的元素。

第三，对儒家代表人物"《易》教"思想的研究。此方面的研究以孔子及孟子"《易》教"思想为主。从清代至今，章学诚、马一浮、高明、赖贵三、宋立林等人都对孔子"《易》教"思想进行了探讨。其中宋立林发文数篇分别探讨了孔子"《易》教"思想所涉及的基本内容、哲学根据、目的效果及方式，"洁净精微"的"《易》教"观之内涵及前孔子时代的"《易》教"传统。另有赖贵三的《孟子的〈易〉教》，试图探赜、梳理孟子与《周易》的关系及其主要思想，并借此对孟子的道德哲学进行全面的观照和统整。上述研究对今后开展其他儒家代表人物的"《易》教"研究提供了很好的理论和逻辑基础。

通过以上研究综述不难发现，学界对"《易》教"思想的发掘可谓仁者见仁、智者见智，但其中所存在的问题也颇为明显。首先，其研究呈点状分布，以点及面者多于综而述之者，缺乏对"《易》教"系统深入的研究。其次，综而述之者往往缺乏历史理性，将"《易》教"视为总体固定不变的研究对象。实则如前所言，《周易》经传的形成是一个漫长的历史过程，历代儒家根据时代的需求及《周易》经传注疏路数的差异，对文本的阐释与证成便有显著之差别。仅从诠释路数上分，大致就有以汉代为代表的象数派、以宋代为代表的义理派以及影响相对较弱的历史派。在同一时代，亦有支持不同理路的解易派别同时存在。譬如在宋代，就有以二

---

① 王新春：《卜筮与〈周易〉》，《周易研究》2003年第6期。
② 沈志权：《〈周易〉祭祀与神道设教》，《求索》2011年第3期。
③ 孔德立：《〈周易〉与孔子的"神道设教"思想》，《中国儒学》2013年。
④ 翁美琪：《从〈周易〉看哲学起源于宗教》，《中国哲学史》1994年第2期。

程为主的义理派，以邵雍为主的先天象数学派以及以朱熹为代表的象数、义理兼容派。故基于"《易》教"思想磅礴深邃，仅就《周易》经传本身抑或某一诠释者或派别相关"《易》教"理论为纲显然缺乏公允和客观性，故难以反映"《易》教"思想发展的本来面貌。最后，"《易》教"一词古已有之，学界仅从以西方为宗的当代教育视角审视之，无法客观地体现"《易》教"源流以及各时代儒家因解易理路以及易学思想之差异而体现出的"《易》教"思想的异同，对于具体思想家、教育家的"《易》教"研究更无从谈起。

综上所言，易学须讲史，"《易》教"亦须讲史，所谓"六经皆史也"，"《易》教"亦须放置于不同的时代方能客观地予以评价和审视。《周易》是中国教育教化的滥觞，故对典型时代与代表人物"《易》教"思想的研究，对中国教育教化史的发展以及各时代及代表人物"《易》教"思想深入全面的了解是一项必不可少的工作。

（二）朱熹"《易》教"思想的研究

涉及朱熹"《易》教"思想研究的第一种来源是在后人对其易学思想的研究体系中。朱伯崑认为，朱熹从"《易》乃卜筮之书"的观点出发，以历史理性的视野将《周易》经传的形成看成一个经过三圣或四圣的阐发逐渐形成的过程，并将之分为三类：伏羲易，文王、周公易和孔子易。"圣人之道虽同，但由于各时代的社会风俗和人们的精神面貌不同，其教人的方法也因而不同。"① 伏羲易以"开物成务"，从而达到教人趋利避害的目的。文王、周公易作卦爻辞，说明伏羲所画卦象的吉凶之义，但尚无深远之道理。至孔子易方讲出一些道理，即阴阳消长盈虚之理。张克宾认为，不同于宋明理学家所认为的"《易》教"的根本在于穷理尽性的普遍看法，朱熹提出"《易》以卜筮设教"的观点，并从卜筮出发，揭示了圣人之教中"开物成务"和"进德修业"的双重宗旨。② 可以说，两位学者基于朱子著作的研究，深刻而客观地反映了朱熹"《易》教"的两种范式以及不同受教对象，从而表达了朱熹独特而有创见的"《易》教"思想。

涉及朱熹"《易》教"思想的第二种来源或可在对朱熹的经学、理学

---

① 朱伯崑：《易学哲学史》第2卷，昆仑出版社2005年版，第469页。
② 张克宾：《朱熹易学思想研究》，人民出版社2015年版，第50页。

教育思想的研究与朱熹易学研究的勾连中寻找出一丝线索。在朱熹的教育活动中，经是其主要的教学内容之一。于述胜认为朱熹有明显的重经轻史的倾向，因"《六经》是三代以上之书，曾经圣人之手，全是天理；史书为三代以下之书，有得有失"。同时，他也"力倡文道合一而以道为本"。① 可见，作为"六经"之一的《周易》亦是其主要的教学内容之一。另外，他还探讨了"朱熹教育思想的内在逻辑结构"，认为"理气分合"是朱熹教育思想的逻辑起点。② 而朱伯崑认为，"其（指朱熹，引者按）哲学体系的核心即本体论，是通过对《周易》经传的解释和阐发而建立起来的。朱熹哲学中的重要问题，如理气问题、理事问题、人性问题、动静问题，都是从其易学命题中引申出来的"③。融合二家之说，朱熹教育教化思想来源于其易学思想无疑。周劲松等分析了"性即理"的人性论、"天理"与"人欲"两相对立、"格物"与"穷理"的关系、"力行"与"致知"四方面对教育作用、教育目的、教育阶段划分及道德教育方法的影响的基础上，进一步探讨了朱熹教育思想可能的哲学基础。④ 史少博则系统归纳了朱熹易学与理学主要思想之间的关系⑤，从另一个侧面印证了朱熹教育教化思想的哲学本源为《周易》。

（三）研究综述

从文献角度来说，相关方向的研究进展为朱熹"《易》教"思想及其当代价值的研究提供了条件。其一，易学作为独立的学科在近代学人的努力下建立起来，并取得了丰硕的研究成果。其二，朱熹思想研究所取得的丰硕成果，这体现在：1. 朱熹经历及生活背景研究，其中包括清代王懋竑等撰写的《朱子年谱》，清代李光地编纂的《朱子全书》，束景南撰写的《朱子大传》及《朱熹年谱长编》等研究成果对了解朱熹"《易》教"的社会背景及早期所受"《易》教"的情况有所裨益；2. 朱熹思想研究，包括朱熹哲学、经学、理学、教育学等方面。仅在教育领域，就有王炳照

---

① 于述胜：《朱熹与南宋教育思潮》，山东大学出版社1996年版，第84—85页。
② 于述胜：《朱熹与南宋教育思潮》，山东大学出版社1996年版，第156页。
③ 朱伯崑：《易学哲学史》第2卷，昆仑出版社2005年版，第490页。
④ 周劲松、谢俊：《试论朱熹教育思想的哲学基础》，《湖南师范大学教育科学学报》2005年第2期。
⑤ 史少博：《朱熹易学和理学的关系探赜》，黑龙江人民出版社2006年版。

等主编的《中国教育思想通史》、陈超群等主编的《中国教育哲学史》等，皆对朱熹的教育思想进行了比较全面的总结，王倩的《朱熹诗教思想研究》（2009）对朱熹其他方面经学教化的研究思路有启发意义；3. 朱熹易学思想研究。比较有代表性的成果包括：朱伯崑的《易学哲学史》（2005）对朱熹的易学思想有比较深入的总结；张克宾的《朱熹易学思想研究》（2015）等以专著的形式对朱熹的易学思想进行全面深入的研究，对朱熹"《易》教"思想的研究也有颇多启发。

综上可知，从教育领域来看，学界对朱熹教育思想哲学基础的研究仅追溯至其理学主要思想为止；而从中国哲学领域来看，目前学界已经达成朱熹易学思想乃是其建构理学思想基础的共识，之间之贯通呼之欲出，然仍待学者做进一步思路的理清。同时，朱熹研《易》颇为用力，其"《易》教"思想是其经学教育思想的主要内容之一，亦是其理学教育思想之理论源头，故把握其"《易》教"思想之源流及其核心内涵是全面把握朱熹教育教化思想的关键所在。

三　研究内容与方法

（一）研究内容

朱熹"《易》教"思想是一个复杂而庞大的思想体系，在中国"《易》教"史上起到承上启下的作用，为儒家"《易》教"思想的本体论生成以及工夫论展开开辟了一条崭新的道路。

本书主要内容概括为以下六部分：

第一部分：针对"《易》教"的概念、内涵及内涵流变进行历史性梳理与归纳。

第二部分：主要涉及朱熹生平、著作及"《易》教"思想形成的时代背景。

第三部分：主要探讨朱熹"《易》教"思想的渊源，包括朱熹"《易》教"对宋代象数易学"《易》教"思想的继承和发展以及对宋代义理易学"《易》教"思想的继承和发展两部分。前者涉及刘牧的河图洛书学中的"《易》教"思想以及邵雍先天易和后天易中的"《易》教"思想。后者包括朱熹其师李侗以"理一分殊"为核心的义理之"《易》教"思想、二程以"理"为核心的义理之"《易》教"思想以及张载以"太虚"为核心的义理之"《易》教"思想。

第四部分：主要研究朱熹"《易》教"思想的理论基础，主要包括朱熹"《易》教"思想的本体论、方法论、认识论（工夫论）。首先，本体论方面，主要是从宇宙本体论角度阐述了"太极即理"的思想，从心性本体论角度阐述了"性即理""心即理"思想。其次，通过"理一分殊"分析了其在贯通朱熹"《易》教"本体论、方法论、认识论（工夫论）方面所发挥的作用，并简要说明了朱熹"《易》教"思想的方法论为"分殊体认"，认识论（即工夫论）为"敬知双修"。

第五部分：主要围绕朱熹主要易学著作《周易本义》《易学启蒙》及其他著作中涉及的"《易》教"思想及工夫的剖析。第一节主要针对图示及其解说方面，即《周易本义》卷首九图以及《易学启蒙》中所体现的"《易》教"思想；第二节主要针对文本方面，即《周易本义》文本中所体现的"《易》教"思想，尤其是针对其中的《乾》《坤》二卦以及"三陈九卦"中蕴含的"《易》教"思想进行了系统梳理，从而了解其"《易》教"思想的核心内容及主体逻辑框架。

第六部分：主要研究朱熹"《易》教"思想的历史影响及当代价值。在历史影响方面，主要涉及朱熹本人及其后学对其"《易》教"在思想和实践方面的具体展开及继承发展，并梳理其思想的局限性；在当代价值方面主要分为四个方面，即分别从个人品德养成、家庭教化体系完善、学校教化借鉴，以及社会伦理完善对朱熹"《易》教"思想的当代价值进行了简明扼要的梳理。

（二）研究思路和研究方法

1. 研究思路

本书从易学与教化思想相关文献出发，对宋代理学大家朱熹之"《易》教"思想进行全面的爬梳与考察以达到以下几方面的目标：第一，辨明儒家"《易》教"思想的源流；第二，探赜朱熹思想中易学、理学与教化三者之间的关系；第三，把握朱熹"《易》教"之全体，为儒家"《易》教"在宋代尤其是南宋时期的发展以及后期的传承与创新厘清脉络，为"《易》教"的当代价值寻求一种可能的出路。

2. 研究方法

（1）文献法：本书拟查阅有关朱子"《易》教"思想相关的古代典

籍、近现代书籍、文献与报刊，收集整理与本书相关的资料并加以分析鉴别，试图厘清朱熹"《易》教"的本来面目，并与其理学思想及教化思想相勾连，试图建立一个立体全面的朱熹"《易》教"图景。

（2）考辨法：本书试图考辨朱熹"《易》教"产生的历史背景史实的真伪，为客观反映其"《易》教"思想产生的社会背景及与前人"《易》教"思想之关联打下较为坚实的基础。

（3）历史比较法：本书试图比较前人与朱熹在解《易》理路，具体卦爻辞中字句诠释以及"《易》教"思想的异同，借此突出朱熹"《易》教"之创新与特点。

（4）文字训诂法：本书以《尔雅》《说文解字》《经典释文》《辞源》及《周易》代表性注疏本为参考，结合朱熹对《周易》经传中关键字词的解释，厘清朱子在注释《周易》经传过程中所秉持的理论依据，从而把握其"《易》教"思想的立论之本。

（5）历史与逻辑相统一方法：本书将对朱熹"《易》教"形成的历史过程的考察与对朱熹"《易》教"思想内部逻辑的分析有机结合，在历史的发展脉络中明确其逻辑关系，以求客观、立体、全面地展示朱熹"《易》教"的全貌。

（三）研究难点及创新点

1. 难点

（1）拟突破的难题

首先，明确朱熹"《易》教"之"教"所体现的内在含义及与其他儒者之异同。其次，通过分析整理古今文献，考察儒家"《易》教"思想的源流。最后，把握朱熹"《易》教"思想的哲学基础及渊源。另外，借助朱熹及其后学的"《易》教"实践，对朱熹"《易》教"当代价值进行深入挖掘。

（2）拟攻克的难关

首先，资料的收集、整理、理解和消化。本书的相关资料除现代学人相关著述之外，主要是与朱子相关的古文献的整理和理解。笔者拟通过现代学人的有关著述为引，对《朱子全书》及朱子有关易学著作中的相关内容进行细致阅读，抽离出其思想主干及源流。

其次，研究的广度和深度。本书的对象为代表理学之大成的朱子，其著作等身，研究者亦甚多。同时，其"《易》教"思想涉及易学、理学、教育学等诸学科的相关内容，既须对易学之源流有清晰的了解，亦须了解朱子在其理学思想形成过程中，其易学思想所起的作用，还须对其教化过程及受教化过程中"《易》教"思想形成与传授的来龙去脉做到融会贯通，这需要研究者在阅读大量相关文献的基础上，客观全面地梳理出三者之间的逻辑关系。

2. 创新点

首先，随着考古学的发现，长沙马王堆帛书《周易》经传的出土和诠释使"《易》教"之研究成为可能。但近年来，学界对"《易》教"的研究还颇为匮乏，仅有孔孟"《易》教"的研究得以面世。朱熹作为儒学大家，其易学思想及解易方法早已被易学界接受且对后世易学思想影响巨大。而其"《易》教"思想则几无人专门涉猎，故若此研究假设得以确立，则会对儒家"《易》教"思想作一有力补充。

其次，本书亦对朱子学的研究提供一种新的视角，使其《易》、理、教得以贯通，同时也是对易学在中国教化思想方面的价值得以证成，丰富中国教育哲学的研究广度及深度。

最后，通过梳理朱熹及其后学对"《易》教"的实践，并结合当代社会的现实问题，对朱熹"《易》教"当代价值进行全面挖掘，试图探讨儒家"《易》教"思想之于当代社会的价值体现，为儒学思想的继承与发扬提供一种可能的方向和思路。

第一章

"《易》教"概念、内涵及流变

第一节 "《易》教"的概念

"《易》教"是儒家"六经"之教的重要内容。何谓"《易》教"？目前学界有两种概念界定。一种为："《易》教"乃《易》的教化。《周易辞典》中对"洁静精微《易》教也"词条的解释中写道："洁，通洁，纯洁；静，安闲。精微，见解深刻，具有洞察能力。凡具有此类性情者，即是《易经》教化的结果。"①强调对人性情的改变所起到的教化作用。学者杨朝明、宋立林站在儒学的视角皆赞同这一观点。杨朝明认为，孔子之所以重视包括《易》在内的"六经"，是因为看到了其中蕴含的先王之道，认识到了其所具有的教化作用。②宋立林认为，《周易》"卜筮其表，哲理其里"的性质使之自始便具有教化的功能。③而另一种认为"《易》教"乃《易》的教育。④《中国哲学大辞典》不仅对于"《易》教"一词有上述明确的概念，并且认为孔子在《礼记·经解》对"《易》教"的评价"肯定了《易》教的价值和意义。……《易》教，主要是为掌握事物变化的规律，以便趋吉避凶，决定行止"。强调从学《易》出发，认识事物变化的规律从而达到指导并改变人行为举止乃至德性的目的，因此是一种广义的教育。

---

① 金景芳、吕绍纲：《周易辞典》，吉林大学出版社1992年版，第423页。
② 杨朝明：《"六经"之教和孔子遗说——略谈孔子研究的资料问题》，《周秦社会与文化研究——纪念中国先秦史学会成立20周年学术研讨会论文集》，2002年。
③ 宋立林：《前孔子时代的"易教"传统发微》，《国学论衡》（第五辑），2009年。
④ 张岱年：《中国哲学大辞典》（修订本），上海辞书出版社2014年版，第374页。

上述两种概念分别站在儒学、中国哲学和教育学的视角对"《易》教"一词进行了界定，二者都有各自的立场及可取之处，但又有其阐而未明之处。在上述概念中，仅就"易"的定义来看就有"《易经》""《周易》""《易》"三种说法；而"教"字则有"教育"与"教化"两个不同的范畴。在笔者看来，若要厘清"《易》教"之概念，须首先将"易"与"教"之义分而述之，再结合"《易》教"所产生的年代及历史背景予以考察，方可确定其真正含义。

首先，"易"有"三易"之说。据《周礼·大卜》记载："大卜……掌三易之法，一曰《连山》，二曰《归藏》，三曰《周易》。其经卦皆八，其别皆六十有四。"东汉郑玄在其所著《易赞》中解释道："夏曰《连山》，殷曰《归藏》，周曰《周易》。""《连山》者，象山之出云，连连不绝；《归藏》者，万物莫不归藏于其中；《周易》者，言易道周普无所不备。""三易"中的《连山》《归藏》相传是夏、殷时的筮书，现已亡佚，现仅独存《周易》一书。《周易》一词最早记载于《左传》。如《左传·庄公二十二年》中言："周史有以《周易》见陈侯者。"《左传·襄公九年》："姜曰：'亡，是于《周易》曰"随，元亨利贞……"'"《左传·昭公七年》："孔成子以《周易》筮之。"自阴阳爻画组成八卦，至八卦重为六十四卦，最后到《周易》全书的完成，中间经历了几代人的采辑、订正和增补，至殷末周初全书才得以完成，而《周易》作为书名，据学界考据早在春秋时代甚至更早便已形成。在先秦，《周易》称为"上下篇"。《汉书·艺文志》："文王重《易》六爻作上下篇。"至孟喜，人们已称"上下经"。《周易》上篇三十卦，下篇三十四卦，两篇合起来共计六十四卦。

至春秋时期，孔子"晚而喜易"，"读易韦编三绝"（《史记·孔子世家》），发现其中有"古之遗言"，遂将《周易》上下经纳入儒家经典，并开解《易》之先河。《论语·子路》记载："子曰：'南人有言曰："人而无恒，不可以作巫医。"善夫！''不恒其德，或承之羞'，子曰：'不占而已矣。'"孔子以南人所言，人无恒心不可作巫医，解释《周易》恒卦九三爻辞，强调卦爻辞的道德修养意义。同时认为，善学《易》的人，不必去占筮，而是应提高个人道德境界。《论语·述而》又说："加我数年，五十以学《易》，可以无大过矣。"认为学《易》可使人改过迁善，即把《周易》视为伦理教材。孔子对《周易》的解读和理解，后人将其整理并撰"十翼"，包括《文言》、《彖》上下、《象》上下、《系辞》上下、《说卦》《序卦》《杂卦》共七种十篇。① 但后者尚未作为《周易》的一部分，而是作为辅助解释《周易》的作品。

自西汉起，人们将《周易》名曰《易经》。同时，孔子及弟子为其作注的"十翼"也被纳入经文。《汉书·艺文志》言："《易经》十二篇，施、孟、梁丘三家。"易言之，自成书至西汉之前，《周易》仅指《周易》上下两经。至西汉，《周易》开始将经、传合而为一而成《易经》十二篇，含《周易》上下经及传部。其时，经与传分开，各成篇幅，不相附属。至东汉郑玄，"欲使学者寻省易了也"（《三国志·高贵乡公传》），将经、传合于一书，但经文与《彖》《象》各自成篇，未按六十四卦拆分开连于每卦卦爻辞之后。至魏晋，王弼将《彖》《象》按照六十四卦进行拆分，并分别置于每卦卦辞与爻辞之后，又将《文言》拆开，附于《乾》《坤》两卦之后，遂成为今日《周易》之模样。后人又将《周易》经传分分合合，但毋庸置疑的是，自西汉起，《周易》或《易经》（简称《易》），皆为两部分构成，即《周易》古经上下篇及"十翼"。概言之，《易》之内容以西汉为节点，其自成书至西汉以前指《周易》古经上下篇；西汉及以后指《周易》古经上下篇加"十翼"即《周易》经传共十二篇。

其次，关于"《易》教"之"教"，有"教育"及"教化"两种解释。

（1）从词源上界定，"教育"即教诲培育之意，早在先秦《孟子·尽心上》中既有"得天下英才而教育之"。《教育大辞典》则分别从广义、狭义和特指义三方面对"教育"一词做了系统的解释：

> 教育（education）传递社会生活经验并培养人的社会活动。通常

---

① 关于"十翼"的形成年代，历史上存有不同的观点。司马迁认为其为孔子所作。至欧阳修方开始怀疑《系辞》为孔子所作。其后，清代崔述怀疑《彖》《象》为孔子所作。近人同样认为"十翼"非孔子所作，并认为各篇非出自一人一时之手，乃战国以来陆续形成的解易作品。刘大钧及朱伯崑等人认为，"十翼"属思孟学派作品，其产生年代在战国后期。《彖》产生时间较早，其后为《象》《系辞》。"十翼"基本成于先秦。

认为，广义的教育，泛指影响人们知识、技能、身心健康、思想品德的形成和发展的各种活动。……狭义的教育，主要指学校教育。……特指义的教育，指有计划地形成学生一定的思想政治观点和道德品质的活动，与德育同义，如"教学的教育性"等，多见于与教养、教学并用时。①

上述解释符合人们使用"教育"一词的实际情况，但"教育"一词在我国古代使用的情况并不多见。相较而言，在古代广泛使用、与近现代"教育"一词概念相近的则是"教化"一词。

"教化"一词我国历史上有多种含义，《辞海》"教化"条言其有"教育感化""环境影响"二义；《汉语大词典》"教化"条注其有二音五义，与教育义相关的则涉及政教风化、教育感化、环境影响三义。

詹世友对我国古代"教化"一词的含义进行了更为详细和全面的阐释。他指出：

"教化"一词在中国古典文献中用得较为广泛，通常在三个层面上使用：1. 指一种政治——伦理措施，比如"明人伦，兴教化"之类。2. "教化"也指个人的心灵情感受到了某些有伦理关切的道德规范和价值理念的引导和塑造，渐滋浸渍，潜移默化，性与习成，即获得了教化。3. 中国古代教化思想认为，人的伦理、道德价值和健全的伦理秩序并不是由人的理性来推定、确认的，而是通过领悟天地（自然）之道而得来的。对儒家和道家来说都是如此。也就是说，人类精神从最终的层次上要受到天地（自然）之道的教化，所谓"风霜雨露，无非教也"。②

上文对"教化"一词在中国古代内涵的揭示，不仅强调了教化的政治性和伦理性，而且还从社会移风易俗、个体道德升华和自然化育人生三个层面对"教化"内涵进行了深入挖掘，可谓颇具洞见。因此，相比

---

① 顾明远：《教育大辞典》，上海教育出版社1999年版，第204页。
② 詹世友：《道德教化与经济技术时代》，江西人民出版社2002年版，第3—6页。

"教育"这一纯粹的教育学概念,"教化"则既是教育学概念,又是政治学、伦理学和哲学概念。"教化"更符合我国传统文化"政教合一"、伦理为本的特点,因此"《易》教"之"教"用"教化"一词加以概括和诠释,相比用"教育"一词更为准确。

(2) 从历史发展和儒学的特点来看,应从两方面来考察。

其一,从狭义的角度来看,"《易》教"为《易》的教育。因《周易》为"六经"之首,"经之大者,莫过于《易》"①,故为中国古代经学教育重要甚至是核心的组成部分。教育作为社会的基本职能,是儒家实施教化的基础。即儒家实施教化,主要是通过教育的形式来实现的,这也与儒家之源"司徒之官"有着莫大的关系。周代作为行政制度层面的"司徒之官"是兼掌教育的。《周礼·地官·司徒》中说:"惟王建国,辨方正位,体国经野,设官分职,以为民极。乃立地官司徒,使帅其属,而掌邦教,以佐王安扰(安也)邦国。"除此之外,《周礼》还设置了执行教化的师士和儒官。郑玄注:"师儒,乡里教以道艺者。"师儒是教以德行道艺的老师。作为儒家渊源的"司徒""师儒"各自承担独立的职能,同时又自上而下形成了完备的"邦教"体系,使政治教化、德育及教育浑然一体。而孔子则是在春秋"礼崩乐坏"的背景下,打破了"学在官府"贵族长期垄断知识的局面,鼓励私学,把教育发展到"有教无类"的境界,从而将"师儒"或教育或教化的功能合二为一,成就了内师外儒的儒家学派。以易学为例,三代时期,作为学在官府的政教所资,以《周易》为首的"三易"主要运用在王室的占筮活动当中,掌握《易》的人主要是当时的卿大夫、太卜及巫史之属。而到了春秋时期,"天子失官,学在四夷",《周易》流传到各诸侯国,易学才渐渐被士大夫所掌握,并常见于士大夫的论述中。《左传·昭公二年》记载:"晋侯使韩宣子来聘……观书于太史氏,见《易象》与《鲁春秋》,曰:'周礼尽在鲁矣!'"(《易象》据后人考证为《易》学文献。)说明在孔子之前,论《易》释《易》已经非常普遍,但是严格意义上的"《易》教"则开始于孔子修订"六经"之后。尤其到了汉代,包括《周易》在内的"六经"更是成为"王教之典籍",儒生之圭臬。《礼记·大学》载:"古之欲明明

---

① (晋)陈寿:《三国志·吴书·虞翻传》,裴松之注引《翻别篇》。

德于天下者，先治其国，欲治其国者，先齐其家，欲齐其家者，先修其身。"舒大刚也认为："善一人以善一家，善一家以善一族，善一族以善乡邦；再由乡邦以达于国、由国以达于天下。求诸师，求诸经，明于性以知于天，明于经以适乎道矣！"① 国家开办学校，兴办教育的目的则在于培养人才、改造社会及传承文明。而儒生则在受教育的过程中通过对包括《周易》经传在内的"六经"的学习，发掘其中的"先王之道""成败之际"及天地人之"道"，从而提升个人品格和智慧，进而影响中国古代社会、文化等各个方面。

其二，从广义的角度来看，"《易》教"是《易》的教化，是儒家教化体系的重要组成部分。儒家始于孔子，《汉书·艺文志·诸子略》对儒家有如下精辟的评价：

> 儒家者流，盖出于司徒之官，助人君顺阴阳明教化者也。游文于六经之中，留意于仁义之际，祖述尧舜，宪章文武，宗师仲尼，以重其言，于道最为高。

司徒是掌教化之官。据舒大刚等考据，"司徒之官虽然有可能是'儒家'职能的远源，却不是开创儒家学派的直接宗师。作为学术派别的'儒家'，是在天子'失官'即不能修举司徒'教化'职能后，由孔子修废起弊、立教传道才形成的"②。因此，儒家自始便是肩负教化使命的一个学派，其主要功能则是帮助人君顺应天地之道，宣明道德教化，而儒家所研习的经典则是"六经"。"六经"原本只是"师儒文献"，在经过孔子修订后才由记载"先王之陈迹"的"旧法世传之史"改造成讲"仁义"、贵"道德"的经典，从而实现了"旧史"（或"师儒文献"）向"儒学文献"（即"六经"）的转变和升华。孔子通过行"六经"之教，从而创立了儒家学派；通过儒家学派对"六经"的广泛传播，友教诸侯，为王者师，于是儒学文献便突破只服务于儒家学派的范围，进而具有淑世济人的社会功能和历史影响；自汉武帝"罢黜百家，表章六经"，在全国

---

① 舒大刚：《儒学文献通论》（上），福建人民出版社2012年版，第27页。
② 舒大刚：《儒学文献通论》（上），福建人民出版社2012年版，第21页。

实施经学教育，儒家文献于是成为觉世牖民、移风易俗、塑造人格、影响政治，并进而成为奠定民族习性、规范文化特征的强大精神力量。① 因此，"六经"之教正是儒家教化体系的核心所在，而作为"六经"之首的《周易》，其教化效应则被《礼记·经解》概括为"洁静精微"，故成为其中不可或缺的一环。

综上，教育乃教化之根基，教化乃教育之旨归，教育与教化相辅相成，互为表里。清代章学诚《文史通义》认为：儒家"《易》教"既包含体例之教，更包含政教教化义。学者于伟认为："教化功能是我国传统教育的要义。自古以来，凡有见识的政治家、教育家都十分重视教化的作用，把教化当作正风俗、治国家的重要国策。先秦儒家通过开创建设配套的教育制度和设施来实现'教化'目的。"② 概言之，通过《易》的教育，不仅可以"掌握事物变化的规律，以便趋吉避凶，决定行止"；通过《易》的教化，亦可以成就"洁静精微"的人格塑造。另外，"教化作为一种大教育概念，是主要面向全社会的一种广义的教育。"③ 因此可以说，"《易》教"包括了两个层面，《易》的教化与《易》的教育。前者是一种广义的教育，后者则是一种狭义的教育，即学校教育，后者隶属于前者。

综上所言，无论是从词源角度还是历史发展和儒学特点的角度来说，儒家"《易》教"的"教"之概念界定为"教化"之义应更加概括和妥帖。故"《易》教"一词的概念界定为：《周易》（西汉以前专指"经"部分，西汉及之后包括"经""传"两部分）的教化。

第二节 "《易》教"的内涵

如果说"《易》的教化"是对"《易》教"本质的综合性概括，那么学界对"《易》教"内涵的梳理则显得更加丰富和全面。

"《易》教"一词最早出现在《礼记·经解》："孔子曰：'入其国，

---

① 舒大刚：《儒学文献通论》（上），福建人民出版社2012年版，第25页。
② 于伟：《先秦儒家之"礼"与我国教育的教化功能》，《教育研究》2013年第4期。
③ 张惠芬：《中国古代教化史》，山西教育出版社2009年版，第5页。

其教可知也。其为人也……洁静精微，《易》教也。'"历代儒生对"《易》教"的诠释常常出现在对上述语句的注疏当中。

何谓"六经之教"？孔颖达疏云："'孔子曰：入其国，其教可知也'者，言人君以六经之道，各随其民教之，民从上教，各从六经之性观民风俗，则知其教，故云'其教可知也'。"何谓"洁净精微，《易》教也"？他又言："'洁净精微，《易》教也'者，易之于人，正则获吉，邪则获凶，不为淫滥，是洁净。穷理尽性，言入秋毫，是精微。"① 上文第一句讲的是"六经之教"之义。从"人君""民从上教""观民风俗"可知，儒家之"六经之教"指的是儒家从上至下施行的教化之道。第二句则言"《易》教"对人的教化成效，包括两方面："洁净"与"精微"。从"正""邪"可知，"洁净"指向的是其对人"德性"的培养；从"穷理尽性"可知，"精微"指向的是其对人"智慧"的开启。

而朱熹对"洁净精微，'《易》教'也"则有另一番解释。他说："易初未有物，只是悬空说出。当其未有卦画，则浑然一太极，在人则是喜怒哀乐未发之中；一旦发出，则阴阳吉凶，事事都有在里面。人须是就至虚静中见得这道理周遮通珑，方好。若先靠定一事说，则滞泥不通了。此所谓'洁静精微，《易》之教也'。"② 在他看来，《易》乃"未有卦画前之浑然一太极"，而"洁净精微"指的是至虚静中见到的周遮通珑的道理，朱熹在此基础上提出"太极即理"并由此建构起自己的易学及理学思想体系。

台湾地区学者高明（1978）认为：孔子"《易》教"包含"不占而已""可以无大过"两点。大陆学者宋立林（2012）认为，孔子"《易》教"应包含"教化"及"宗教性"双重含义。前者隶属于"六经"之教的教化系统，后者则是由《周易》的特殊性所决定的。其宗教性体现在对下愚的"神道设教"及君子"性与天道"思想的开启。刘大钧在第八届心理分析与中国文化国际论坛（2018）上发表了名为《精义入神 易中觉悟》的主题演讲，其中提出："'洁静精微'说的是人的精神和心智，

---

① （唐）孔颖达：《礼记正义》卷50（十三经注疏标点本），北京大学出版社1999年版，第1369页。

② （宋）黎靖德：《朱子语类》卷67，中华书局1986年版，第1660页。

'洁'是说其不污邪,'静'是说其不妄动,'精'是说其纯一而不杂,'微'是说其感通入微。这种'洁静精微'的境界,可以说就是人藉由易学而达到精神觉悟的一个基础",并认为"易道的精神是以心灵之净化和上通于天道为其核心意义的。……《易》学所指示的精神觉悟,既有以虚无明静之心境感通天地万物的一面,也有以随时变易的智慧成己成物的一面"。总的来说,刘大钧整合了学界对儒家"洁净精微之《易》教"精神的阐述,并在此基础上将儒家"《易》教"体系的特点概括为"从卜筮出发,在思想的演进中,其神秘化与宗教化逐渐被哲学化和德性化了"。

诚然,历代学人对"《易》教"的阐释可谓见仁见智,但"《易》教"作为儒家"六经之教"之一,其教化的本质以及"卜筮性""哲学性"及"德性"三个基本特性则是学界所普遍认同的。结合前文詹世友所提出的"教化"的三重含义可见,"《易》教"的"德性"体现在两个方面,一是个人需要遵循的"有伦理关切的道德规范和价值理念",二是社会运转所必需的人伦理则;"《易》教"的卜筮性和哲学性体现在人借助"象数理占"等方式连通天人所体会到的天地(自然)之道。"卜筮性"与"哲学性"皆是手段,"培养具备何种德性的人"以及"建构以何种人伦理则为支撑的社会"才是"《易》教"的最终旨趣。

《四库全书总目提要·易类》开篇道:"圣人觉世牖民,大抵因事以寓教。《诗》寓于风谣,《礼》寓于节文,《尚书》《春秋》寓于史,而《易》则寓于卜筮。故《易》之为书,推天道以明人事者也。"章学诚在《文史通义》中亦言:"《易》以天道而切人事。"从"以""而"二字可以看出,《周易》推天道是为了最终落实到人道、人事和人的生命中来。正如白长青所言:"《周易》对'天道'描述的全部意义,在于它对'人道'的规范和对人的社会实践活动的具体指导。……《周易》对'人'和人生意义的终极关怀,既是《周易》思想体系的原点,也是它的精神归宿。"① 可以说,易学从根本意义上来说就是人学,而"《易》教"就是通过《周易》或卜筮或哲学的方式使人接通天道并掌握"人道"的根本、获取人性的最高智慧,成为具有高尚道德修养的"君子""大人"甚

---

① 白长青:《谈〈周易〉的行为教化作用》,《辽宁大学学报(哲学社会科学版)》2003年第6期。

至"圣人";而圣人教化万民,最终形成等级有序、人人各安其位的和谐社会。

第三节 "《易》教"内涵的流变

如上所言,虽然儒家"《易》教"的内涵已被学界认定为《周易》的教化,但其在历史发展中并非一成不变,而是随着时代的变化和人类思想的演进不断成熟和完善。据其自身的发展特点,"《易》教"大体经历了以下几个发展阶段:

一 "《易》教"的萌芽——卜筮设教

《周易》因其"卜筮其表,哲理其里"的特点被汉儒称为"六经之首""大道之原",包括《易经》和《易传》两部分。其成书过程,按古今学界熟知的表述即为:"易道深矣,人更三圣,世历三古。"(《汉书·艺文志》)即其经历了上古、中古、下古三个历史时期,分别由伏羲画卦、文王系辞、孔子作《易传》(也称"十翼")而得以完成。孔颖达认为"所以只言三圣,不数周公者,以父统子业故也"[①]。关于伏羲画卦,由于上古时期一则尚无文字,二则世质民淳,伏羲只须教民卜筮以行事,达到趋吉避凶的目的便可,因此尚未涉及德性价值的层面[②],故只可将其看作"《易》教"的萌芽。

当然,这种说法不免有化繁就简的嫌疑。关于《易经》部分的形成过程,当代学者根据考古出土材料和传世材料考察得出,八卦起源于筮数。[③]《周易》的卦画与数字卦有关,最早见于新石器时代晚期的菘泽文化时期。[④] 亦即是说,伏羲并不是八卦的真正作者,而是伴随当时人类对外部世界以及个人命运强烈的求知欲而产生,从而推翻了伏羲画卦的说法。但考虑到上古人类的生存条件,加之彼时文字尚未发明,因此尚未涉

---

① (唐)孔颖达:《周易正义》,十三经注疏标点本,北京大学出版社1999年版,第9页。
② 张克宾:《朱熹易学思想研究》,人民出版社2015年版,第82—83页。
③ 刘大钧:《易集成》,文化艺术出版社1991年版,前言第1页。
④ 刘新华:《从数字卦和卦象看〈周易〉的成书》,《周易研究》2009年第4期。

及德性层面的追求也是比较客观的说法。

"《易》教"真正的发端据学者考察，应始于《周易》古经成书的文王、周公时代。① 正如《四库全书总目提要》"易类"小序中所言：

> 圣人觉世牖民，大抵因事以寓教。《诗》寓于风谣，《礼》寓于节文，《尚书》《春秋》寓于史，而《易》则寓于卜筮。故《易》之为书，推天道以明人事者也。

由上可知，卜筮、推天道皆是手段，寓教、明人事才是圣人作《周易》的最终目的。因此，《周易》古经自诞生之时起，便被文王周公赋予"德义"则是顺理成章的。张克宾也认为，相比上古的民风淳朴，伏羲教民卜筮以行事，趋吉避凶，虽无"正德"之意，但所行却无不正；中古之时，民风渐变，民伪日兹，因此文王、周公作《易》卦爻辞，以卜筮设教，则需说明"正德"之意。"其卦爻辞中含有了德性的因素，凡遇卦爻吉者，占者有其德则吉，无其德则不吉；遇卦爻凶者，占者德不能胜之则凶，德能胜之则不凶。"② 换言之，吉凶祸福不能仅以卜筮为准，也要考虑到德性对卜筮结果的影响。

当代学界在新出土的文献及传世材料的基础上，对《周易》的研究作出了许多突破性的论断。例如关于八卦重为六十四卦及作卦爻辞的时期及作者，高亨认为，重卦最晚应该在殷代，八卦重为六十四卦之后才开始用于占筮。③ 梁韦弦通过参考前人的发现及研究也认为，易卦可能确实经历了从八卦到六十四卦的重卦过程，而六十四卦的体系在商周时期，即周文王之前就已经存在。④ 关于六十四卦体系完成的具体时间，史善刚根据前人对安阳殷墟的考古发现得出，殷商时代的易卦具有完整的重卦特点。完整重卦的先决条件是每卦必须由六爻组成，同时附有卦名和卦辞。⑤ 换言之，包括卦名、卦辞的六十四卦符号体系已在殷商时代基本具备。关于

---

① 宋立林：《前孔子时代的"易教"传统发微》，《国学论衡》（第五辑），2009 年。
② 张克宾：《朱熹易学思想研究》，人民出版社 2015 年版，第 82—83 页。
③ 高亨：《周易古经今注》，中华书局 1984 年版。
④ 梁韦弦：《关于数字卦与六十四卦符号体系之形成问题》，《周易研究》2007 年第 1 期。
⑤ 史善刚：《殷墟文化与商易》，《殷都学刊》2004 年第 3 期。

《周易》初本的完成，杨天宇推定《易经》的初本应该是在西周成、康时期编定。《易经》中有后代人，尤其是西周末年和春秋初年的人加工订补的痕迹。① 同时，刘新华发现，自周朝灭殷之后，史官在损益《商易》的基础上撰成《周易》，同时增加了德义方面的内容与思考。② 以上学界的考证便推翻了文王演《易》的说法。同时，他还发现《周易》具有与时俱进的特点。在西周时期《周易》已然成书，但在战国时期又进行了一次较大的修正，不仅增加了九、六爻题，而且在内容上可能也做了一定的修改。③ 这说明《周易》古经的成书过程非传统意义上经过伏羲、文王等几人之功而写成，而是"经历了若干朝代，经多人之手的产物"。

那是否说明学者关于"《易》教"发端的时间应始于《周易》古经成书的文王、周公时代的结论也被推翻了呢？答案是否定的。姜广辉④认为，《周易》分秘府《易》和方术《易》两种。秘府《易》作者为文王、周公，用于"演德"；方术《易》非文王、周公所作，用于占筮。秘府《易》指的是韩宣子聘鲁所见之《易象》，与今本《周易》大象部分内容大致相当；方术《易》乃今本《周易》卦、爻辞部分。因此，所谓"文王拘而演《周易》"可以解释为文王因于羑里之时，对殷人的占筮之术加以损益改造，著《易象》作为日后以周代殷的思想准备。杜预在注《左传·昭公二年》中"韩宣子聘鲁，观书于大史氏，见《易象》与《鲁春秋》"一句时说："《易象》，上、下经之象辞。"（《春秋左传集解》）而后来这本书又由周公加以完善，加入了周人君临天下之后实行德治的内容。文王、周公用它来教导周贵族如何"王天下"的统治方略，是"人君南面之术"，因此藏之秘府，故曰秘府《易》。

至周代，《易》中"德性"之义才开始彰显，这与当时的历史背景密不可分。殷商的意识形态是天命神学体系，殷人迷信上帝鬼神的神秘力量，事无大小都要向神问卜。殷人相信上帝也是他们的先神，是专门庇佑自己子孙的，因此商纣王虽危机四伏却有恃无恐。周为小邦，要实现

---

① 杨天宇：《谈〈易经〉的成书时代与作者》，《史学月刊》1988 年第 4 期。
② 刘新华：《从数字卦和卦象看〈周易〉的成书》，《周易研究》2009 年第 4 期。
③ 刘新华：《从数字卦和卦象看〈周易〉的成书》，《周易研究》2009 年第 4 期。
④ 姜广辉：《"文王演〈周易〉"新说——兼谈境遇与意义问题》，《哲学研究》1997 年第 3 期。

"翦商"的战略目标，其卓有成效的政治方略就是重人事、修道德。其后的周朝统治者以及分封到各地的周室诸侯也因面临着"顾畏于民碞"的境遇，而以修德自儆，以防止"早坠厥命"，因而他们对道德的追求有着十分实际的现实考虑，也因此"崇德"成为西周的社会思潮。郑吉雄等也认为，《周易》并非单纯的卜筮记录，而是周人在殷周更迭之际所作的政治典要，用以标示朝代的政治方针、尚阳主变和修德教化。从教育层面而言，《周易》也是一种士大夫之学，用以教导士大夫修身治国所应具备的知识素养。前人之所以将作卦爻辞之人确定为周文王，正是反映了殷周鼎革时期的忧患意识。① 由此可见，《周易》属于因时设教，周人将卜筮中的德性加以彰显，既受到客观历史因素的影响，同时也是人试图通过个人的努力改变命运的主动尝试。

至春秋时代，以德解《易》的"《易》教"传统并未中断。从《左传》《国语》中所载的22条筮例（其中用《周易》筮法者15例）来看，虽然多用于卜筮，但其中所含的"重德"思想仍然非常明显。以《左传》为例，襄公九年穆姜在占得"艮之随"之吉卦时，认为自己"固在下位，而有不仁，不可谓元。不靖国家，不可谓亨。作而害身，不可谓利。弃位而姣，不可谓贞"，无"元亨利贞"四德，从而断定自己无法全身而退。南蒯之将叛时占得坤之比卦，惠伯提出"忠信之事则可，不然必败"以及"《易》，不可以占险"的说法。以上《左传》中的两则事例皆说明，虽然春秋时期"《易》教"思想在有限的现存资料中若隐若现，但其传统一直没有断绝，并且随着人们人文意识和理性思维的升腾而得到进一步的强化和发扬，并对孔子及孔门易学产生了积极影响。②

伏羲时代"《易》教"中是否有"德"义，不同时代的学者有相异的看法暂且不论，但可以肯定的是，《周易》卜筮在文王周公以后确实具有"德"义，但对道德方面的要求主要是针对统治者及士大夫自身。通过《周易》"卜筮设教"，不仅有利于管理民众，更能让统治者时刻保持忧患意识，以德修身、治国。周人长期以来一直认为，天根据人的道德情况来决定人的吉凶祸福，这是对殷人认识的突破，但仍未突破以福祸结果

---

① 郑吉雄、傅凯瑄：《〈易传〉作者问题检讨（下）》，《船山学刊》2015年第5期。
② 宋立林：《前孔子时代的"易教"传统发微》，《国学论衡》（第五辑），2009年。

作为其行为的功利性支持，故仍有一定的局限性。

二 "《易》教"的确立——以德为先、人文教化

虽然从周朝继承而来发展到春秋时期的《周易》古经具有一定的教化功能，但原书系原始史料，教化作用不够明显和系统。正是由于孔子对《周易》古经的重视，才让《周易》古经教化思想得以开显，但孔子对《周易》性质的认识却经历了一个由"《易》为卜筮之书"到发现《易》有"古之遗言""文王之教"的过程。

首先，孔子早年认同《易》为卜筮之书的看法。帛书《要》篇记载了子贡质疑孔子老而好《易》的言论："夫子它日教此弟子曰：'德行亡者，神灵之趋；智谋远者，卜筮之繁。'赐以此为然矣。以此言取之，赐缗行之为也。夫子何以老而好之乎？"①通过此发问可知，孔子以前教导其弟子，只有丧失德行的人才乞求神灵，缺乏智谋的人才频繁卜筮。如果德行和智慧皆有则不必求助卜筮。换言之，孔子彼时并不认同卜筮，认为卜筮是与德性相对立之物。而到了晚年，孔子喜《易》到了"居则在席、行则在橐"的程度，并多次进行卜筮，"吾百占而七十当，唯周梁山之占，亦必从其多者而已矣"。马王堆《要》篇记载了孔子对《周易》的认识转变。"吾后亓祝卜也，吾观亓德义也……吾求其德而已，吾与史巫同涂而殊归者也。"在孔子所处的年代，这是难能可贵的。因在孔子之前，人们虽看到了《周易》古经中所包含的"德性"思想，并将其用在卜筮的解释过程当中，但是从大的潮流来看，仍然是以卜筮的结果为准，德性只是作为参考性因素。及至孔子才明确提出了"德义先于祝卜"的观点。朱熹说："孔子恐义理一向没卜筮中，故明其义。"②孔子认为《易》是卜筮与德性并存之书，但是他更看重其德性方面。正是由于孔子对《周易》古经认识的改变，才使诠释《周易》古经的《易传》得以问世。

孔子之所以看重《周易》古经，主要出于两方面的思考。一方面，如上文所说，他看到其中所蕴含的文王遗教，即他所谓的"德义"，这与

---

① 廖明春：《帛书〈要〉释文》，载廖明春《帛书〈周易〉论集》，上海古籍出版社2008年版，第388页。

② （宋）黎靖德：《朱子语类》卷66，中华书局1986年版，第1629页。

儒家"重德"的特性不谋而合；另一方面，他从《周易》古经中找到了其思想赖以扎根的形上学根据。林忠军认为，孔子在《周易》古经里找到了两种德性，即人的德性以及天地自然的德性。"孔子把《周易》定义为德性之书，这里的德性主要指人的德性，当然也包括天地自然之德性。"① 郭沂也认为，孔子早年的主要思想是从周礼发展出的仁学，侧重人事；晚年的主要思想则是从《周易》发展出的易学，侧重形上学。孔子晚年思想是在为其早年思想寻找形上学的依据，是对早年思想的深化提升，同时也是对道德的强调。② 他还指出，在这套哲学体系中人性论也有新突破，即明确将德规定为性，从而确立了义理之性在"性"（人性）中的地位。据郭沂考察，孔子之前（包括孔子）的人性论经历了以"德"御"性"（西周初期）、以"气"释"性"（西周时期）、纳"德"于内（老子、早期孔子）以及以"德"为"性"（晚年孔子）四个阶段。前两个阶段德性处于人性之外，到第三阶段开始将德性纳入人性之中。最后一个阶段，德性即人性，"德"与"性"合二为一，在此过程中，《易》发挥了极其重要的作用。③ 由上而知，孔子借由《易》将德性上升到人性之本（即义理之性），与天地之性、天地之德合二为一，是《易》在天地万物及人身上的体现，从而为包括人性论在内的儒家思想找到了形上学的根据，同时更是为其"德性合一"的释《易》方法找到了理论支持。

孔子之后，《易传》始出。作为春秋战国时期的主要作品，《易传》不仅代表了孔子的"《易》教"思想，也是孔子后学在孔子"《易》教"思想基础上作出的创新性发展。例如《周易·象传》虽是对《周易》卦象和爻辞所作的解释，实际上也是一部存性明理、修身养德以及安定民众的典籍，是圣人的教化之书。④ 具体来说，《易传》包含了以理想人格化育为核心的"自强不息""厚德载物""知机而行"等人文精神⑤，从而

---

① 林忠军：《从帛书〈易传〉看孔子易学解释及其转向》，《北京大学学报（哲学社会科学版）》2007 年第 3 期。
② 郭沂：《〈易传〉成书与性质若干观点平议》，《齐鲁学刊》1998 年第 1 期。
③ 郭沂：《从"欲"到"德"——中国人性论的起源与早期发展》，《齐鲁学刊》2005 年第 2 期。
④ 郑万耕：《〈周易·象传〉及其教化观念》，《孔子研究》2013 年第 6 期。
⑤ 张巍：《〈易传〉人文教化思想研究》，硕士学位论文，山东大学，2006 年。

奠定了中国人文教化思想的基本格局。《说卦》提出的"立人之道曰仁与义"一直是中国传统伦理道德的圭臬。《象传》则倡导尚贤养贤，指出君子应具备刚健自强、礼信中正等美好品质。[①] 一定意义上说，《易传》是中华人文教化思想的重要渊源。

三 "《易》教"的凸显——明王道，正人伦

儒家"《易》教"思想发展到汉代，德性合一的趋势日益明显，而其最终的完成当归功于象数易学。"汉代易学作为一种天人之学，其目的就在于以神道设教，明王道，正人伦，调整大一统封建中央集权制下的新秩序。"[②] 相比汉初"博而寡要，劳而少功"（司马谈，《论六家要旨》）以墨守训诂、拘泥古义为主的义理易学，象数易学在勾连天与人、德与性方面具有天然的优势，其方法是通过构筑以阴阳家天人之学为基础的宇宙图示阐发儒家之德性旨归。这一过程始于《说卦》的发现，进而引发了孟喜"卦气说"的提出，京房在此基础上又发展出更为精致而完备的理论，借天道阐释人道，《易纬》则在发展孟京卦气学说的基础上，对西汉"卦气说"进行总结，形成了天理人伦相结合、以八卦卦气方位为总范式的神学目的论，借人道阐释天道。

以京房"《易》教"思想为例。京氏将易学作为"考天时、察人事"的天人之学，他说：

> 阴阳运行，一寒一暑；五行互用，一吉一凶。以通神明之德，以类万物之情。故易所以断天下之理，定之以人伦而明王道。八卦建，五气立，五常法象乾坤，顺于阴阳，以正君臣父子之道。故《易》曰："元亨利贞。"
>
> 夫作《易》所以垂教，教之所被，本被于有无。且《易》者，包备有无。有吉则有凶，有凶则有吉。生吉凶之义，始于五行，终于八卦。从无入有，见象于阴阳也。阴阳之义，岁月分也。岁月既分，

---

① 李世萍：《汉代教化的多维研究》，知识产权出版社2013年版，第17页。
② 崔波、王军：《论京房"作易以垂教"的教化思想》，《河南师范大学学报（哲学社会科学版）》2007年第4期。

吉凶定矣。故曰"八卦成列，象在其中矣"。六爻上下，天地阴阳，运转有无之象，配乎人事。八卦仰观俯察在乎人，隐显灾祥在乎天，考天时、察人事在乎卦。①

京房借助阴阳五行学说将《易》理解为一种天人之学，其核心在于推天道以明人事，根据天道运行的规律来揭示和调整人类社会伦理及政治秩序，这是与历代儒家对《易》的根本理解相契合的。

到了西汉末年，为了适应政局的变化以及易学的发展，《易纬》应运而生。它发展了孟京的卦气说，从象数形式上比孟京更为清晰和严谨，同时增加了更多关于祥瑞灾异的思想，但其中仍体现了儒家的文化价值理想，追求自然与社会整体的和谐。正如《乾凿度》所指出："故《易》者，所以经［继］天地，理人伦，而明王道。是故八卦以建，五气以立，五常以之行，象法乾坤，顺阴阳，以正君臣父子夫妇之义，度时制宜，作网罟，以畋以渔，以赡人用。于是人民乃治，君亲以尊，臣子以顺，群生和洽，各安其性，八卦之用。"此句集中概括了自魏相始，经过孟喜、京房，直到《易纬》所努力编织的卦气图式的天人之学之本质，即不仅满足于对客观世界进行纯粹理性的认识，更是极力强调这种认识的实践功能，用来指导人事，调整各种社会人际关系，使之和谐融洽。

至东汉前期，易学理论虽无创新，却显示出旺盛的生命力，其群经之首的地位在此时正式确立，易学所阐发的天人和谐的理想达成了共识。郑玄、荀爽、虞翻等易学大师相继创设了一系列新的义例，超越了前人，但因其减少了卦气说中的巫术色彩而慢慢失去了活力从而最终走向穷途末路。郑玄"多参天象"，在继承京房、《易纬》爻辰说的基础上，从乾坤出发，以乾、坤十二爻与十二辰相配，并引申扩大，构筑了一个更加庞杂的系统，更侧重于以乾坤十二爻与天象作外在的比附，其目的不是来讲阴阳灾异，而是把它当作一个普遍原理来讲通《易》的所有经文。与郑同时代的荀爽也杂糅今古，亦从乾坤出发，利用他从《乾凿度》中发掘并发展的乾升坤降说的释易体例，揭示象数本身的内在规律，并把中和树立为卦爻变化所趋向的理想目标以及最高伦理准则，更多注重对人事的调

---

① 郭彧：《〈京氏易传〉导读》，齐鲁书社2002年版，第135页。

整。相比郑玄"天人相副"的简单比附,荀爽把象数模式理解为一个乾升坤降的动态结构,这个动态结构以中和作为自己所趋向的目标,由于所有的自然现象和社会现象均受统一的象数规律所支配,所以中和也就很自然地成为天道与人道所共同趋向的目标。应当承认,荀爽的这种理解是超出了简单比附的水平,在一定程度上揭示出了天人关系的内在联系。但是把阳升阴降作为普遍使用的体例强加在《易》的文本之上,不仅违背了《易》本身立足于义理以《传》解《经》的传统,也使得他自己的易学不断陷入自相矛盾的窘境。

概言之,汉代易学主流虽为象数易学,但在对人事伦理的指导及德性的旨归方面,与义理易学从根本上是一致的。正如文平所认为的,象数派强调通过符号的推演来揭示天道运行规律,并最终用以指导人事伦理;义理派多从《周易》中寻找人伦的形上学依据,借此阐发人的道德情感,发挥人的道德心性。二者实为一而二二而一的关系。①

"《易》教"经历了大一统的汉代,到了政治上统一稳定、经济和文化高度发展的唐代。作为对前人和同时代人研究成果总结性著作,孔颖达编的《周易正义》和李鼎祚编的《周易集解》代表了唐代"《易》教"发展的主流趋势。

《礼记·经解》讲"洁静精微,《易》教也",孔颖达《周易正义》也言"圣人作《易》,本以垂教",认为《周易》一书是讲人文教化的典籍。例如,他在解释《乾》卦时言,"此乾卦本以象天,天乃积诸阳气而成(天),故此卦六爻皆阳画成卦也。……圣人作易,本以教人,欲使人法天之用,不法天之体,故名乾,不名天也。天以健为用者,运行不息,应化无穷,此天之自然之理。故圣人当法此自然之象而施人事,亦当应物成务,云为不已,终日乾乾,无时懈倦,所以因天象以教人事。于物象言之,则纯阳也,天也;于人事言之,则君也,父也。以其居尊,故在诸卦之首,为易理之初。"在他看来,圣人设立乾卦的目的就是教导人们在人事活动中,法天之用,依其自然之理,终日奋勉,无时怠懈。根据孔颖达的诠释,学《易》的目的不在于了解世界万物之"体",而是通过了解天之"用"对人的行事有所启发,使人能够通过法天而不断完善自我,从

---

① 文平:《汉代象数易学伦理方法论要》,《河南社会科学》2013 年第 7 期。

而成就圣贤气象。

李鼎祚也认为《易》是讲人伦教化的书。他在《周易集解》序文中说："元气絪缊，三才成象；神功浃洽，八索成形。在天则日月运行，润之以风雨；在地则山泽通气，鼓之以雷霆。……逮乎天尊地卑，君臣位列，五运相继，父子道彰。震巽索而男女分，咸恒设而夫妇睦，人伦之义既阐，家国之教郁兴。故《系辞》云：古者包牺氏王天下也，始画八卦，以通神明之德，以类万物之情。"① 李鼎祚认为，从天地万物到人类社会，皆须符合天地阴阳变化的法则。从人事上说，天地形成后就有天高地卑的差别，由此也有了人类生活中君臣、父子、男女、夫妇之道。唐代易学在对王弼以义理解《易》和汉代以象数解《易》的批判式融合中，继承和发展了汉代以来"《易》教"明王道、正人伦的教化旨趣，并在新的时代增加了新的注解。

四　"《易》教"的发展——修己安人

宋朝建立后，为适应全国统一的形势，强化封建中央集权统治，大力提倡儒学，从中央到地方不断涌入儒学学者，在唐代编的《五经正义》的基础上，重新整理、注释、讲解儒家经典，宣扬周孔之道，而在思想文化领域也掀起了对抗佛道、复兴儒家学说的热潮。

北宋李觏不认为《周易》是占卜一类的迷信著作，也不认同以佛老之学阐释易理。他不仅继承了汉代"《易》教"的思想，认为《周易》一书是讲人伦教化的典籍。他说："圣人作易，本以教人。……包牺氏八卦而重之，文王周公系之以辞，辅嗣之贤从而为之注，炳如秋阳，坦如大逵。君得之以为君，臣得之以为臣，万事之理，犹辐之于轮，靡不在其中矣。"(《易论第一》)他还在《易论》中借对卦爻辞的诠释言修身齐家之道。如其解释《蒙》《观》两卦的爻辞时言："性不能自贤，必有习也。事不能自知，必有见也。习之是而见之广，君子所以有成也。蒙六四曰困蒙，吝。谓独远于阳，处两阴之中，困于蒙昧，不能比贤以发其志，故曰吝也。观初六曰童观，小人无咎，君子吝。谓处于观时，而最远朝美，体

---

① (唐)李鼎祚：《周易集解》，张文智：《〈周易集解〉导读》，齐鲁书社2005年版，第83页。

于阴柔,不能自进,无所鉴见,童观,在小人则无咎,君子处之,吝道也。"① 意思是说,《蒙》卦六四爻(生)之所以"困蒙,吝"是因为处于六三和六五爻两阴之间,远离九二爻(师),无贤者启发其志,故有悔吝。而《观》卦初六爻又与九五爻相距甚远,因此"柔弱不能自进"。他借此说明"性不能自贤","事不能自成",君子只有通过学习和教化才能成贤。

周敦颐作为宋明道学的创始人,在《通书》中以儒家的伦理道德观念为中心解释《易》经传,并将之看作是讲政治教化和道德修养的典籍。他认为《中庸》的"诚"为圣人的最高境界,"圣,诚而已矣。诚,五常之本,百行之原也"②。从道德生活来说,"诚"即道德行为的自觉心,即真心实意地履行道德规范的意识。他认为"诚"根源于乾元。他解释《乾》卦《象》:"诚者,圣人之本。大哉乾元,万物资始,诚之源也。乾道变化,各正性命,诚斯立焉,纯粹至善者也。故曰一阴一阳之谓道,继之者善也,成之者性也。元亨,诚之通;利贞,诚之复。大哉易也,性命之源乎!"(《通书·诚上》)即是说,乾道赋予人诚的本性,《乾》卦四德元亨利贞也是诚的品德。元亨是诚的始通,利贞是诚的归复。总之,周敦颐以乾元解释诚的本源,进而说明诚是人性所固有,其主题是讲人性善。他还将各卦赋予了伦理学的意义,表现出明显的宋易特征。例如解《损》《益》卦:"君子乾乾,不息于诚,然必惩忿窒欲,迁善改过而后至。"此处以"禁欲"释《损》卦义,以"迁善"释《益》卦义,又同至诚不息结合,体现了宋明道学的伦理学倾向。

程颐在其"体用一源"说的易学理论基础上提出"性即理"说,认为人性有两重:天命之性和气质之性。天命之性为人的本质属性,是天理在人心上的显现,为善的根源,人所共有;而气质之性为人所秉受的阴阳二气,是同人的形体联系在一起的,可以为善,亦可以为恶。他以君臣父子之理万古长存、不增不减、不因历史人物的变迁而改变来维护封建社会伦理等级制度的合法性,并探讨了理和欲的关系。在周敦颐《通书》用《损》卦《象传》"惩忿窒欲"解释《损》卦卦义的基础上,程颐在其

---

① (宋)李觏:《李觏集》,中华书局1981年版,第33页。
② (宋)周敦颐、陈克明:《周敦颐集》,中华书局1990年版,第15页。

《易传》中解释《损》卦《象传》言:"君子观损之象,以损推己,在修己之道,所当损者,唯忿与欲。故以惩戒其忿怒,窒塞其意欲也。"在解释此卦卦辞"曷之用,二簋可用享"时认为此种做法"在乎诚而已,诚为本也。……先王制其本者天理也,后人流于末者人欲也。损之义,损人欲以复天理而已"。即是说,天理和人欲不可并存。人需通过顺理而动,达到"诚"的境界,即不欲求过度,不任意造作,万事万物各得其所,止于至善。

张载说:"易即天道,独人于爻位系之以辞者,此则归于人事。"即是说,《易》是圣人依据天道为人制定的行为规范,其目的是用以处理人事问题。他把《易》看作规范人行为的教科书,符合义理学派的易学观。他解释《系辞》"知崇礼卑……成性存存,道义之门"时说:"夫易,圣人所以崇德广业,以知为德,以礼为业也,故知崇则德崇矣。此论易书之道,而圣人亦所以教人。……天地设位,故易行乎其中,知礼成性,则道义自此而出,道义之门,盖由仁义行也。"① 他认为,圣人讲知崇礼卑,论《易》书之道,"亦所以教人",将《易》看成讲道德、行仁义的教科书。据此,张载在《易说》中从道德修养的角度阐释卦爻辞之义,将卦爻辞看作是提升道德修养的格言。

南宋初期易学家杨万里,作为程氏义理学派以及以史证经的继承发扬者,认为作《易》的目的是:"古初以迄于今,万事之变未已也。其作者,一得一失;而其究也,一治一乱。圣人有忧焉,于是悠观其通而逆绌其图,易之所以作也。"(《诚斋易传原序》)即是说,圣人作《易》是为了让人们在人事得失、社会治乱的变化中,掌握其法则,转灾为福,转危为安,转乱为治,实现正心、修身、齐家、治国、平天下之道,使万事万变归于"中正"。同时,他借历史典故中出现的人物事件来论证卦爻义理之义,从而说明《易》乃是关于圣人通变的著作。

作为两宋易学集大成者的朱熹虽主张"易本卜筮之书",但他也强调"圣人因之以明教,因其疑以示训"(《朱子语类》卷66)。朱熹在其"太极即理""体用一源"本体论、认识论、方法论基础上进行了发挥,将其贯彻到人性论和道德修养领域,如认为人性是理与气的结合,将太极之理

---

① (宋)张载:《横渠易说·系辞上》,《张载集》,中华书局1978年版,第191页。

作为人性之本，主张在人伦日用处体会仁义礼智之理，在喜怒哀乐之已发和未发处用功夫，持守仁义之理，不被人欲所侵蚀。朱熹主太极动静说，认为太极中有所以为阳动阴静之理，从而有阳气动阴气静之事。因此，从道德修养的过程而言，必主乎静。在解释周敦颐"主静，立人极焉"一句时，他说道："此言圣人全动静之德，而常本之于静也。……动静周流，而其动也，必主乎静。此所以成位乎中，而天地日月，四时鬼神，有所不能违也。"（《太极图说解》）"太极主静说"从道德修养的角度而言，指心中无私念，能使情欲的发作不走向邪路；从伦理学的角度而言，他将太极之理作为人性之本，认为此阴阳五行之理，落实于人性中则指仁义礼智之性。但人的生命自阴阳五行之气而来，表现在人的心理活动上则体现为知觉运动之心和喜怒哀乐之情等。朱熹认为，仁义之理，即心之太极是不动的，其感于外物，则形成恻隐、羞恶之心。"盖四端之未发也，虽寂然不动，而其中自有条理，自有间架，不是儱侗都无一物，失落一外边才感，中间便应。如赤子入井之事感，则仁之理便应，而恻隐之心于是乎形。"（《晦庵先生朱文公文集·答陈器之》）

篇幅所限，以上易学家的"《易》教"思想大致可归纳为：在继承汉代人伦教化思想的基础上，更强调对个人道德修养的提升，认为人应秉承"诚"的本性，从仁义礼智等方面不断提升自我，摒弃过多的人欲束缚，在明明德的基础上，达到亲民，最终止于至善的境界，即儒家所说由内而外"修己安人"的双重目的。

五 "《易》教"的继承——迁善改过

及至明代，易学虽呈现出不同派别之间迥异的解《易》理路，但因延续了以宋代理学为尊的传统，尤以程朱之说为正宗，因此"学者大多以'天理'或'良知'为理论基点，把《周易》定位作明理或明心之书、变化之书和道德之书，基于'义理优位'的原则极力弘扬儒家一贯的人文价值诉求，通过解读易学文本的概念和命题，在超越文本的基础上建构天人通贯而最终落实于人道的易学体系"[①]。从"《易》教"思想的落实而言，以"迁善改过"说为主要代表。

---

① 林忠军、张沛：《略论明代易学的形成、演变及意义》，《周易研究》2016年第3期。

"迁善改过"说最初见于明末理学家刘宗周。作为明代著名易学家，他在易学方面的主要著作有《周易古文钞》《周易传文白话解》《纳甲筮法》等。他重视《周易》经传，对朱熹《周易本义》进行注疏，并撰写了《周易古文钞》等著作。他说："自古无现成的圣人。即尧舜不废兢业。其次只一味迁善改过，便造成圣人，如孔子自道可见。"（《人谱》）他认为，人无善无恶，圣人和凡人本无差别，所谓"圣人"，就在于能自觉地"迁善改过"。

至清代，基于拉拢汉族士子及加强文化专制的需要，仍承袭了明朝独尊朱子的官学政策，学人们主张，"儒学绝不能在天道的高迈玄思、心性的细致分疏和人格的功夫证成上继续打转，而应以淑世情怀和现实关切为宗旨加以重整"①。

其中，焦循对"《易》教"的看法颇具洞见。他遵循"四圣之易说"（伏羲画八卦，周文王重为六十四卦，周公旦作爻辞，孔子作"十翼"），认为《周易》乃"羲、文、周、孔四圣人同言之书"。卜筮只是形式，而根本在于"立教"。他言："假卜筮之事而易之教行乎百姓。""著筮所用也，神而明之，使民不倦，而假卜筮回贰济民行，是赞之于函隐之中，所谓不可使知也。"此话明确表明，焦循认为《周易》的宗旨是通过建立封建伦理道德规范来教化百姓，而占卜只是圣人假之以传世的方式。焦循认为《周易》是"教人改过"的书，提出了"十二言《易》教"作为易学的总纲。他指出：

> 昔人谓伏羲作十言之教，曰：乾、坎、艮、震、巽、离、坤、兑、消、息。余谓文王作十二言之教，曰：元、亨、利、贞、吉、凶、悔、吝、厉、孚、无咎。元亨利贞，则当位而言；不元亨利贞，则失道而凶。失道而消，不久固厉；当位而盈，不可久亦厉；因其厉而悔则孚，则为吝；虽吝，亦归于无咎。明乎此十二言，而《易》可知矣。②

---

① 林忠军、张沛：《略论明代易学的形成、演变及意义》，《周易研究》2016年第3期。
② （清）焦循：《易图略》，九州出版社2003年版。

他又说:"圣人神道设教,即以所作之《易》,用为卜筮,因其疑而开之,即其欲而导之,缘其忌以震惊之,以趋吉避凶之心,化而为迁善改过之心,此圣人卜筮之用,所以为神而化也。"① 由上可知,《周易》看似是圣人教人"趋吉避凶",实则是教人"迁善改过、修德广业"。

总之,在历史发展的不同时期,人借助《周易》辞、变、象、占四种方式领悟天地(自然)之道,从教人如何趋吉避凶出发,慢慢转向人的伦理、道德价值和社会伦理秩序的不断完善。

---

① (清)焦循:《易图略》,九州出版社2003年版。

第 二 章

朱熹生平著作及"《易》教"思想形成的时代背景

第一节 朱熹生平与著作

一 朱熹生平

朱熹（1130—1200），字元晦，一字仲晦，号晦庵，小字季延，谥文，世称朱文公，徽州婺源县万安乡松岩里人（今属江西）。宋代著名理学家、哲学家、教育家，闽学派的代表人物，儒学之集大成者，世人尊称为朱子。

张立文据朱熹的事业以及求道的心路历程，将其生平活动分为三个时期。第一时期，从高宗建炎四年（1130）到绍兴三十一年（1161），为朱熹的青少年时期。在此期间，他着力从事学习、参加科举考试和初政，这也是他思想较为活跃的阶段；第二时期，从绍兴三十二年（1162）到光宗绍熙五年（1194），为朱熹中年到晚年时期。在此期间，他积极参政、讲学授徒、著书立说，是其集理学之大成的阶段；第三时期，从绍熙五年（1194）七月宁宗即位到庆元六年（1200），为朱熹晚年时期。在此期间，他的学术水平达到更高境界，亦是道学遭禁的时期。[①] 从其"《易》教"思想的形成过程来说，大体符合这一过程，但稍有出入。故以下从朱熹学《易》研《易》过程将朱熹的生平作一简要梳理。

（一）思想活跃期（1130—1161）

此时期包含三个阶段，分别为儿时、少时和青年期。在学术方面，朱

---

① 张立文：《朱熹评传》，长春出版社2008年版，第2页。

熹从一个懵懂少年成长为一位精通儒释道、融会象数易学和义理易学、致力于发扬儒学正统的有志青年；在从政方面，他雄心勃勃，在管理县事、整顿县学等方面做了诸多有利于当地的事务，因初入政坛，初露锋芒，在此不做赘述。①

1. 儿时天赋异禀，立志成圣成贤（1130—1142）

宋高宗建炎四年（1130）九月十五日，朱熹生于福建尤溪郑氏寓舍。其父朱松，字乔年，号韦斋，从学于龟山杨时（1044—1130）弟子罗从彦（1072—1135）、萧顗，与李侗为同门之友，著有《韦斋集十二卷》以及《外集十卷》。

朱熹从小就展现出异于常人的天资。"熹幼颖悟，甫能言，父指天示之曰：'天也。'熹问曰：'天之上何物？'松异之。就傅，授以《孝经》，一阅，题其上曰：'不若是，非人也。'尝从群儿戏沙上，独端坐以指画沙，视之，八卦也。"② 可见，朱熹少时就对《周易》八卦符号产生了兴趣，为后来的学习埋下了兴趣的种子。

父亲朱松从小就为朱熹提供了良好的教育环境，《年谱》云朱熹"十一岁，受学于家庭"。杨时师从程颢、程颐，同游酢、吕大临、谢良佐并称为"程门四先生"，又与罗从彦、李侗并称为"南剑三先生"，被后世尊为"闽学鼻祖"。李侗为程颐的二传弟子，青年时期拜杨时、罗从彦为师，并被授以《春秋》《论语》《中庸》《孟子》。可以说，朱熹自儿时起便在父亲的教导下，接受程氏理学映照下的儒学教育。绍兴十一年（1141），朱熹11岁，开始了其在建安环溪精舍"十年寂寞抱遗经"的生活，励志儒家圣贤之学。

2. 少时接触易学、流连释老（1143—1152）

绍兴十三年（1143），其父朱松卒于建安环溪寓舍。他临终前把家事

---

① 在绍兴二十一年（1151），他被授左迪功郎、泉州同安县主簿。绍兴二十三年（1153），他赴同安上任，做了很多有利于当地的事务，譬如以其"敦礼义、厚风俗、劾吏奸、恤民隐"的治县之法管理县事，排解同安、晋江两县械斗，整顿县学、倡建"教思堂"，在文庙大成殿倡建"经史阁"，主张减免经总制钱等。一直到绍兴二十七年（1157）朱熹任满罢归。

② （宋）黄榦：《朱熹年编》《朝奉大夫文华阁仕制谥文朱文公行状》，中华书局1988年版，第490页。束景南：《朱熹年谱长编》，华东师范大学出版社2001年版，第32页对此进行了详细考证。

托付与好友刘子羽,又写信请刘子翚、刘勉之、胡宪三位挚友代为教育朱熹,并对朱熹说:"籍溪胡原仲、白水刘致中、屏山刘彦冲,此三人者,吾友也。其学皆有渊源,吾所敬畏。吾即死,汝往父事之,而惟其言之听,则吾死不恨矣。"① 少年丧父给朱熹很大的打击,但更激发了他发奋读书的志向,思想上也愈加成熟。朱松去世后,朱熹谨遵父命,前往崇安五夫里,跟随三先生学习。

朱熹这三位老师都治《易》,刘勉之受《易》于蜀人谯定(字天授,南宋易学家),胡宪除受《易》于谯氏外,又受易学家朱震的影响,而刘子翚自称于《易》得入德之门。可以说,朱熹兼容象数易与义理易的治易理路与此三人的治易之道有莫大关系。

刘勉之、胡宪二人受谯定象数易学影响颇深。从谯氏尚存书信《答胡籍溪论〈易〉》以及后学记载可知,谯定以"见乃谓之象"作为入易道之门,其治《易》是以象为本,视易象为道的体现。而刘勉之和胡宪作为其学生,皆持此解《易》路数,朱熹也从二位先生那里学到了这些内容,并对其以后的学术进程产生了深远影响。束景南对此有精辟阐述"象之在道,犹易之有太极"② 两句。这后来成为周敦颐《太极图说》的方法论大纲,也是朱熹作《太极图说解》的最初思想源头。

谯定后来隐居青城山与道士为伍,而朱熹后来也特派蔡元定往青城山购得太极阴阳合抱图,并非偶然,表明朱熹"虽然早年推崇程颐《易传》而俨然为易学义理派,但他对象、图的耽嗜以及之后通过周敦颐转而倾心于象数易学,武夷刘、胡二先生在他心中播下了最初的象数易学种子"③。与此同时,胡宪曾作为易学大家朱震(1072—1138,字子发)的门人,受到朱震易学思想的影响,其卦变说、取象说、"图书"说、筮法说等之后都被朱熹批判性吸收、继承和发扬。

刘子翚少时喜好佛老之学,后读《易》焕然有得,以为儒家之学乃体用完备的大道。绍兴十七年(1147),刘子翚卒。临终前,向朱熹具道

---

① (宋)朱熹:《朱熹集》卷9《屏山先生刘公墓表》,四川教育出版社1996年版,第4585—4586页。注:武夷三先生指籍溪胡宪(1086—1162,字原仲)、白水刘勉之(1092—1149,字致中)和屏山刘子翚(1101—1147,字彦冲)。

② (宋)黎靖德:《朱子语类》卷67,中华书局1986年版,第1677页。

③ 束景南:《朱子大传》,商务印书馆2003年版,第71页。

平生学问次第，把"木晦于根，春容晔敷；人晦于身，神明内腴"十六字心传送给朱熹，并传授"不远复"思想："吾于《易》，得入德之门焉，所谓'不远复'者，则吾之三字符也。佩服周旋，罔敢失坠。于是作《复斋铭》《圣传论》，以见吾志。"① "不远复"是《复》卦初九爻辞，《象传》云："不远之复，以修身也。"刘子翚认为，复卦是《易》之门户，也是学人进德修业的入门工夫。"不远复"含义有三："易道本于践履"；所复者乃本然之性；克己复礼，天下归仁。综上，其"不远复"的思想主旨是以儒家践履复性之道为依归，反映了二程理学的精神，将《易》看成表达天人性命之理的书，并切实地将易道发挥运用于进德修业的实践中。

绍兴十四年（1144），朱熹在刘子翚处初次与密庵主僧、宗杲弟子道谦禅师相见，并向其学禅，由此出入佛老十余年。绍兴十五年（1145），不好举业，儒、道、佛无所不学，事事都作两册笔记文字。朱熹说"某年十五六，亦尝留心于此（禅）"。在学习孔孟之道之余，为寻求精神和学术上的突破，他长期出入佛老之学。虽借此得以"同进士出身"，但并没有使朱熹真正感到有所得。他说："佛氏以空为见，其见已错，所以都错，义利又何足以为辨！旧尝参究后，颇疑其不是。及见李先生（李侗）之言，初亦信未及，亦且背亦壁放，且理会学问看如何。"② 绍兴十九年（1149），朱熹开始全面读六经、语、孟，晓知大义，学问思想发生转折。

3. 青年受学于李侗，得儒学正宗（1153—1161）

绍兴二十三年（1153），朱熹前往同安县赴任主簿，其间经过南剑，见南平李侗（1093—1163，字愿中，称延平先生），与之谈学禅有得，不为李侗所肯。朱熹说："始见李先生。与他说（禅），李先生只说不是。"之后数年，朱熹常向李侗问学。绍兴二十八年（1158），朱熹29岁。正月，再拜南平李侗，重新踏上求师之路，正式拜大儒李侗为师。

李侗是程颐再传弟子罗从彦的学生，而罗从彦则是二程弟子杨时的学生。在李侗的教导下，朱熹的学术思想发生大变，逐渐舍弃之前所学佛老

---

① （宋）朱熹：《朱子全书》第24册《晦庵先生朱文公文集》卷90，上海古籍出版社、安徽教育出版社2010年版，第4169页。

② （宋）黎靖德：《朱子语类》卷126，中华书局1986年版，第3040页。

之学，最终归本伊川理学，成为二程理学传人。其间，朱熹向李侗请教"忠恕一贯之旨"，"研读《论语》，与胡宪、范如圭书札往返讨论忠恕一贯之旨，与李侗理一分殊思想相合，作《忠恕说》"，谈"主静存养与洒然融释之说"，"讨论仁学、理一分殊"等。

李侗的"理一分殊"，其基本含义是说天人宇宙之整体秉守同一个天理，但宇宙万物，千姿百态，各有分际，互有差异，这些分际差异又各有道理，而这些道理乃是天理在不同事物上的呈现。① 用朱熹的话说："合而言之，则莫非此理，然其中无一物之不该，便自有许多差别。虽散殊错糅，不可名状，而纤微之间，同异必显，所谓'理一分殊'也。"② 李侗教导朱熹从"分殊"处作为学功夫，并在日用践履上下功夫，这为其"《易》教"思想的工夫论打下坚实基础。

（二）思想成熟期（1162—1194）

此时期分为两方面，一是朱熹在理学思想上形成了自己完整的理论体系；二是他积极参政，通过在战事上反和主战、揭露腐败和在地方政事上关怀大众、体恤民情，将自己的儒学抱负得以施展。

1. 易学思想、理学体系大成（1167—1188）

朱熹易学和理学体系的形成完善，主要是自乾道三年（1167）到淳熙十五年（1188）这二十余年之间完成的。现简单列举其中的重要事件如下，以说明其思想演进的过程。

乾道三年（1167）八月，朱熹与张栻探讨"中和""仁说""太极无极"之意有所得。乾道五年（1169）春，与蔡元定讲学，悟到"中和旧说"之非，用"敬"和"双修"思想重读程颢、程颐著作，开创中和新说，确立生平学问大旨，作《已发未发说》寄张（栻），标志着朱熹哲学思想的成熟。六月二十三日，再次修订周敦颐《太极通书》，并刻版于建安（即建安本）。十月，校订成《程氏易传》，由吕祖谦刻于婺州（大刻本）。

乾道五年（1169）九月，母亲祝孺人去世，朱熹于庐墓守丧，建寒

---

① 张克宾：《朱熹易学思想研究》，人民出版社2015年版，第23页。
② （宋）朱熹：《朱子全书》第13册《延平答问》，上海古籍出版社、安徽教育出版社2010年版，第335页。

泉精舍，以待学者，讲学著述，后来由寒泉迁至云谷，筑晦庵草堂。朱熹坚持著书立说，同年春，草成《太极图说解》，寄张栻、吕祖谦讨论，至闰五月订成《太极图说解》。

乾道九年（1173）十二月，再校《程氏易传》，由吕祖谦刻于婺州（小刻本）。

淳熙二年（1175）三月，吕祖谦到寒泉精舍留住，与朱熹共读周敦颐、二程和张载著作并从中编辑出622条，分为14卷，编成《近思录》，作为体会周、二程、张四人著作思想以及理学入门之书。

淳熙二年（1175），二陆趁朱熹赴南康途中经过信州时与之相会，并进行了三天的论学和七天的作诗攻讦，史称"鹅湖之会"。朱熹认为，做学问要"先泛观博览，而后归之约"，其哲学基本观点是"理在气先，理气合一"；二陆则主张，做学问"先须发明人之本心，而后博览"，哲学基本观点是"心欲成，物亦成"。朱陆因意见无法相互说服而最终不欢而散。

淳熙三年（1176），他与吕祖谦探讨"四书学"，对《诗》《易》《尚书》《春秋》进行了论争。淳熙四年（1177）六月，《论孟集注》和《孟子或问》问世；十月，《周易本义》《诗传集注》出版。朱子理学体系由此开始形成。

淳熙五年（1178），在烦冗的政务之余，他攀山越岭，找到了著名的学府白鹿洞书院遗址。他多次为书院增拨学田，还亲任洞主，课业授徒。他亲自制定《白鹿洞书院学规》，奠定了南宋以后中国七百多年书院办学的基本规范，也是教育史上最早的典章制度之一。

淳熙七年（1180）三月，白鹿洞书院建成，释菜开讲，自任洞主。作《白鹿洞赋》，定白鹿洞书院学规。是月，始与沙随、程炯讨论易学。

淳熙八年（1181），陆九渊来到南康，朱熹请之为白鹿洞讲学。他以《论语》"君子喻于义，小人喻于利"一章发论，旁征博引，让听讲者大为感动。朱熹也非常激动，他亲自抄写了陆九渊的讲义，并将其刻成碑文，立于书院之中，后人就把他们两个人在白鹿洞之会的这件事记录下来并刻于一碑，名为《二贤洞教碑》。

在淳熙九年（1182）至淳熙十五年（1188）间，朱熹展开了与陈亮的王霸义利之辩，与吕祖俭等人的理欲义利之辩以及与陆九渊之间的太极之辩。朱熹建立理—数—占的易学体系，完成《易学启蒙》的著作。淳熙十五年（1188），《周易本义》成。

客观地说，朱熹易学思想的成熟以及理学体系的构建，是在与其友张栻、吕祖谦等人的切磋论证和帮助下，在周敦颐、二程和张载等儒学大家易学、理学思想的基础上，在与陈亮、陆氏二兄弟等人的思想碰撞中，通过自己长年不断的反思和完善而形成的。可以说，朱熹成为当时理学之大成者和易学、"《易》教"思想的独树一帜者不是偶然。

2. 反和主战、体恤民情（1162—1194）

朱熹一生从政时间不长，据历史考据，"熹登第五十年，仕于外者仅九考，立朝总四十日"①。可以说，他的从政生涯共计九年，在朝时间仅四十天。在他思想成熟的这一阶段，他在政治上的功绩和抱负主要分为两方面：其一，针对异族入侵、反和主战；其二，刚正不阿、体恤民情。归结为一句即"修内攘外"，而"修内"在其思想日益成熟的基础上，渐渐凸显为"修德自强"，这也是朱熹在现实中践行"《易》教"思想的明证之一。

在"攘外"方面，朱熹一生坚持主战立场，与南宋当时动荡的社会局面、儿时颠沛流离的生活境遇、父辈和师辈们的主战立场息息相关。受篇幅限制，本书仅就朱熹在此时期的两次反和主战行为进行简要梳理。

绍兴三十一年（1161），以金海陵王完颜亮为首的金军大举侵入南宋企图灭宋，宰相陈康伯主导抗金大计，宋中书舍人虞允文带领采石矶的守军抗击金军并取得胜利。完颜亮移兵瓜洲，在渡江失利后，11月下旬为部将所杀，南宋获胜。自此之后，南宋北伐声音高涨，朱熹也在主战行列之中。绍兴三十二年（1162），朱熹接孝宗诏书，以监潭州南岳庙的臣职上《封事》，表达反对议和的主张，这是他首次在朝公开自己的反和主战立场。

孝宗派张浚出兵抗金，但因其主将李显忠和邵宏渊不和导致符离战败。之后高宗赵构退位，孝宗赵昚（1163—1189年在位）即位，支持抗金，这令朱熹备受鼓舞，于是当朝廷于隆兴元年（1163）三月再召朱熹入朝时，他欣然同意，于七月动身上京，十月到临安，辛巳日入对垂拱

---

① （元）脱脱等撰：《宋史》卷429，中华书局1977年版，第12767页。

殿。可当他听到以宰相汤思退为首的主和派向新皇帝进言和议之策时,他大失所望,大胆进言反对和议,这让孝宗和主和派十分不悦。碍于新政刚出,朝廷于隆兴元年(1163)十一月任朱熹为国子监武学博士,但朱熹谢绝就职并请祠归崇安。隆兴二年(1164)十二月,宋金订立"隆兴和议",改金宋君臣关系为叔侄关系,这次和议让南宋付出了更多的岁贡,为南宋"赢得"了短暂的安定局面,也让朱熹的第二次反战主张再次以失败告终。

在"修内"方面,朱熹始终没有放弃,因为在他看来,内修政事是外攘夷狄的先决条件。只有国家富强、人才富足、兵力强盛、政治清明,收复中原、伐金复仇的抱负才能得以实现。于是,他在地方主持政事期间,励精图治、赈灾救民、惩恶扬善、重视教育,赢得了当地百姓的支持。现将朱熹此时期主要政事列举如下。

乾道三年(1167)七月,福建崇安县发大水,朱熹与当地县官一起赈灾,安抚灾民,第二年取得丰收。淳熙五年(1178),在吕祖谦和张栻的劝说下,朱熹选择回归政治。朱熹被任命为知南康军(今江西庐山市),次年三月到任。在任期间,南康县各地正值旱灾,田地荒芜,饥民遍野,于是他办赈济、减赋税、筑江堤、积极办学,为当地带来了"公私久远利济之惠"①。

淳熙八年(1181)八月,转提举浙东常平茶盐公事。在杨万里的推荐下,宰相王淮将朱熹等六十八人写成疏状,供孝宗人才选拔之用。十一月,朱熹上延和殿奏事,并向孝宗条陈七事,得到皇帝嘉奖。

淳熙九年(1182)十二月,在提举浙东常平茶盐公事任上,以私访形式了解民情,从而能深入了解民情以及贪官污吏的劣迹。他分别上奏揭发官吏偷盗赈粮、隐瞒灾情、谎报政绩、兼并土地的恶行,还建议孝宗从内库出钱赈灾、减免旧税、撤换奸臣、遴选举能,以消民"乘时作乱之意"②。其中最著名的当数朱熹六次上奏状告唐仲友(王淮亲戚),不修荒政,贪酷淫恶,并直指朝中大臣包庇之。无奈之下,王淮只能将朱熹调任

---

① (宋)朱熹:《朱熹集》卷20《乞催修石堤札子》,四川教育出版社1992年版,第814页。

② (元)脱脱等:《宋史》卷429《朱熹张栻·列传》第一百八十八,钦定四库全书。

江西提刑。八月，朱熹愤然除江南西路提点刑狱公事，辞归崇安，这为后来的祸事埋下伏笔。之后，王淮指使郑丙上素疏，以道学"欺世盗名"，开始攻击道学，实指朱熹之学。

淳熙十年（1183），王淮提陈贾为监察御史，上奏章攻道学者假名济伪。四月，紫阳书院（也称武夷精舍）建成，成为朱熹讲道学之地。武夷山遂成为当时东南理学第一重镇。

淳熙十二年（1185）四月，朱熹改差主管华州云台观。淳熙十四年（1187）秩满，改差主管南京鸿庆宫。三月四日，周揆人派人问朱熹为何数日不来晋见，遂下诣通进榜旨，叫朱熹初七日后殿班引及对，得到了皇帝的慰劳褒奖。皇上说："知卿刚正，只留卿在这里待与清要差遣。"朱熹再三相辞，连上五札。七月，朱熹除提点江西刑狱公事。

淳熙十五年（1188），王淮罢相，朱熹官复原职。十一月，朱熹借"入对"之机，大讲"正心诚意"，并上《戊申延和奏札》五篇，揭露了南宋社会现实的腐败现象。十一月，上《戊申封事》，向孝宗提出改革建议，并认为"天下之大本者，陛下之心也"，提醒孝宗摒除"人心私欲"、正心诚意。孝宗感动其衷心，嘱咐执政今后如"有指道学为邪气者，力辞新命，遂不果上"。朱熹遂授主管西太乙宫兼崇政殿说书。

淳熙十六年（1189）正月，朱熹改除秘阁修撰，仍旧主管西京嵩山崇福宫。二月，孝宗内禅，光宗赵惇即位。五月，诏下仍旧直宝文阁。闰五月，转朱熹官职为朝散郎，赐绯鱼。八月，除江南东路转运副使，命其即刻赴任，朱熹以祖宗田产基业在部属之内为由相辞，诏下免回避。十一月，改知漳州，再辞不允，遂漳州赴任。

绍熙元年（1190）四月至漳州，结束了他在武夷山六年之久的讲学著述生涯。他在漳州期间，做了如下改革：一是蠲减经总制钱。据《宋元学案·晦翁学案》引《行状》和《宋史·朱熹传》记载："奏除属县无名之赋七百万，减经总制钱四百万。"《文集》中有《乞蠲减漳州上供经总制额等钱状》和《又奏乞戒约州县妄科经总制钱及除豁虚额州数状》等文。二是在漳州刊刻"四经"（《易》《书》《诗》《春秋》）和"四书"（《论语》《孟子》《大学》《中庸》），宣扬儒家思想。三是改变风俗习惯，

"士俗崇信释氏,男女聚僧庐为传经会,女不嫁者为庵舍以居,熹悉禁之"①。最重要的是主张行"经界",核实田亩,画图造册,从而避免豪强猾吏兼并土地而不纳税,而失去土地的贫民无业而有税,田税不均的现象,但因遭遇豪强阻挠而没有实行。十月,失望的朱熹以地震灾害和足疾未愈为由,不能赴锡宴而自劾,仍请辞不允。

绍熙二年(1191),长子朱塾在婺州去世,他在悲痛中归乡料理长子丧事。五月,回到建阳。九月,除荆州湖南路转运副使,请辞不允。十二月,朱熹以漳州经界不行自我弹劾。在漳州,他虽在更化民俗和教育等方面取得了显赫政绩,但在经济改革方面,却遭遇皇帝和佞臣们的一致反对,留下愤懑和悲怆,也留下庆元党禁时的一桩"罪名":"守漳州,则搜古书而妄行经界,千里骚动,莫不被害……"

绍熙三年(1192),以补祠职为请筑室于建阳考亭。绍熙四年(1193)十二月,朝廷派使者到金国,金人问使者,南朝朱先生现在怎样?使者答:"以见擢用,归白庙堂。"后朱熹除知潭州、荆湖南路安抚、赐紫章服。

绍熙五年(1194)五月,到长沙。朱熹任荆湖南路安抚使期间,申敕令、惩奸吏、治绩显赫。上任之初,他就配合湖北路府,以招抚劝降的办法平息了当时由蒲来乘领导的邵、鼎、辰边界地区的"洞寮"少数民族起义,但他对当地以张虎为首的18名乡间恶绅均处以极刑。当时正值宁宗即位,诏令大赦天下。朱熹藏起公文仍处死了这些恶霸。这成了后来"庆元党禁"中沈继祖等人诬告朱熹的把柄。接着,他又奏调湖南飞虎军,加强湖南地方武备。他体恤民情,行"经界法",鼓励兴修水利,重视农业生产。他重视发展教育,提倡州学、县学等官办学校教育,同时鼓励兴办书院教育,并常到岳麓书院同当时的岳麓书院山长、湖湘学派领军人物张栻一同讲学,开创了古代书院"会讲"的先河,培养了大批人才。

绍熙五年(1194)七月,光宗内禅,宁宗赵扩即位,史称"绍熙内禅"。是年八月经赵汝愚等推荐,朱熹任焕章阁待制兼侍讲,赴行在奏事。八月,朱熹除焕章阁待制兼侍讲,请辞不允。九月,经赵汝愚首荐,朱熹被召入经筵。十月初一,乞请带旧职入殿,次日入行宫便殿奏事。这

---

① (元)脱脱等:《宋史》卷429《朱熹张栻》第一百八十八,钦定四库全书。

一年，朱熹利用其担任廷前侍讲的机会，向光宗大谈"正心诚意""君臣父子之道""动心忍性"，引起了宁宗的不满。闰十月，宁宗免去朱熹侍讲职位；又因他在奏疏中直陈韩侂胄弄权，引起韩侂胄记恨，当即在其递交的奏疏内批中"除熹宫观"①。闰十月二十六，朱熹偕弟子归。十一月至玉山县，邑宰司马迈请朱熹为县庠诸生讲学。这次讲学的主题是他对自己理学思想的一次总结，包括：相为体用，明理实用；笃信力行，诚明两进；尊德性与道问学的交相发明。这说明朱熹理学日趋完善，达到了圆融同构的境界。十一月朱熹回到考亭，再次向朝廷请辞江陵府之职。十二月，诏下除朱熹焕章阁待制、提举南京鸿庆宫。当月，朱熹在闽北建阳亲手创建的竹林精舍落成。后又在考亭建起"竹林精舍"，后更名"沧州精舍"。自此，朱熹在对时局朝政的失望中，回归著书讲学。

总之，朱熹在地方为政方面励精图治，在上朝劝谏方面敢于反对和议、揭露官员和地方腐败，充分体现了其知行合一、注重德性践履的思想境界。

（三）思想完善期（1195—1200）

此时期，朱熹及其所创立的道学一派由于赵汝愚和韩侂胄所代表的两股政治势力之间的斗争而受牵连，遭遇了"庆元党禁"。尽管如此，朱熹的理学、易学思想体系仍在其不辍讲学与立说中臻于完善。现将主要事件列举如下。

庆元元年（1195）三月，朱熹再辞焕章阁待制职不允。当月，朱熹转朝奉大夫。右正言李沐在韩侂胄的指使下上言，赵汝愚以"同姓居相位，将不利于社稷"，罢赵汝愚右丞相，贬窜永州。韩侂胄斥"道学"为"伪学"。太府寺丞吕祖俭为赵汝愚辩解，被贬韶州。四月六日，太学生杨宏中、林仲麟、徐范、张磻、蒋傅、周端朝"六君子"伏阙上书，结果以"煽摇国是"遭逮捕，送五百里外编管。朱熹愤而写《封事》数万言，"极陈奸邪蔽主之祸"，为赵汝愚辩护。朱熹的弟子们纷纷劝他不要上陈，否则将会惹祸上身。门人蔡元定知道后，以"蓍决之，遇遯卦之同人"中"遯尾，厉。勿用有攸往"的爻辞相劝，朱熹无奈之下只能将奏稿焚毁，改名号"遯翁"，并上书自劾。

---

① （明）李贽：《藏书》卷35《儒臣传·赵汝愚》，中华书局1974年版。

庆元二年（1196），赵汝愚在流放途中病逝。这年，在韩侂胄的支持下，掀起了一场声势浩大的反道学高潮。监察御史胡纮把弹劾朱熹的奏章授给新贵沈继祖，指使侍御史沈继祖上奏诬陷朱熹，并连疏蔡元定，乞"将朱熹褫职罢祠，将蔡元定追送别州编管"。"二十六日旨依，蔡元定编管道州。"

庆元三年（1197）春正月，诏旨颁下，蔡元定并未向家人告别，而是自行前往建宁府治建瓯就拘。当他行至考亭瀛洲桥头时，朱熹与从学者百余人与其饯行。当天夜里，师徒二人不叙别离，而是围坐在书案旁一起校对《参同契》一书直至深夜。第二天，蔡元定在季子蔡沈的陪侍下到达贬所。不幸的是，在流放地的第二年，蔡元定便因病去世。同年十二月，知绵州王沆上疏，请求设立"伪学之籍"，宁宗采纳了此建议。之后，根据元祐党禁的做法，建立《伪学逆党籍》，共有五十九人被列入其中。其中包括宰执赵汝愚、留正、王蔺、周必大四人，待制以上官员朱熹、徐谊、彭龟年、陈傅良、薛叔似等十三人，刘光祖、吕祖俭、叶适、杨简、袁燮等三十一人在内的其他官员，皇甫斌等三位武臣以及杨宏中、蔡元定、吕祖泰等八位士人。

庆元四年（1198）十二月，朱熹请求致仕，被受封婺源开国男的称号，领取食邑三百户，并继续担任秘阁修撰的职务。当时，全国对于所谓伪学的打压愈发激烈，任何以儒者自居者都几无容身之地。尽管如此，朱熹仍每日坚持讲学授课。有人劝朱熹辞退生徒，但朱熹并未采纳。面对"庆元党禁"带来的巨大挑战，朱熹以博大的儒家胸襟，处之泰然。

庆元五年（1199），尽管已立"伪学逆党籍"，仍不放松打击道学家。五月，姚愈上言："近世行险侥幸之徒，但为道学之名，窃取程颢、张载之说，张而大之，聋瞽愚俗。权臣力主其说，结为死党，陛下取其罪魁之显然者，止从窜免，余悉不问，所以存全之意，可谓至矣。奈习之深者，怙恶不悛，日怀怨望，反以元祐党籍自比。"① 要播告中外，分清元祐党籍与庆元党籍之异，免得借以欺世盗名，准备进一步迫害道学家。次年正月，枢密院直省官蔡琏诬告赵汝愚定策时有异谋，决定逮捕彭龟年、曾三聘、沈有开、叶适、项安世等，投送大理寺治罪。中书舍人范仲艺对韩侂

---

① （清）毕沅：《续资治通鉴》卷155，岳麓书社2008年版，第4160页。

胄说:"章惇、蔡确之权,不为不盛,然至今得罪于清议者,以同文狱故耳。"以历史为鉴,不免使韩收敛。"韩说自己初无此心,以诸公见迫,不容但已"①,避免了一次文字狱。

庆元六年(1200)三月,朱熹病重,仍与诸生讲《太极图》《西铭》,修改《大学·诚意章》等。三月八日他给其女婿黄榦写信,以道托人:"吾道之托在此者,吾无憾矣。"三月九日病逝。四方道学弟子准备十一月在信上会葬,以表哀悼。"将葬,右正言施康年言:'四方伪徒,欲送伪师朱熹之葬。……会聚之间,非妄谈世人之短长,则谬议时政之得失,望令守臣约束。'从之。于是门生故旧不敢送葬。"② 十一月二十日,朱熹葬于建阳县唐石里后塘九峰山下大林谷。嘉定二年(1209),诏赐谥曰"文",世称"朱文公"。

二 朱熹主要著作

朱子现存著作共25种,600余卷,总字数在2000万字左右,主要有《周易本义》《启蒙》《蓍卦考误》《诗集传》《大学中庸章句》《四书或问》《论语集注》《孟子集注》《太极图说解》《通书解》《西铭解》《楚辞集注辨正》《韩文考异》《参同契考异》《中庸辑略》《孝经刊误》《小学书》《通鉴纲目》《宋名臣言行录》《家礼》《近思录》《河南程氏遗书》《伊洛渊源录》等。《文集》一百卷,《续集》十一卷,《别集》十卷,闽人辑录的《朱子语类》一百四十卷。

本书所参考的涉及朱熹"《易》教"思想内容的除《周易本义》《启蒙》《蓍卦考误》《太极图说解》《通书解》《西铭解》《参同契考异》等直接反映其易学、"《易》教"思想的著作外,也会参考其理学、经学著作中涉及的与其易学思想相关的内容。

第二节 朱熹"《易》教"思想的时代背景

承上文所言,朱熹生活的年代是南宋(1127—1279)初期和中期。

---

① (清)毕沅:《续资治通鉴》卷155,岳麓书社2008年版,第4164页。
② (清)毕沅:《续资治通鉴》卷155,岳麓书社2008年版,第4176页。

这一时期，宋金战争基本停止，经济开始有序恢复，文化生活日益丰富，但民族矛盾仍旧尖锐，土地兼并日益严重，造成了阶级矛盾深化，加上军费以及统治阶层开销巨大，流寇众多，百姓深受苛捐杂税和流寇的层层盘剥，导致民怨积聚。而统治者及大地主阶级贪婪无度，社会伦理纲常丧失殆尽，儒家道统也在道家和佛家思想的双重夹击之下显得式微。为了让社会回归正常的人伦伦序、恢复人基本的道德本能，同时让儒家思想重新恢复成为拯救社会、人心的思想主流，包括朱熹在内的理学家们都在竭尽所能，继承并阐发包括《周易》在内的"五经"以及"四书"中的教化思想，而道学（理学）思想体系也在此过程中不断成熟完善。

一 社会政治动荡 阶级矛盾加剧

靖康元年（1126），北宋首府开封被金兵攻陷，宋徽宗、宋钦宗被俘，北宋王朝灭亡。宋朝王室于建炎元年（1127）在南京应天府重建宋朝，后遭金兵追击，被迫南渡，至绍兴二年（1132）建都临安，史称"南宋"。

南宋初年，国家面临内忧外患的局面。由于金兵不断南犯，朝廷中一直存在两股势力。其一便是宋高宗赵构支持的求和派。为了维护国内的短暂和平，求和派不惜与金兵签订不平等条约，割地赔款。绍兴十一年（1141），南宋与金签订"绍兴和约"向金称臣，又杀害了抗金英雄岳飞父子，这引起国内广大人民的强烈不满，抗金热情高涨，宋高宗引咎禅位，退居太上皇，宋孝宗赵昚即位。

孝宗即位初期支持主战派。登基后，他立志光复中原，收复河山。他首先为岳飞平反，恢复其谥号"武穆"，又追封其为鄂国公，同时剥夺秦桧的官爵。整顿军队，逐渐恢复诸多主战派将领的官职，为讨金做准备。隆兴元年（1163）五月，孝宗皇帝任命张浚帅师北上，开启了历史上著名的隆兴北伐。宋军在短短一个月的时间内迅速夺回了灵璧县、虹县、泗州、宿州等关键城镇，威慑中原。然而随着战事的推进，在金军优势兵力的反攻下，宋军内部出现了将领不和与士兵士气涣散的情况。当军队撤至符离时遭遇金兵追截，损失惨重，史称"符离师溃"。刚刚收复的失地相继被金人占领，金人陈兵江淮，颇有继续南下长驱直入之状，南宋朝野为之震动。隆兴二年（1164），宋孝宗不得已与金国签订"隆兴和议"，又名"乾道之盟"。之后，实力相当的宋金两国维持了四十多年的和平。

直到南宋第四任皇帝宋宁宗时，宰相韩侂胄专权。开禧二年（1206），韩侂胄为立功保持相位，轻率出兵伐金，史称"开玺北伐"，结果招致大败。本就记恨韩侂胄的主和派杨皇后杀韩侂胄向金请和，嘉定元年（1208）宋金订立了"嘉定和议"，其内容为：上国书称金主为伯父，岁币、银绢各三十万，又以三百万缗钱赎回淮、陕两地。随即爆发了纸币贬值风潮，自此南宋跌入全面失衡的困境，其统治愈加黑暗，宋金双方大致维持了六七年的和平。

连年战争导致南宋社会土地兼并异常严重，苛捐杂税众多，阶级矛盾加剧。宋朝实行"不抑兼并"的土地政策，土地可以私自买卖，地主可以无节制地扩大土地占有。南宋继续了元代地主可以拥有佃户并向佃户收租（一般流行对半分制）的制度。佃户没有自己的土地，只能通过租借地主的土地并向地主交租勉强度日。青黄不接的时节，佃户们只能在地主家借粮，等后续有了收成地主再连本带息收回。如仍不够，便只能用家里的人口和房子做抵押，自己则沦为乞丐。不仅如此，佃户的生命也如草芥，如地主将佃户打死，最多受官府的一点惩罚了事。南宋时期还出现了比佃户身份更低、受压榨更为严重的佃仆，由此造成耕者无其田，有田者无力耕的社会贫富两极化的严重局面。

农民不但遭受地主的地租和额外剥削，还须承担南宋繁重的苛捐杂税。统治者自身无所节制的生活用度以及连年与外族征战导致的高额军费、求和进贡的成本全部摊派到了农民身上。除了农业中的正税，即夏、秋二税之外，还额外新立收税名目和正税之外的附加，即经总制钱、月桩钱以及版帐钱。连年征战，灾荒不断，导致农民无以生计，农民起义此起彼伏。

二 经济发展恢复 贫富不均严重

按照葛金芳①的说法，南宋经济以 13 世纪初叶嘉定纸币贬值风潮的爆发为界标，大体经历了两期四段，分别为前期（经济上升期）和后期

---

① 葛金芳：《南宋全史·社会经济与对外贸易卷》（上），上海古籍出版社 2012 年版，第 27 页。

（经济下降期）。而前期又分为两个阶段，分别为：第一阶段：从建炎初年到绍兴和议（1127—1141）共十五年，为战乱破坏期；第二阶段：从绍兴和议到嘉定和议（1142—1207）共六十六年，为经济恢复和上升期。后期又分为两个阶段，即第三阶段：从嘉定纸币贬值风潮到宋蒙联合灭金（1208—1234）共二十六年，为经济危机发生、发展期；第四阶段：从宋蒙（元）战争全面爆发到广东崖山海战帝昺跳海自尽（1235—1279）共四十六年，为危机深化期，社会经济连同国家财政逐步趋向崩溃。

朱熹一生主要生活在南宋经济上升期，总体而言经济相对平稳，但也因赋税严重、阶级矛盾等原因造成经济发展的地区差异和不均衡。

南宋初年，经济凋敝。自建炎元年（1127）高宗赵构在南京应天府宣布即位之后，一直采取求和躲避政策，导致金军在南宋境内烧杀抢掠、无恶不作。与此同时，溃逃途中的各支南宋官兵和流窜各地的流寇也烧杀掳掠，无所不为。各地民众自愿组成乡兵、义勇，团结自卫，但多半流于流寇，以抢掠为生。南宋各地百姓在金军、流寇和官府三股势力的摧残下生活在水深火热之中，这也包括朱熹所生活的江西、福建地区。江西地处长江中游，自晚唐以来素称富庶之地，但南宋初年却"连年失耕，又苦水旱，米价翔踊，每斗一贯至二贯"①，亦成为战祸肆虐之地。而金军兵锋未至的福建地区也饱受政府盘剥之苦，激起民变。动乱后的福建，多地荒废不耕，导致米价飙升，价格是平时的三到四倍。

绍兴十一年（1141），宋金签订"绍兴和议"之后，宋金关系缓和，战争基本停止，南宋政权得以稳定下来。宋高宗采取包括招徕流民复业、兴修塘浦圩田、减免苛捐杂税、拣汰军兵归农垦荒等措施恢复发展生产。绍兴十二年（1142），高宗任用李椿年力推"经界法"，希望通过整理版籍、核田定税来改变田赋不均的顽疾，对恢复经济也有一定的效果。朱熹后来也曾采用这个方法，但因受到当地土豪的激烈反对，无法成行。

孝宗时期，因为养兵费用和财政开支依然巨大，各地百姓赋役负担仍旧沉重。孝宗继承了绍兴时期减税政策，刺激生产发展，包括南宋全境税额减免（即稳定原有税不再增加）、蠲除"丁盐钱绢"（人头税）和"无额上供"等苛捐杂税、针对乡村下户、归正人和饥民等弱势群体的优惠

---

① 马光祖、周应合等：《景定建康志·吕颐浩》卷48，宋元方志丛刊本，第2135页。

措施、灾伤年份的大额免税和放免欠税、省并或裁撤各地税场、税务、精简机构,降低行政成本等。为了刺激经济恢复和发展,孝宗在农业方面召佃垦荒、劝种二麦、兴修水利;手工业方面放松工匠人身控制,调低税额;商业方面整顿商税征收网络,刺激海外贸易等。

可以说,这一系列举措确实起到了一定效果,农业开始恢复,从而带动手工业和商业的持续发展,人口增加,百姓生活有明显改善,出现了天下康宁的升平景象,史称"乾淳之治",但不可否认的是,虽中央财政在经济恢复的大背景下有了难得一见的宽裕之象,但因财政开支大部分(80%以上)用来养兵,导致中央和地方财政情况仍不容乐观,经常出现入不敷出的局面,而中下层百姓却因重赋繁役等原因,平顺年景尚能赡给,并不富裕。

除农业外,生产资料、生活资料、食品加工、手工业等方面都得到了不同程度的发展,商品经济、交通运输业以及海外贸易也得以崛起,都市化进程不断加速。以手工业中的造纸业和印刷业为例。造纸业以民间的纸户和造纸作坊为主。造纸的从业者甚多,有造纸手工作坊的作坊主,也有举家从事造纸的专业纸户,有手工作坊的专职雇工,还有在农业生产之余出来临时工作的兼业者。造纸技术也得到了不同方面的提升,包括竹纸软化竹茎纤维工艺的出现、造纸打浆环节水碓的应用、纸药中多种植物的使用以及纸幅宽度、纸质均匀度、染色与砑花等。而印刷业也分为公私两类。民营刻书作坊林立。临安、成都、眉山和福建建阳在当时是印刷业集中之地,书坊内有雕刻、印刷、装裱等分工,并有编辑、店员和经理等不同职业分工的人员。自北宋以来雕版印刷术的使用以及南宋开始得到应用的活字印刷术,加之纸张制造技艺和效率的提升,极大地提高了书籍的生产效率,为教育普及和文化下移提供了物质技术基础。

三 文教活动兴盛 思想兼收并蓄

南宋初期,因躲避战乱,众多北方移民迁徙到南宋境内,同时南宋已开发地区的百姓因经济等方面的原因向开发中地区转移,这对南宋经济发展起到了推动作用,其中就包括了中原儒生、士人的大量南迁。这对南方地区文化和教育普及起到了积极影响,从整体上提升了南方人民的文化水平和劳动力素质。都城的南移使得两浙成为南宋全境政治、经济、文化中心,福建、江东西等路成为南宋的核心统治区。在科举取士、耕读传家风气的影响下,各地大办教育,官学、私学兴盛,书院林立,私塾遍地,南宋百姓识字率大大上升,各行各业教子读书蔚然成风。另外,宋代科举考试基本无身份限制,工商杂类皆可入仕,这从客观上调动了各阶层百姓读书的积极性,促进了教育,尤其是基础教育的大力发展。福建和江西的教育都很发达。福建除了州学、县学外,民间乡校林立,达到"凡乡里各有书社"的盛况,而江西民间的"教书夫子"给儿童授以《四言杂字》等各类书籍,成为乡村普及识字教育的主力军。

在教育方面,由于高宗,尤其孝宗的开明政策下,除中央国学外,还支持各级公学以及各类私学教育模式的出现。南宋恢复了中央国学(即国子监、太学以及国子监和其他部门监管下的一些专科性质的学校),在地方上还形成了相对周全完整的教育系统,州县学教育发展迅猛,使得很多平民子弟得以接受教育,教育普及化趋向明显。除以上所说的公学外,私学也得到了极大的发展,包括学术水平较高由名儒学士开设的经馆、精舍。精舍作为私人讲学或进行学术研究和传播的场所,其教学内容主要是包括"四书""五经"在内的儒家经典,教学方法则是以讲学为主,辅之以个别指导、辩论和问答。南宋著名的精舍包括朱熹自建的寒泉精舍、武夷精舍、竹林精舍(后更名为沧州精舍),陆九渊自立的槐堂、应天山精舍(后更名为象山精舍),吕祖谦设立的丽泽堂,陈亮的保社等。另外还有集藏书、读书、刻书和讲学于一体、与太学并驾齐驱、与理学同步演进的书院。时称"东南三贤"的朱熹、张栻、吕祖谦以及心学创始人陆九渊都曾在主持或创办的书院里进行过理学方面的授徒讲学活动。南宋统治者在学术方面也持开放包容的态度,各学术派别因此争相发展起来,涌现出如张栻的湖湘学派、朱熹的闽学、吕祖谦的婺学、叶适的永嘉学派、陈亮的永康学派、陆氏兄弟的江西之学等为代表的各大学术团体,学术氛围日渐浓厚,学术中心在闽浙一带已然形成。

第 三 章

朱熹"《易》教"思想的渊源

众所周知，朱熹一生都致力于对"四书"的整理和诠释。与此同时，朱熹也在对易理的诠释中，找到了"四书"理论及其教化思想的根基。了解其习《易》研《易》的过程，亦是开展其"《易》教"思想研究的前提，故本书拟从其象数易学和义理易学"《易》教"思想的传承与发展中，探求其"《易》教"思想的体系渊源。

第一节 对宋易象数学"《易》教"思想的继承发展

因汉代易学以及当时以朱震为代表的象数学说过多纠结于文本本身，其解释多穿凿附会之处，背离了圣人作《易》的根本，因此朱熹特别推崇宋代方才兴起的"图书"之学以及邵雍的先天之学，认为这才是易道和伏羲画卦的根本所在。于是，他在弟子蔡元定的协助下，完成了专论象数和卜筮的专著《易学启蒙》，并将《河图》《洛书》和先后天等象数图示置于书的卷首，形成了其独特的象数易学和"《易》教"系统。可以说，《河图》《洛书》为朱熹的以太极为源头的"理"本论提供了宇宙论和本体论基础。

一 象由数生：刘牧之《河图》《洛书》

《系辞》云："天生神物，圣人则之；天地变化，圣人效之；天垂象，见吉凶，圣人象之；河出图、洛出书，圣人则之。"为探知圣人作《易》的根本，即如何"则之""效之""象之"，从而探究易道之所以然，进而求《易》之本义，朱熹尤其看重宋代图书之学。

经历代学者的研究，学界普遍的看法是，由黑白点子构成的十数、九数的《河图》《洛书》是出于宋人之手，而非远古相传之图。但这并不能否定宋人《河图》《洛书》的历史意义和价值。其所内含的阴阳、五行思想以及数的观念都是自古而今中华思想的继承、整合和创新。而正是因为看到了这一点，朱熹才从以陈抟、刘牧为代表的图书学中吸收到了发展其易学、"《易》教"思想所赖以生成的思想土壤。

刘牧，北宋中期人，以讲《河图》《洛书》闻名于世，其学出于陈抟。《河图》就是九宫图，被称为图九；《洛书》指五行生成图，包括天奇之数五个和地偶之数五个，共十个数（《周易》中奇数为天阳之数，偶数为地阴之数）。十数相加共五十又五，为《周易·系辞上》所谓"大衍之数"，原文如下："大衍之数五十，其用四十有九。分而为二以象两，挂一以象三，揲之以四以象四时，归奇于扐以象闰，五岁再闰，故再扐而后挂。天一地二，天三地四，天五地六，天七地八，天九地十。天数五，地数五，五位相得而各有合。天数二十有五，地数三十，凡天地之数五十有五，此所以成变化而行鬼神也。"

刘牧用《洛书》解释上文，他依据《洪范》中"一曰水，二曰火，三曰木，四曰金，五曰土"的五行顺序，将一二三四五作为五行的生数，再在其基础上各加中宫的五数，成为六七八九十的成数。天一又与地六相配为水；天七与地二相配为火；天三与地八相配为木；天九与地四相配为金；天五与地十相配为土，成就"阴阳各有匹偶，而物得矣"的和谐景象。在刘牧看来，天地之数为《洪范》五行之数自行演变而来，故称此图为《洛书》。

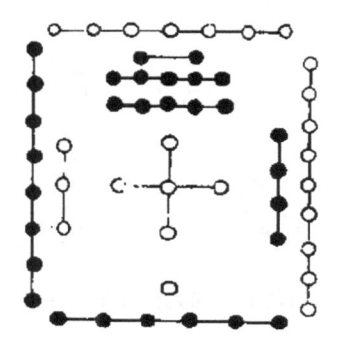

图 3-1 《汉上易卦图说》所载《洛书》

刘牧的《河图》为陈抟龙图易第三变中的九宫图，根据朱震所说："右河图，刘牧传于范谔昌，谔昌传于许坚，许坚传于李溉，溉传于种放，放传于希夷陈抟。"刘牧的《河图》吸收了汉唐九宫说，并将佛学家兼数学家甄鸾对《易纬》中九宫说解释为"二四为肩，六八为足，左三右七，戴九履一，五居中央"的神龟形象改造为龙马之形，将卦气引入《河图》；又吸收了汉易的卦气说和五行说，将《河图》之数（一至十）用卦气说体现一年中的阴阳二气的消长，即"阳气肇于建子"（龙图易中北方白圈居于北方坎位，配干支子，表阳气始生）和"阴气萌于建午"（龙图易中南方白九圈，居南方离位，配干支午，表阴气始萌）。将五行之数与相应方位相配，即：阳数一三七九分别居于四正位，一居北九居南，三居东七居西；阴数二四六八分别居于四隅，二居西南，四居东南，六居西北，八居东北；五居中央；又将居于正位之数与居于四隅之数相结合，又与五行相配，得一六为水，二七为火，三八为木，四九为金，五十为土。概言之，刘牧的河图说结合了九宫说、卦气说以及五行说的内容，其目的是说明八卦之象源于《河图》。

《河图》总数为四十五（一至九数相加而得），《洛书》总数为五十五（一至十数相加而得）。但《河图》"数五即十也，故河图之数四十有五，而五十之数具。洛书之数五十有五，而五十之数在焉，惟十即五也"。二者之所以并存，他解释道："（龙图）虽兼五行，有中位而无土数（五），唯四十有五，是有其象而未著其形也，唯四象八卦之义耳。龟书乃具五行生成之数，五十有五矣。易者包象与器，故圣人资图书而作之也。"①

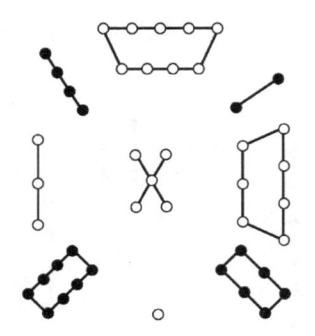

图3-2 道藏本《易数钩隐图》所载《河图》

---

① （宋）刘牧、郭彧：《易学钩隐图导读》，华龄出版社2019年版。

相比汉易象数学通过卦象来解释宇宙，图书之学则是以更早出现的数作为表达形式，在问题意识上更进一步，为后来朱熹理学以"太极"为根本的本体论建构提供了形上学的支持。刘牧在其著作《易数钩隐图序》中说："夫卦者，圣人设之观于象也。象者，形上之应也，原其本则形由象生，象由数生，舍其数则无以见四象所由之宗矣。"因此，如果说汉易象数学是在易象之所然的层面诠释了易象的内涵，属于后天层面，那么"图书"之学则主要是在易象之所以然的层面诠释了易象何以如此，属于先天层面。① 这也是朱熹之所以看重河洛之书的主要原因之一。

二 圣人之心即太极：邵雍先天易学与后天易学

邵雍（1011—1077），字尧夫，谥康节，北宋五子之一，著名理学家、数学家。所谓数学，指的是主张"数生象"的易学象数派，即在奇偶数上讲卦象变化。邵雍的易学又被称为先天学，是在陈抟先天太极图的基础上，经过后来传习者传承和发展起来的一种易学门派，在北宋时期与张载的气学派、程颐的理学派构成三足鼎立的局势。

（一）先天易学

陈抟的"先天太极图"简称"先天图"，是以乾坤坎离为四正卦（即乾坤坎离分别居于南北西东四个正位），八卦中剩余的四卦为四隅卦（震兑巽艮分别居于东北、东南、西南、西北四隅）。因传为伏羲氏所画，故被称为先天图。相对而言，汉代易学中有以坎离震兑为四正卦的图式据传乃文王易，故被称为后天图。邵雍虽对二图都有阐述，但更推崇先天图，因为在邵雍看来，先天图有卦但无文字，尽备天地万物之理，先于《易》而存在，故自称其学为先天学。其著作《皇极经世》已失传，但后人多有整理和注解，朱熹就在其《易学启蒙》和《语类·邵子之书》中有所解说。

在邵雍的发展下，始于陈抟的先天图，据张行所说，发展为十四图，但因其著作已亡佚，故皆不可考。朱熹在《周易本义》和《易学启蒙》中，将邵雍的先天图归纳为以下四类，分别为：《伏羲八卦次序》《伏羲八卦方位》《伏羲六十四卦次序》《伏羲六十四卦方位》（分为次序图和方位图两种），可以说，道出了邵雍先天学的基本内容。

---

① 张克宾：《朱熹易学思想研究》，人民出版社2005年版，第145页。

儒家对伏羲先天图中八卦和六十四卦生成过程的确立以《易传》"易有太极，是生两仪，两仪生四象，四象生八卦"一句作为依据。邵雍在《观物外篇》中是这样解释的：

> 太极既分，两仪立矣。阳上交于阴，阴下交于阳，四象生矣。阳交于阴，阴交于阳，而生天之四象；刚交于柔，柔交于刚，而生地之四象，于是八卦成矣。八卦相错，然后万物生焉。是故一分为二，二分为四，四分为八，八分为十六，十六分为三十二，三十二分为六十四。故曰"分阴分阳，迭用柔刚，故《易》六位而成章也"。十分为百，百分为千，千分为万，犹根之有干，干之有枝，枝之有叶，愈大则愈小，愈细则愈繁。合之斯为一，衍之斯为万。①

邵雍关于八卦以及六十四卦形成的理论，其基本法则是"一分为二，二分为四，四分为八"。程颢称其为"加一倍法"，朱熹称之为"一分为二法"，总的来看，是把数的变化作为一切的根本，其着眼点为一、二、四、八……六十四，认为世界的根本是从一生万物，即按照八卦的生成次序演变出来，从而排斥了无生有说和汉代易学的取象说，不仅用来解释八卦和六十四卦的形成，还用来说明世界形成的过程。

从五经、人和社会的层面来看，邵雍在《观物》内外篇中以乾兑离震配皇帝王伯，以巽坎艮坤配《易》《书》《诗》《春秋》；前者又配道德功力，后者又配仁义礼智，依次说明历史人物、经典、人性的区分，都是出于八卦性质的不同。邵雍先天图"以一生二"法则的主要贡献是说明宇宙万物生成的层次及类属关系，相比汉唐以来的宇宙生成论更进了一步。

除了《伏羲六十四卦次序》外，按朱熹的说法还有《伏羲六十四卦方位》，其理论依据是《说卦》："天地定位，山泽通气，雷风相薄，水火不相射，八卦相错。数往者顺，知来者逆。是故易逆数也。"邵雍以乾居南，坤居北，离居东，坎居西来解释上句之"天地定位"和"水火不相射"。

---

① （宋）邵雍：《道藏》第23册《皇极经世·观物外篇》卷12上，文物出版社1988年版，第439页。

邵雍又在《伏羲六十四卦方位》基础上,将六十四卦从左至右每八卦为一排,成为八排,以坤居东南,以乾居西北,以巽震为中心,依次将六十四卦排成八横八纵之方图,以此来说明自巽一阴生至坤三阴生,自震一阴生至乾三阳生的阴阳消长的过程,同时,也如朱熹所言:"是说方图中两交股底。且如西北角乾,东南角坤,是天地定位,便对东北角泰,西南角否。次乾是兑,次坤是艮,便对次否之咸,次泰之损。后四卦亦如是,共十六卦。"① 意思是,六十四卦各有定位且各有对待,即每一卦都有其反卦在方图中的相对位置与其形成对立,来说明空间结构的对立性。他又将方图置于圆图之中,来表明天圆地方之意。

太极,在邵雍看来,是《周易》象数的根源,更是天地万物的源头。他言道:"太极一也,不动生二,二则神也。神生数,数生象,象生器。太极不动,性也。发则神,神则数,数则象,象则器,器则变,复归于神也。"② 意思是,太极隐而不动,动则生奇偶二数,奇偶二数变化莫测,再生出四、八、六十四等数。有数便有阴阳刚柔之卦爻象,卦爻象再生出天地万物。万物有始终,最终回归于奇偶的变化之中。简而言之,即太极生数,数生象,象生万物。何为太极?邵雍认为,心即太极。他言道:"先天学,心法也。故图皆自中起,万化万事生乎心也。"③ "人心当如止水则定,定则静,静则明。"④ 综上,不动之心、圣人之心即为太极,先天图即心之法。

(二) 后天易学

今传指包括卦爻辞在内的《周易》经的部分,按照邵雍的说法将其归为文王易,因其在伏羲之后,故称为后天易学。他以《说卦》中"帝出乎震"一说作为文王八卦说的依据,并将文王八卦分为《文王八卦方位》和《文王八卦次序》。

---

① (宋)朱熹:《朱子全书》第16册《朱子语类》卷65,上海古籍出版社、安徽教育出版社2010年版,第2173—2174页。
② (宋)邵雍:《道藏》第12册《皇极经世书·观物外篇》,文物出版社1988年版,第655页。
③ (宋)邵雍:《道藏》第12册《皇极经世书·观物外篇》,文物出版社1988年版,第655页。
④ (宋)邵雍:《道藏》第12册《皇极经世书·观物外篇》,文物出版社1988年版,第655页。

根据《文王八卦方位》所列，离南坎北，震东兑西，坤西南，乾西北，巽东南，艮东北。邵氏解释道："至哉，文王之作《易》也，其得天地之用乎！故乾坤交为泰，坎离交而为既济也。乾生于子，坤生于午，坎终于寅，离终于申，以应天之时也。置乾于西北，退坤于西南，长子用事而长女代母，坎离得位而兑艮为耦，以应地之方也。王者之法，其尽于是矣。"①

邵雍将十二地支与八卦相配。按照《伏羲八卦方位》的顺序，乾本居午（南）位，坤本居子（北）位，乾坤相交，阳气上升阴气下降而生泰䷊卦，坤返于下，乾归于上。之后乾坤分别退居西北和西南位，由长男震居东方，代乾主生物；长女巽居东南，代坤而长物；兑居西与震相配，艮居东北与巽相配，取兑为成物，艮为终物之义。他在《观物外篇》中说："乾坤纵而六子横，易之本也。震兑横而六卦纵，易之用也。先天之学心也，后天之学迹也。"故邵雍以乾坤为易之本，震（长男）兑（长女）为易之用，可以说文王八卦正是伏羲八卦之应用。

《文王八卦次序》来源于《说卦》中的乾坤父母说。原文如下：

> 乾，天也，故称乎父。坤，地也，故称乎母。震，一索而得男，故谓之长男；巽，一索而得女，故谓之长女。坎，再索而得男，故谓之中男。离，再索而得女，故谓之中女。艮，三索而得男，故谓之少男。兑，三索而得女，故谓之少女。

邵雍认为六子卦皆是由乾坤两卦相交而得，艮兑、坎离、震巽皆为反卦，彼此阴阳互补，如同水火相生相克。

总之，先天易是体，后天易是用。二者的关系是"自初未有画时，说到六画满处者，邵子所谓先天之学。卦成之后，各因一义推说，邵子所谓后天之学也。今如夫子《系辞》《说卦》三才六位之说，即所谓后天者也"②。后天易的范围相比文王易的界定而言则更为扩大，"《周易》成立

---

① （宋）朱熹：《朱子全书》第1册《易学启蒙·原卦画第二》，上海古籍出版社、安徽教育出版社2010年版，第242页。亦见邵雍《观物外篇》。

② （宋）朱熹：《性理大全》卷14《易学启蒙·原卦画》，山东友谊书社1987年版，第1081页。

以后所登场的所有义理易的内容都可能是根据后天易学的原理而来"①。可以说,先天易学和后天易学分别是象数易学和义理易学的基础,后天易是在先天易的理论基础上生发出来的。朱熹正是在此基础上找到了《周易》理论之源头"太极",并将其作为其理学、"《易》教"本体论的依据。

第二节 对宋易义理学"《易》教"思想的继承发展

一 "理一分殊":李侗"《易》教"

前文生平中提到,绍兴二十三年(1153),朱熹见延平李侗,与之谈论学禅心得,但并未受到李侗的肯定。绍兴二十八年(1158)正月,正式拜李侗为师。朱熹在李侗的教导下,学术思想发生大变,逐渐舍弃之前所学佛老之学,最终归本伊川理学,成为二程理学传人。直至隆兴元年(1163)10月15日李侗卒于福州,二人的关系维持长达十年。朱熹从李侗处收获最大的是其"理一分殊"说。

李侗是程颐再传弟子罗从彦的学生,而罗从彦则是二程弟子杨时的学生,其思想归属义理学范畴。"理一分殊"思想最早出现在程颐和其弟子杨时对张载所著《西铭》主旨的探讨。杨时对张载在《西铭》中所描绘的"民胞物与"思想恐"流遂至于兼爱"表示了担心,而程颐则解释道:"《西铭》明理一而分殊,墨氏则二本而无分。"② 程颐认为,儒家和墨家最大的区别在于儒家强调爱虽有分殊、等差,但需"分立而理一",强调理一的重要性是为了防止分殊造成的"私胜之流",但并不是完全同等的,是"仁之方"的体现;而墨家没有分别的兼爱,最终导致无父的境地,是"义之贼"的体现。程颐从伦理学角度提出的"理一分殊"思想为后来杨时以及其再传弟子李侗所继承和发扬。杨时是从哲学本体论视角推阐,认为"理一"和"分殊"需兼顾,并用"体用"关系来描述"理一"与"分殊"的关系;而李侗则是通过充实"理一"(即太极)的本体论内涵来推

---

① 金祐莹:《朱子易学之哲学的分析——通过〈易学启蒙〉理解"理"的"穷极"义》,《周易研究》2011年第2期。

② (宋)杨时:《杨龟山先生集》卷16,凤凰出版社2019年版。

衍出"理一分殊"的命题。李侗将"理一"抽象为"实有而非物，本无而不空"的实体范畴，从而更细致地确立了"理一"在本体论中的绝对性、永恒性、超越性和普遍性。① 这为朱熹将"太极"作为其"《易》教"理论之本体、将"理一分殊"作为其理论生成的框架做了铺垫。

李侗继承了先儒"太极"乃是理之源即"理一"的思想，认为：

> "太极动而生阳"，至理之源，只是动静阖辟。至于终万物、始万物，亦只是此理一贯也。到得二气交感，化生万物时，又就人物上推，亦只是此理。《中庸》以喜怒哀乐未发已发言之，又就人身上推寻，至于见得大本达道处，又衮同只是此理。……在天地只是理也。……人与天理一也，就此理上皆收摄来，"与天地合其德，与日月合其明，与四时合其序，与鬼神合其吉凶"，皆其度内尔。②

他还提出"理与心一"的思想。他在给朱熹的信中说道："持敬之心，理与心为一，庶几洒落尔。某自闻师友之训，赖天之灵，时常只在心目间，虽资质不美，世累妨夺处多，此心未尝敢忘也。"③ 朱熹也说道："李先生教人，大抵令于静中体认大本未发时气象分明，即处事应物，自然中节。此乃龟山门下相传指诀。"④ 李侗强调，理可在心静处体认。

不同于程颐将重点放在"理一"上面，李侗和他的老师杨时一样，都强调"分殊"的重要性。杨时强调"分殊"（即"理之流行也"）应做到"无铢分之差"。他认为："所谓分殊，犹孟子言亲亲而仁民，仁民而爱物，其分不同，故所施不能无等差。"强调尊卑亲疏的社会秩序的合理性。李侗的学生尹和靖在回答沈元用何为《伊川易传》最切要的点时说道"体用一源，显微无间"，李侗则说："尹说固好，但须是看得六十四

---

① 何乃川、陈进国：《论李侗的"理一分殊"思想》，《厦门大学学报（哲学社会科学版）》1994年第3期。
② （宋）朱熹：《朱子全书》第13册《延平答问》，上海古籍出版社、安徽教育出版社2010年版，第329页。
③ （宋）朱熹：《朱子全书》第13册《延平答问》，上海古籍出版社、安徽教育出版社2010年版，第321页。
④ （宋）朱熹：《朱子全书》第22册《晦庵先生朱文公文集》卷40，上海古籍出版社、安徽教育出版社2010年版，第1802页。

卦、三百八十四爻都有下落处，方始说得此话。若学者未曾子细理会，便与他如此说，岂不误它？"① 强调"分殊"相比"理一"更难，更需要加以重视，这才是解决现实社会问题的关键；同时也通过在"日用间著实作工夫处理会"得分毫不差，方能寻到"理一"和"分殊"、仁和义之间的内在同一性。至于如何下功夫理会"分殊"，李侗则认为可通过"涵养"。"于涵养处着力，正是学者之要，若不如此存养，终不为己物也。"②

朱熹在杨时和李侗的影响下，也认同分殊的重要性。他说："万物皆有此理，理皆同出一原。但所居之位不同，则其理之用不一。如为君须仁，为臣须敬，为子须孝，为父须慈。物物各具此理，而物物各异其用，然莫非一理之流行也。"③ 同时，他还用杨时"理一分殊"来论证亲亲、仁民、爱物的社会"差等秩序"思想，并在此基础上做了进一步的发挥。在仁与义的关系上，杨时认为二者是"理一分殊"的关系，理一是仁，分殊是义，二者是体与用的关系。朱熹也认为，"仁，只是流出来底便是仁；各自成一个物事便是义。仁只是那流行处，义是合当做处"④。在朱熹看来，仁是理一，义是分殊。"且如爱其亲，爱兄弟，爱亲戚，爱乡里，爱宗族，推而大之，以至于天下国家，只是这一个爱流出来；而爱之中便有许多差等。"⑤ 爱本身性质一样，但针对不同对象，爱的方式程度都不一样，也就是有亲疏等差，这是天地自然之理，即社会的等级差别是理发挥作用的体现。

陈勇⑥认为："理一分殊"作为一个基本的原则和依据，在朱熹整个伦理学体系的建构中扮演了极为重要的角色，也是朱熹庞大理学体系的核

---

① （宋）朱熹：《朱子全书》第24册《晦庵先生朱文公文集》卷71，上海古籍出版社、安徽教育出版社2010年版，第3422页。
② （宋）朱熹：《朱子全书》第13册《延平答问》，上海古籍出版社、安徽教育出版社2010年版，第309页。
③ （宋）朱熹：《朱子全书》第14册《朱子语类》卷18，上海古籍出版社、安徽教育出版社2010年版，第606页。
④ （宋）朱熹：《朱子全书》第17册《朱子语类》卷98，上海古籍出版社、安徽教育出版社2010年版，第3320页。
⑤ （宋）朱熹：《朱子全书》第17册《朱子语类》卷98，上海古籍出版社、安徽教育出版社2010年版，第3320—3321页。
⑥ 陈勇：《"理一分殊"在朱熹伦理学体系建构中的核心作用》，《孔子研究》1993年第1期。

心内容。不唯如此，从朱熹"《易》教"思想体系的建构角度来说，也具有同样的重要性，可以说是贯穿其本体论、人性论、工夫论的关键，一言以概之，是核心方法论。具体在下一章第二节有详细分析，此处不做展开。

二 太极即理：二程以"理"为核心的义理之"《易》教"

二程作为宋明理学的奠基人，将"理"作为其哲学的最高范畴。他们虽不是义理学派的奠基人，但其解说《易》经传的方式，既反对象数派，也反对王弼以老庄解易的思路。二程尤其是程颐，坚持以儒家学说尤其是"四书"的观点释《易》，可以说，是理学派易学的奠基人。

朱熹对程氏理学及以"四书"解《易》的方法推崇备至，指出："程先生《传》亦佳，某谬说不足观。"① "今有《伊川传》，且只看此，尤妙。"② "《易传》义理精，字数足，无一毫欠阙。他人着工夫补缀，亦安得如此自然！"③ 他吸取了程氏易对义理的解释，但同时他也不赞成程颐将《易》之义理与经文本义相脱节，援《传》于《经》，只以推说义来解《易》，认为《程氏易传》"只是于本义不相合。《易》本是卜筮之书，卦辞爻辞无所不包，看人如何用。程先生只说得一理"④。

朱熹《周易本义》和程颐的《易传》虽都在阐发义理，但在方法上，朱熹更多是在吸收邵雍象数易学和程颐义理易学的基础上，在肯定《易》为卜筮而作的前提下，以卜筮和象数求易理，"认为象数是以自然法象、阴阳之理为存在的根据，通过象数来推其蕴涵的理，并以占卜之辞作为即象推理的中介，义理的推说经历了由象数到卜筮之辞，再到义理的过程"⑤。比较见图 3-3：

---

① （宋）朱熹：《朱文公别集》卷 6《杨伯起》，四部丛刊本。
② （宋）朱熹：《朱子全书》第 16 册《朱子语类》卷 67，上海古籍出版社、安徽教育出版社 2010 年版，第 2217 页。
③ （宋）朱熹：《朱子全书》第 16 册《朱子语类》卷 67，上海古籍出版社、安徽教育出版社 2010 年版，第 2217 页。
④ （宋）朱熹：《朱子全书》第 16 册《朱子语类》卷 67，上海古籍出版社、安徽教育出版社 2010 年版，第 2217 页。
⑤ 蔡方鹿：《朱熹对宋代易学的发展——兼论朱熹、程颐易学思想之异同》，《周易研究》2001 年第 4 卷。

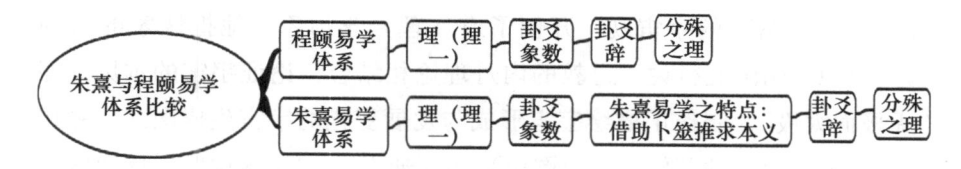

```
朱熹与程颐易学   程颐易学   →  理（理   →  卦爻  →  卦爻  →  分殊
体系比较         体系          一）      象数      辞      之理
                 朱熹易学   →  理（理   →  卦爻  →  朱熹易学之特点： →  卦爻 →  分殊
                 体系          一）      象数      借助卜筮推求本义    辞      之理
```

图 3-3　朱熹与程颐易学体系比较

由图 3-3 可知，朱熹易与程颐易相同之处在于：以理为本，理（理一）在象数前，由象数推求推说之理；不同之处在于：借助象数所体现的占卜之本义来推说义理。换言之，卜筮是人们即象求理的中介（工具），所谓"《易》本因卜筮而有象，因象而有占，占辞中便有道理"①。在占得某卦爻（象）之后，借助卜筮之辞而得其义理，进而指导人们的行为和品格养成。

在朱熹看来，二程以"道"为核心的义理易学是对周敦颐《太极图》及《通书》思想的发展，"程子之言性与天道，多出于此"②。"正是因为二程对周氏的高度赞许，程门后学才开始将之归于道统，其著作也通过程门而传承下来。"③ 二程虽未明言与周氏的师承关系，但从其关于"天道性命、孔颜乐处"等问题的共同关切及观点的继承关系来看，在朱熹之时已是道学人士的共识。④

下面就从周敦颐《太极图》（包括《太极图》和《太极图说》）以及《通书》中所体现的以"太极"为宇宙本体的思想、二程对此说的发展贯通以及朱熹对前两者思想的继承和发展三方面分而述之。

（一）"诚即所谓太极也"：周敦颐的太极本体论

周敦颐（1017—1073），道州营道人，原名敦实，因避英宗旧讳而改，字茂叔，号濂溪，是宋代理学的创始人之一。

他以儒家的社会伦理哲学为主体，吸取佛教的"禅定"思想及道教

---

① （宋）朱熹：《朱子全书》第 16 册《朱子语类》卷 68，上海古籍出版社、安徽教育出版社 2010 年版，第 2271 页。

② （宋）朱熹：《朱子全书》第 13 册《太极图说解》，上海古籍出版社、安徽教育出版社 2010 年版，第 76 页。

③ 张克宾：《朱熹易学思想研究》，人民出版社 2015 年版，第 243 页。

④ 杨柱才：《道学宗主：周敦颐哲学思想研究》，人民出版社 2004 年版，序二第 6 页。

陈抟《无极图》的宇宙观，开创了道（理）学体系。他把儒家的《周易》思想与阴阳五行说、道教的内丹理论相结合，论证宇宙的本原，即"无极而太极"，制作了描绘宇宙形成与发展变化的宇宙生成图式，并作阐发《太极图》的著作《太极图说》和《通书》。"至宋中叶，周敦颐出于舂陵，乃得圣贤不传之学，作《太极图说》《通书》，推明阴阳五行之理，命于天而性于人者，了若指掌。"① 对朱熹易学和"《易》教"思想建构有直接影响的当为其所作《太极图》，现就《太极图》及由此生发的"太极"说进行说明。

朱熹整理的《太极图说》全文如下：

> 无极而太极。太极动而生阳，动极而静；静而生阴，静极复动。一动一静，互为其根；分阴分阳，两仪立焉。阳变阴合，而生水火木金土。五气顺布，四时行焉。五行，一阴阳也，阴阳，一太极也。太极，本无极也。五行之生也，各一其性。无极之真，二五之精，妙合而凝。"乾道成男，坤道成女"，二气交感，化生万物。万物生生而变化无穷焉。唯人也，得其秀而最灵。形既生矣，神发知矣，五性感动，而善恶分、万事出矣。圣人定之以中正仁义（本注云：圣人之道，仁义中正而已矣）而主静，（本注云：无欲故静。）立人极焉。故"圣人与天地合其德，日月合其明，四时合其序，鬼神合其吉凶"。君子修之吉，小人悖之凶。故曰："立天之道，曰阳与阴；立地之道，曰柔与刚；立人之道，曰仁与义。"又曰："原始反终，故知死生之说。"大哉易也，斯其至矣！②

图3-4为南宋朱震为宋高宗讲《周易》时所进《太极图》，学界认为与周敦颐所作《太极图》相同。结合朱熹整理的《太极图说》，现将《太极图》之含义简要说明如下。《太极图》自上而下分为五层，从上至下分别为：

---

① （元）脱脱等：《宋史》卷427《列传》第186，钦定四库全书。
② （宋）朱熹：《朱子全书》第13册《太极图说解》，上海古籍出版社、安徽教育出版社2010年版，第72—76页。

第三章　朱熹"《易》教"思想的渊源　/　71

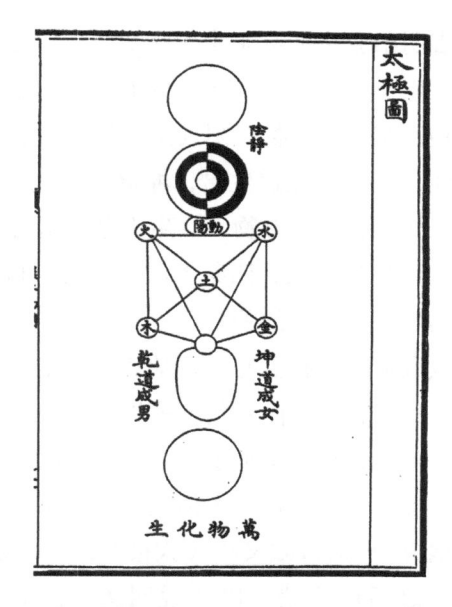

图3-4　朱震《易卦图》上卷（通志堂本）所载《太极图》

最上一圈，指阴静之"无极"，"无极而太极"指从第一圈"无极"到第二圈黑白三轮图中间白圈的"太极"，表示从无极到太极的生成过程。这是周敦颐在吸收道家思想的基础上，将"无"（无极）置于"有"（太极）之前，表示宇宙从无到有的生成过程。① 第二圈为黑白三轮图，黑白相互环抱，中间的○为本体"太极"，太极一动则生第三轮左半白圈之阳，太极静止则生第三轮右半黑圈之阴，太极又动生第二轮右半白圈之阳和第一轮左半白圈之阳，再静止而生第二轮左半黑圈之阴和第一轮右半黑圈之阴，依次循环，互为根据，也就是《太极图说》所言："太极动而生阳，动极而静，静而生阴，静极复动。一动一静，互为其根。"第二层与第三层之间的小圈为"阳动"，代表阳唱阴合，在其作用下生出第三层

---

① 此解释为朱伯崑先生在《易学哲学史》中的描述。关于"生成"，有学者持不同意见，例如徐宏兴在《周敦颐〈通书〉、〈太极图说〉关系考——兼论周敦颐的本体论思想》中采纳朱熹的说法，即周氏"不顾旁人是非，不顾自己得失，勇往直前，说出人不敢说底道理"，将道家之概念"无极"引入儒家思想，认为这里的"而"字不是时间先后的关系，而是二而一、一而二的一体两面的逻辑关系。"尽管宇宙本体论在周敦颐那里还很不成熟，其思想中仍混杂着不少传统生成论的成分，但却不能不说他对中国本土哲学作了一个重大的推进。"本书采纳其观点，认为周氏"无极而太极"的思想属于不太成熟的混杂着生成论思想的本体论。

即五行变合图，代表阴阳变化为金木水火土之五行。五行之间相互转化，水生木，木生火，火生土，土生金，金又生水，循环往复。第四层代表气化。阴阳五行之气相互交感而生物，阳气生成的事物显示为阳性，阴气生成的事物显示为阴性，所谓"乾道生男，坤道生女"。最后一层代表阴阳二物化生成形后相互交感，化生万物，生生不息。这与伏羲先天易学所推衍的"太极生两仪，两仪生四象，四象生八卦"的逻辑以及"用图示象"的传统是相符的，属于一脉相承的关系。

不唯如此，周敦颐突破了孔孟心性之学的基础是天人一体，只要尽心知性便可知天的传统思想，通过图示的方式将人的心性置放于宇宙生成论和宇宙本体论中进行阐发，从而论证了心性即太极的思想，目的是以太极立人极，将天道自然确立为儒家道德本体论的哲学基础。这是周敦颐较早期儒者更加高明的地方。① 周敦颐又在《太极图说》后加上了"唯人也得其秀而最灵。……"之后的半段，以此说明圣人所立人极乃效法天地、日月、四时之道，从而了解人之来源及归宿，即价值论的问题。

为了接连天人，周敦颐重新诠释了"诚"的概念。他在《通书》首章"诚上"说道："诚者，圣人之本。'大哉乾元，万物资始'，诚之源也。'乾道变化，各正性命'，诚斯立焉。纯粹至善者也。故曰：'一阴一阳之谓道，继之者善也，成之者性也。'元、亨，诚之通；利、贞，诚之复。大哉易也，性命之源乎！"② 此是用《中庸》探讨人性至善的"诚"贯穿天人性命，用《易》的"乾元"作为万物资始和生成所本之性，并将"乾元"的四德"元、亨、利、贞"与"诚之通""诚之复"相关联。在《通书注》中，朱熹解释道："诚者，至实而无妄之谓，天所赋、物所受之正理也。……诚即所谓太极也。"并认为"大哉乾元"乃"诚之源"，也就是《太极图说》中所谓"阳动"；"乾道变化"乃"诚斯立"，也就是《太极图说》中所谓"阴静"。"元、亨"二德是"诚"（太极）下贯到万物的性，而"利、贞"二德是"诚"（太极）使万物在秉受"诚"的至善之性后的生成。由此，周氏把"诚"等同于"太极"，把它提升到了本体论的高度。

---

① 林忠军：《周敦颐〈太极图〉易学发微》，《孔子研究》2000 年第 1 期。
② （宋）朱熹：《朱子全书》第 13 册《通书注》，上海古籍出版社、安徽教育出版社 2010 年版，第 97—98 页。

朱熹认为，邵雍所标举的伏羲先天学是将"太极生两仪"的"加一倍法"看作是伏羲画卦的依据，伏羲画卦是太极阴阳之妙的自然显发，而太极则是伏羲先天学的终极理论依据。周敦颐的"太极"说也提出了"太极"乃易之本体。

朱熹于淳熙十一年（1184）和他的弟子黄榦在讨论先天与太极二图的关系时说："《先天》乃伏羲本图，非康节所自作，虽无言语，而所该甚广。凡今《易》中一字一义，无不自其中流出者。《太极》却是濂溪自作，发明《易》中大概纲领而已。故论其格局，则《太极》不如《先天》之大而详；论其义理，则《先天》不如《太极》之精而约。盖合下规模不同，而《太极》终在《先天》范围之内，又不若彼之自然，不假思虑安排也。"①

朱熹将周氏太极说涵盖于伏羲先天学之内，将周敦颐纳入易道之道统，置于自"伏羲、神农、黄帝、尧、舜、禹、汤、文、武、周公、孔子、孟轲氏"之后，作为接续孟子与二程之间的儒家理学的重要人物。陈荣捷也认为，朱熹道统的哲学性，不只是基于《尚书》的十六字诀，即"人心惟危，道心惟微，惟微惟精，允执厥中"，而是基于《易》之太极。如果没有太极阴阳之说，也就不足以成全他的理气学说。因此需要加入周子，上溯伏羲。②

概言之，周敦颐重视《太极图》的建构，不只是想借此一改儒家象数易在宋代式微的局面，同时也想以此应对佛道对儒学的理论冲击，通过阐发形而上之义理，在以宇宙本体论为基础的理学体系建构过程方面具有"破暗"之功。周敦颐作《太极图》的最终目的是要说明人的精神乃至道德性命都是通过"太极—阴阳—五行—万物"的过程生发而来，由此来说明人具有成圣的本性，提出"中正仁义而主静，立人极焉"的人格目标作为成圣的最高准则，从而把宇宙本体论转到人性本体论和修养方法上来。又通过"立诚"将儒家仁义礼智信的五德与水火木金土的五行相并列，在《太极图》所表达的太极生生之妙的图示中将"诚"作为宇宙万物和人的本性。

---

① （宋）朱熹：《朱子全书》第22册《晦庵先生朱文公文集》卷46，上海古籍出版社、安徽教育出版2010年版，第2155页。
② 陈荣捷：《朱子新探索》，华东师范大学出版社2007年版，第289页。

(二)"所以阴阳者是道":二程性与天道的贯通

正是因为上述原因,二程才对周氏《太极图》(《太极图》和《太极图说》)以及《通书》所阐发的"所以阴阳者是道"格外重视,并纳入程门的学术视野,同时也成为朱熹后来建立其理气性命学说的理论基础。

据学者考察,周敦颐的著作《通书》和《太极图说》曾授予二程,他也曾亲自为二程手绘《太极图》。周敦颐从宇宙本体论的视角对《周易》进行了解读,从而提出宇宙生成论,并以"诚"来沟通天人关系,方让二程对易学产生兴趣。可以说,二程所作《定性书》与《颜子所学何学论》皆与周敦颐《太极图》有关。《伊川易传》是程颐的代表作,周敦颐的所以阴阳者是道以及阴阳动静思想在该书中都有所体现。程颐指出:"散之在理,则有万殊;统之在道,则无二致。所以'《易》有太极,是生两仪'。太极者道也,两仪者阴阳也。阴阳,一道也。太极,无极也。万物之生,负阴而抱阳,莫不有太极,莫不有两仪,絪缊交感,变化无穷。形一受其生,神一发其智,情伪出焉,万绪起焉。"① 此段以太极为阴阳之本,又以无极释太极,是对周氏《太极图说》的解说。他又说:"动静相因,动则有静,静则有动。"② "道者,一阴一阳也。动静无端,阴阳无始。非知道者,孰能识之?动静相因而成变化。"③ 程颐在吸收周氏"一动一静,互为其根"说的基础上,扬弃了"动而生阳"说所认为的阳生于阴之前的说法,提出"动静无端,阴阳无始",将阴阳二气纳入其本体论体系,可以说是对周氏阴阳动静思想批判性的继承。程颐的主一和主敬说也是继承了周敦颐《太极图说》"圣人定之以中正仁义而主静"和《通书》"一者无欲也,无欲则静虚动直"的观点。不同之处在于,他用"主敬"代替了"主静"。程颐还对《太极图说》和《通书》中发挥义理或以义理解卦爻辞的做法有所借鉴。其《伊川易传》正是以义理解《易》的典范,为宋明理学奠定了理论基础。另外,程颢也继承了周氏"惟人也,得其(阴阳二气,引者按)秀而最灵。形既生矣,神发知矣,

---

① (宋)程颐:《周易程氏传》,中华书局2016年版,易序第3页。注:历史上对《易序》是否为程颢所撰有不少争议,朱伯崑先生根据前人所述证据,结合自己的论证,区谭善心说,即《易序》为程氏遗文。

② (宋)程颢、程颐:《二程集》,中华书局1981年版,第504—507页。

③ (宋)程颢、程颐:《二程集》,中华书局1981年版,第967页。

五性感动，而善恶分、万事出矣"①的观点，说："人生禀五行之秀气，头圆足方以肖天地。"②他认为，人与物因气秉不同而产生彼此之不齐。同时二程也创新性地发展了周氏的学说，以"（天）理"作为其易学的最高范畴，将宇宙论和道德论贯通起来，提出了"有理而后有象，有象而后有数"（《遗书》卷21）以及"有理而后有气，有气则有数"（《易说·系辞》）的命题，并运用"体用一源，显（象，器，用，事，现象）微（理，道，体，本质）无间"③的方法论思想阐明了理事、道器和理气之间的关系，在此基础上又提出了其认识论即"格物穷理"说，将周敦颐初露端倪但又不够成熟完善的带有宇宙发生论思想的本体论转向了更为纯粹完备的宇宙本体论的探讨上，对朱熹以及同时代的理学家的理论发展都有重要影响。

（三）理先气后，无极而太极：朱熹对周程的继承

朱熹从学李侗时就对周敦颐的《太极图说》进行了深入的研究，但他的主要关注点集中在以《太极图说》论证"已发未发"的学说上，实际只是在心性论上讨论太极，尚未对《太极图说》所包含的本体论思想产生兴趣。

乾道二年（1166），朱熹编订周敦颐的《通书》，并于长沙刊印。其时，他把《太极图》置于《通书》之后，充作附录，并没有对其产生重视。直到乾道五年（1169），朱熹在原《通书》长沙本基础上对其进行再订，又称建安本。此时，他才开始表明对《太极图》的重视，并将《太极图》置于《通书》的首篇。他说道："盖先生之学之奥，其可以象告者，莫备于太极之一图。若《通书》之言，盖皆所以发明其蕴，而《诚》《动静》《理性命》等章为尤著。""盖先生之学，其妙具于太极一图，《通书》之言，皆发此图之蕴，而程先生兄弟语及性命之际，亦未尝不因其说。……潘清逸志先生之墓志，叙所著作，特以作《太极图》为称首，

---

① （宋）朱熹：《朱子全书》第13册《太极图说解》，上海古籍出版社、安徽教育出版社2010年版，第74页。
② （宋）程颢、程颐：《二程集》，中华书局1981年版，第32—33页。
③ "体用一源，显微无间"是程颐采纳佛教华严宗的"波水说"，认为理和象是水和波纹的关系，融合一体，不相分离。朱熹解释："盖自理而言，则即体用在其中，所谓一原也；自象而言，则即显而微不能外，所谓无间也"（《朱子文集》卷30《答汪尚书》），可谓一语中的。

然则此图当为书首不疑也。"(《太极图说·通书书后》,《周子全书》卷11)淳熙六年（1179），他再订《太极通书》，刻印于南康，故称作南康本，但《太极图》的位置仍然置于卷首，表明朱熹对该图的重视。他认为,《通书》是为阐发《太极图》而作,《太极图》才是周氏思想之纲领。之后又写成《太极图解》和《太极图说解》两书，合称《太极解义》，并对其进行反复修改，至乾道九年（1173）基本定稿。

朱熹在原图基础上又做了修改，见图 3-5。主要变化为将上第一圈的注"阴静"改为第二圈的注，与"阳动"一右一左；而在第一圈上添加注"无极而太极"。原因是朱熹不赞成第一圈表"无极"、第二圈内的白圈代表"太极"所表达的"无极先于太极"的道家说法（上文已述）。

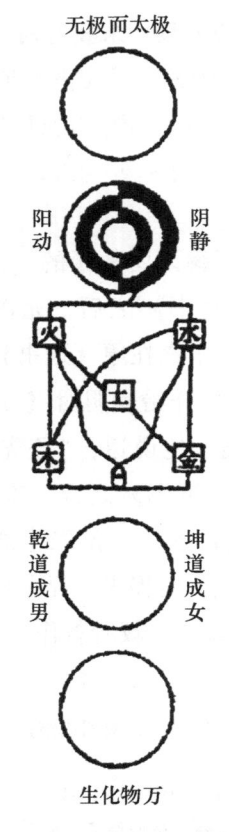

图 3-5　朱熹《太极图说解》中所载《太极图》

他认为，第一圆圈就是指《太极图说》的"无极而太极"，意为"无形而有理"，"太极是正面字眼，无极是负面字眼。似亦可以说太极是对于道体之表诠，无极是对于道体之遮诠。太极是实体词，无极是状词"①，故应将主体放在"太极"上。他说："不言无极，则太极同于一物，而不足为万化之根；不言太极，则无极沦于空寂，而不能为万化之根。"②"无极"为"太极"之形上义，而"太极"为"无极"之实在性，二者互为表里，实为一体。因此，在朱熹看来，"太极"是"所以动而阳、静而阴之本体也"。亦即是说，太极是宇宙之本体。

在此基础上，《太极图说》在描绘《太极图》第二圈时又言："太极动而生阳，静而生阴，静极复动。一动一静，互为其根；分阴分阳，两仪立焉。"对此句朱熹解释道："太极动而生阳，静而生阴，不是动后方生阳，静后方生阴，盖才动便属阳，静便属阴。动而生阳，其初本是静，静之上又须动矣。所谓'动静无端'，今且自动而生阳处看去。"此处的"属阳""属阴"表明了太极与阴阳的关系是体用关系，一物之两面，而非生成关系，两物或三物。陈来认为，此处是说"阳动可以见太极之用的流行，阴静可以显示太极之体的定立"③。此处的"见"和"显"也表明了同样的含义。且动静之间是相互为根，无时间前后关系，而是说明阴阳二者是周而复始的循环相因关系。朱熹还说："太极非是别为一物，即阴阳而在阴阳，即五行而在五行，即万物而在万物。"④"太极只是个极好至善底道理。人人有一太极，物物有一太极。周子所谓太极，是天地人物万善至好底表德。"⑤ 由此，朱熹在周敦颐和二程的基础上，更明确地表达了太极为本体的思想，并继承了程颐把太极看成理、把阴阳看成气和"阴阳无始"的观念，以及用"理气"论解释太极与阴阳关系的思想。从理上而言是"理一分殊"，从理气关系上而言则是"体用一源，显微无

---

① 牟宗三：《心体与性体》（上），上海古籍出版社1999年版，第307页。
② （宋）朱熹：《朱子全书》第21册《晦庵先生朱文公文集》卷36，上海古籍出版社、安徽教育出版社2010年版，第1560页。
③ 陈来：《朱子〈太极解义〉的哲学建构》，《哲学研究》2018年第2期。
④ （宋）朱熹：《朱子全书》第17册《朱子语类》卷94，上海古籍出版社、安徽教育出版社2010年版，第3122页。
⑤ （宋）朱熹：《朱子全书》第17册《朱子语类》卷94，上海古籍出版社、安徽教育出版社2010年版，第3122页。

间",这是朱熹用以建立其理学宇宙本体论和道德本体论的理论基础,也是其"《易》教"思想体系的本体论和方法论基础。钱穆说:"朱子论理气,实本之周濂溪《太极图说》,至少可谓朱子凭藉濂溪《太极图说》以证成其理气论之体系。"① 概言之,朱熹的理气性命论是在周敦颐和程颐思想的共同启发下所产生,兼容并包,自成特色,集前人之大成。

由《太极图》所诠释的上圈无极而太极至下圈万物化生的图示揭示了两个理论,即本体论和人性论。从本体论来说,太极生阴阳生五行生万物,是"天地之化";从人性论来说,"太极便是性,动静阴阳是心,金木水火土是仁义礼智信,化生万物是万事"(《朱子语类》卷94,叶贺孙录),可以说是朱熹"《易》教"思想本体论和人性论的来源。

淳熙十三年(1186),朱熹《易学启蒙》成。书中说:"《易》非独以河图而作也,盖盈天地之间莫非太极阴阳之妙,圣人于此俯仰观察,远求近取,固有以超然而默契于心矣。故自两仪之未分也,浑然太极,两仪四象六十四卦之理已粲然于其中。"(卷2)可见,朱熹所谓太极阴阳之妙也体现在周易象数之中,筮法、易理与天地之化相互统一。② 朱熹在周、程太极本体论以及邵雍象数易宇宙论的基础上进行发展,将二者合一,逐渐形成了理在气先(理为形而上,气为形而下;理为气之本)③的思想,认为"象数未形而其理已具",太极(理)始于阴阳二气(象数)之前。

在理气论的基础上,朱熹继而引出"继善成性"的问题来构建在程颐"天道"观基础上的天道性命论。他解释《易传》"一阴一阳之谓道,

---

① 钱穆:《朱子新学案》上册,巴蜀书社1986年版,第181页。
② 陈来:《朱子哲学研究》,生活·读书·新知三联书店2010年版,第101页。
③ 陈来先生根据《语类》对朱熹"理前气后"观点的记载认为:朱熹从两个视角看待理气关系,一是本原,二是构成。他说"在本原上朱熹将理在气先,但在构成上朱熹并不将理在气先,而常常强调理气无先后","理气不可分"。到朱熹晚年,朱熹对理气关系有所定论,所谓"理先气后"不是时间上而言,而是理论上、逻辑上而言,即哲学上何为第一性,何为第二性的问题。朱熹说:"要之也先有理。只不可说是今日有是理,明日却有是气。也须有先后。且如万一山河大地都陷了,毕竟理却只在这里。"总之,朱熹的理气论是从本体论到发生论又返回本体论,是否定之否定的过程。但这个发展和演进过程并非对立面的演进和交替,而是以不同形式确认理对于气的第一性地位。(《语类》卷1《胡泳录》)陈来:《朱子哲学研究》,生活·读书·新知三联书店2010年版。

继之者善也，成之者性也"一句时说："阴阳迭运者，气也，其理则所谓道。道具于阴而行乎阳。继言其发也；善谓化育之功，阳之事也。成言其具也；性谓物之所受，言物生而有性，而各具是道也，阴之事也。周子、程子之书言之备矣。"① 朱熹以道为理，以阴阳为气。在理气二分的基础上，将"继"解释为道之发动（属阳），"善"解释为道所具有的"阳"之发动的功能；"成"解释为道化育生万物（属阴），"性"解释为包括人在内的万物生成后所秉受的天之理。由阳的发动到阴的生成，都是天地之道在万物化生过程中的体现。这是太极动静之理的体现，也是周敦颐《太极图说》中所言"无极之真，二五之精，妙合而凝"的过程，即程颐所谓"理一分殊"或"体用一源，显微无间"。

三 太虚即气：张载以"太虚"为核心的义理之"《易》教"

张载（1020—1077），字子厚，祖籍大梁（今河南开封），世称"横渠先生"，北宋著名思想家，教育家，理学创始人之一，与周敦颐、邵雍、程颐、程颢并称"北宋五子"，是理学奠基者之一，也是四大学派之一关学的开创者。相较于程颐以"（天）理"作为其哲学和易学的最高范畴，张载则以"太虚"作为其哲学及易学的最高范畴。前者主张"有理则有气""有理而后有象"；后者主张"太虚即气""气为本体""气化万物"等唯物主义宇宙观。

张载主张"太虚"为宇宙之根本，是与当时"儒学式微"的大背景分不开的。正如王治心所言，自王弼注老易，开六朝玄学之先始，普通学者皆以研究老易为一时风气，认为儒学浅薄，不如老庄，老庄浮诞，不如佛理，于是舍弃儒家思想而学道家思想，舍弃道家思想而学佛家思想，这成为当时学术思想上的普遍趋势。道佛学说因而兴盛，最后竟然夺了孔子的地位。② 儒学自汉唐以来，缺乏对本体意识和超越精神的追求，以至让佛道二家成为唐末宋初的思想主流，而佛老以"无"作为世界的本原，认为"有生于无"（道教），世界皆"幻化"（佛教），从而否定现实世界

---

① （宋）朱熹：《朱子全书》第1册《周易系辞上传》卷5，上海古籍出版社、安徽教育出版社2010年版，第126页。
② 王治心：《中国宗教思想史大纲》，东方出版社1996年版，第99页。

的真实性，这是强调"入世"的儒家所无法接受的。张载正是出于维护儒家道统权威，抵抗佛老冲击的本心，"以《易》之宗"建立起以"太虚、气、万物"三层次为基础的理学、易学、"《易》教"思想体系。①现从张载的思想框架以及张载对朱熹"《易》教"思想形成的影响两方面分而述之。

（一）张载以"太虚"为最高范畴的理学思想体系简述

"太虚"本道家《庄子》中的概念。张载之所以以道释儒，主要是为了提升儒家思想的超越性。同作为第一代理学家，邵雍和周敦颐"作为理学思潮的开拓者，其所建构的体系属于从生成论到本体论的过渡形态"②，而张载则是首位表达天道本体意识的学者，其思想集中体现在"太虚"这一概念上。

张载说："由太虚，有天之名；由气化，有道之名；合虚与气，有性之名；合性与知觉，有心之名。"（《正蒙·太和》）张载批判汉儒"不知天"，因此引入"天"一词。"天"在张载看来，主要表现在三个层面：天地万物逻辑根源的天，运用于空间含义上的天以及运用于阴阳二气含义上的天。而张载更突出第一层含义，即"太虚"作为天之定名，是天地万物逻辑的第一因。太虚还被赋予了价值属性，成为人生世界的价值本源。张载言："诚则实也，太虚者天之实也。万物取足于太虚，人亦出于太虚，太虚者心之实也。"（《张子语录·语录中》）最后，太虚也具有人生认知和道德实践之终极归向的意义。认为人的认知不应仅限于耳目所能及，还应超越象的认知界限，达到"知心之所从来"的境界，同时也要"立志养气""穷理尽性"，将"太虚"作为"天德"，并将之作为人生的最高追求。③

---

① 也有学者指出，张载的思想体系是由天（太虚）、道、性、心四大基本范畴为基本框架。此观点是基于"由太虚，有天之名；由气化，有道之名；合虚与气，有性之名；合性与知觉，有心之名。"[（宋）张载：《正蒙·太和》，第9页]一句而来，兼顾张载的宇宙论和心性论。林乐昌：《张载理观探微——兼论朱熹理气观与张载虚气观的关系问题》，《哲学研究》2005年第8期。

② 余敦康：《内圣外王的贯通——北宋易学的现代阐释》，学林出版社1997年版，第289页。

③ 丁为祥：《张载虚气观解读》，《中国哲学史》2001年第2期。

而张载理学及易学思想体系的建构主要是基于太虚与气的关系之上。①丁为祥认为,张载的太虚与气是"虚气相即"的关系,即强调太虚和气是形而上和形而下、体用的关系,同时二者也是实有的概念,强调"知太虚即气,则无无"(《正蒙·太和》)。太虚并非道教所谓的"无",太虚作为本体和万物生成的来源,既是宇宙的本体,也是宇宙生发的源头。二者是不离不混的立体式统一。与此同时,虚气相即又表现为双重人性的并存以及人性论和修养论的统一。从人性论上来说,虚气相即表现为人的天地之性和气质之性的不可相离,人既有天地之性,亦有气质之性;从修养论上而言,虚气相即表现为气质之性可通过不断的修养而善反于天地之性,即达到天人合一的境界。②

而太虚与气关系的成立,是基于张载对《周易》中"幽明"与"形""象"之说来建立的。③首先,张载通过"幽明"明确了太虚和气的关系。他针对《系辞上》"《易》与天地准,故能弥纶天地之道,仰以观于天文,俯以察于地理,是故知幽明之故;原始反终,故知死生之说;精气为物,游魂为变,是故知鬼神之情状"一句的解释是,"气聚则离明得施而有形,气不聚则离明不得施而无形。方其聚也,安得不谓之有,方其散也,安得遽谓之无。故圣人仰观俯察,但云知幽明之故,不云知有无之故"④,提出"幽明"的概念来代替"有无"。孔颖达疏"无形之幽,有形之明"⑤,即是说,太虚是无形而有形的。"离明得施"只是"明","离明不得施"也只是"幽"。"太虚不能无气,气不能不聚而为万物,万物不能不散而为太虚。"⑥太虚是气的本来状态,无形(幽),但可以通过

---

① 有学者将学界对于张载太虚与气和万物关系的研究做了归纳,基本分为以下四种理解:第一,气(太虚)↔聚、散→物的模式(以侯外庐、邱汉生、张岂之的《宋明理学史》、张立文为代表);第二,宇宙本体论三层次:无形无状之太虚、暂时象状之气、有形之万物(陈来)或太虚、气、万物(向世陵、林乐昌、丁为祥);第三,宇宙本体三层次:有形的气和万物;无形而有象的太虚,清通而不可象的神(杨立华);第四,"太虚神体"说:太虚不是气,而是内在于气的超越性本体(牟宗三)。吴亚楠:《〈易〉的发明与张载"太虚"气本之论》,《理论界》2014年第2期。本书从第二种理解。

② 丁为祥:《张载虚气观解读》,《中国哲学史》2001年第2期。

③ 吴亚楠:《〈易〉的发明与张载"太虚"气本之论》,《理论界》2014年第2期。

④ (宋)张载:《张载集》,中华书局1978年版,第182页。

⑤ (唐)孔颖达:《周易正义》,北京大学出版社1999年版,第266页。

⑥ (唐)孔颖达:《周易正义》,北京大学出版社1999年版,第7页。

气化为万物（明），而万物最终也散归为太虚（幽）。在这个过程中，太虚作为一种看不见却实际存在的实体在万物形成与消亡的过程中一直存在，所以不是"无"。其次，张载通过《易》中"象"和"形"的解释厘清了"象"和"气"的关系。他通过解释《系辞上》"在天成象，在地成形，变化见矣"等句，把"象"理解为不可见但可描述的存在，但同时也和"形"一样是"气"存在的表现，即"气"是无形而有象的存在，象而后成形。

张载还利用《易》之"太和"（出自《周易》"保合太和乃利贞"）和"太极"（出自《易传》"易有太极，是生两仪"）的概念。张载认为"太极"为阴阳未判或虽分却仍统一之气，所谓"一物而两体，其太极之谓与"（《正蒙·大易》）以及"一物两体，气也"（《正蒙·参两》）。"太和"出现在《正蒙》开篇，它是"散殊而可象为气，清通而不可象为神"（《正蒙·太和》），是可象与不可象、气与神、形下与形上，即太虚与太极的统一体。①

在此基础上，张载还在孟子"尽心知性知天"内省路线的基础上提出"心统性情"说。此说是张载早年提出的一个命题，晚年思想成熟后因无法与其主要思想体系相匹配而放弃。在张载思想成熟后，在其天—人模式下构建起"天（太虚）—道—性—心"思想框架，将心置于性之下，而关于心性论则提出了"合性与知觉有心之名""性大心小""大心体物"等命题。但朱熹的"心主性情"思想因与张的"心统性情"说相合，遂成为其心性论的核心命题，此是后话。

总之，张载在前人基础上，将道家概念"太虚"作为实有的本体，在对《易》的诠释过程中，构建以"太虚"为本，以"太虚""气""万物"为宇宙万物构成框架的理论，有力地反击了佛道对儒忽略本体论创设、动摇儒家根基的做法，为理学奠定了坚实的理论基础。同时其中也蕴含了丰富的"《易》教"思想，为朱熹批判性地继承和发展其"《易》教"体系提供了丰富的思想遗产。

（二）朱熹对张载思想的继承和发扬

横渠学是朱熹思想的重要来源之一，朱熹对张载理学核心命题进行了

---

① 丁为祥：《张载虚气观解读》，《中国哲学史》2001年第2期。

重新的阐释，从而丰富了自身思想体系的建构。

　　许宁①认为，朱熹对张载理学的核心命题主要做了以下三个方面的重新阐释：一是针对"太虚即气"的观点，朱熹以"天理"释"太虚"，以"理气"释"虚气"，分别论证了基于"天理"的宇宙本体论和宇宙生成论。从宇宙本体论来说，相比张载提出的"太虚"与"气"的相分相合关系，朱熹认为二程的"理气"关系表述得更为明朗。"或谓：'惟太虚为虚。'子曰：'无非理也，惟理为实。'"②二程认为"太虚"即是"理"，而"理"相比"太虚"更实。朱熹采纳二程的观点，用"天理"代替"太虚"，认为理为形上，气为形下，理本气末。在上文也讨论了朱熹的另一个理气关系理论，即"理先气后"。据学者考证，这一点与张载"太虚即气"的含义相类似。③从宇宙生成论来说，朱熹以"天理"替代了张载"太虚"的本体地位，又吸收其"气"论，生发出"理气相合""理气相依"的观点。

　　二是朱熹对"心统性情"的内涵作了深入的阐发，建立了心、性、情相统一的心性论架构。朱熹认为张载的"心统性情"和程颐的"性即理"都是理学"颠扑不破"的至理。张岱年强调，张载所谓"心统性情"与程颐所谓"心性情"虽名称不同但实质无二，故朱熹遵从张载之说并进行了进一步发挥。④朱熹在张载"心统性情"思想的基础上，将其解释为"心兼性情"和"心主性情"两层含义。"心兼性情"是将性与情在体用、动静、未发已发关系上进行厘定，认为性为体、为静、为未发，情为用、为动、为已发；"心主性情"是指心是性情之主，心为性和情二字的"字母"（声母），心对性情具有统御管摄的功能。

　　三是朱熹在将《西铭》主旨概括为"理一分殊"的基础上，将其视为理学思想体系的建构原则以及儒佛之辨的分判依据。"理一分殊"是二

---

① 许宁：《朱熹对张载理学命题的再诠释》，《中国哲学史》2020年第6期。
② （宋）程颐、程颢：《二程集》《河南程氏粹言》卷1，中华书局1981年版，第1169页。
③ 丁为祥认为："从这一宇宙论的向度以及天理作为宇宙本体而言，朱熹的天理更像张载的太虚。"林乐昌也认为："与张载宇宙论哲学以太虚与气（阴阳）为模式类似……朱熹宇宙论哲学则以天理与气（阴阳）为模式。"丁为祥：《虚气相即——张载哲学体系及其定位》，人民出版社2000年版，第249页。林乐昌：《张载理学与文献探研》，人民出版社2016年版，第37页。
④ 张岱年：《张岱年全集》第二卷《中国哲学大纲》，河北人民出版社1996年版，第271页。

程在与学生杨时探讨《西铭》中关于乾父坤母类似于墨子的兼爱（前文在李侗处已作探讨）的时候生发出来，并非出自《西铭》原文。朱熹赞同程颐对《西铭》主旨的理解，亦认为"理一分殊"为其主旨，并在此基础上探讨了一理与万理、一理与万物、物理和伦理的关系，并基于此批判了佛老只见一理、不见分殊的问题。

第三节　小结

朱熹"《易》教"思想的完善成熟是在综合了"北宋五子"的易学、"《易》教"思想并结合了《河图》《洛书》思想的基础上融会贯通而成。从理学体系建构的角度来说，郑志文认为，邵雍的"先天之学"以及周敦颐的"太极"说都是为儒家的道德精神确立形上学依据的重要尝试，代表着理学思想的滥觞。周敦颐的"诚"论一改汉唐儒学宇宙论的铺排，开启儒家心性本体化的思考，由此重启儒家"内圣"之维。张载以"太虚"为本的气本论哲学是儒家本体论建构的真正开端，他将人性分为"天地之性"和"气质之性"，是理学范式下典范心性论的成果。二程"天理"论奠定了理本论哲学的基础，其"性即理"说昭示着对理学本体论和心性论的打通。二程后，朱熹通过"五经"与"四书"思想相互融通，建构了综合"北宋五子"、圆融理气性心的理学体系，这也标志着儒家理学新理论范式的确立。[①]

从朱熹"《易》教"思想的建构角度来说，在象数易方面，朱熹试图通过《河图》《洛书》中数的形式揭示象数关系，从而找到伏羲八卦的起源，继而探寻天道的根本并将之下贯于人道。利用邵雍先天学和后天学，说明"太极"为宇宙万物之本原，伏羲先天图和文王后天图是体用关系。朱熹正是在此基础上找到了《周易》理论之源头"太极"，并将其作为"《易》教"本体论的依据。朱熹部分地赞同邵雍把先天学称之为"心法"的说法，认为"心之德"是本，"爱之理"是用，这是朱熹对邵雍先天后天易学之体用关系在人性论上的发用。在义理易方面，周敦颐在

[①] 郑治文：《本体·心性·工夫——"北宋五子"到朱熹的理学范式建构》，《齐鲁学刊》2020年第2期。

《太极图》及《通书》中发明"无极而太极"的宇宙本体论思想，并采用图示方式将人的心性置于混杂宇宙生成论的宇宙本体论思想中加以阐发，论证了心性即太极，以太极立人极，为儒家的道德本体论确立天道自然的哲学基础。又以"诚"为中介落实于道德主体，将"诚"提升到道德本体论的高度。朱熹正是在此基础上进行发挥，建立起其"《易》教"思想体系中宇宙论与本体论之间的关联。朱熹在发挥张载易学、理学体系中"太虚即气""心统性情"等核心命题的基础上，用程颐的"太虚即理"将"理"代替"太虚"，提出"理先气后"的宇宙论，构建了心、性、情相统一的心性论架构。在老师李侗处接受了二程思想后，朱熹将"理一分殊"的思想进行继承与发挥，传承并发展了李侗太极即理一的思想，确立"理一"于本体论中的绝对性、永恒性、超越性及普遍性，同时也认同李侗相对"理一"更重视"分殊"的工夫论思想以及由万理推本理一的思想路径，并在探讨《易》太极与卦爻关系的过程中明确运用了"理一分殊"的命题。朱熹继承程颐以义理解易的研易路径，将"天理"作为宇宙本体及价值本体，通过"体用一源，显微无间"将"天理"塑造为宇宙本体与价值本体的统一范畴，强调"继善成性"的易学思路在构建儒家心性修养体系中所发挥的重要理论支撑作用，强调"穷理尽性"的易学命题在推动天理本体落实到价值本体的过程中提供的重要参考，并在阐发义理的过程中，弘扬儒家伦理和成贤成圣的价值追求，同时强调道德实践，助力儒家复兴。

可以说，朱熹的理学思想、易学思想和"《易》教"思想有着复杂错综而相辅相成的关系。从理学思想和易学思想的关系来说，朱熹理学思想的建构是在他诠释《易》的过程中，在其易学思想建构的基础之上发展起来的。正如史少博所说，"太极"范畴是经由朱熹对筮法的解释而提出，朱熹哲学中的重要问题如理气、理事、人性、动静等皆是从易学中推演引申而来。[①] 同时，朱熹在诠释《易》的过程中也经常引入理学思想，可以说其易学思想中也具有很强的"崇理性"。故二者相互为释，形成你中有我，我中有你的密切关系。从易学思想与"《易》教"思想的关系和异同来说，易学思想更多地关注理论框架的平衡建构，尤其注重理论各环

---

① 史少博：《朱熹理学的易学底蕴》，《青岛科技大学学报（社会科学版）》2004年第1期。

节的发展及构建，譬如在北宋为了对抗佛老，重新确认其思想的合法性与正统性，尤其注意其本体论的建构并由此打通本体论、心性论、认识论及工夫论，并强调诠释方式的选择（例如以义理解《易》抑或以象数解《易》），属整体研究，是下达的研究思路；"《易》教"思想是在易学思想宏大的理论框架下，在对释《易》内容的全面剖析下，更多地将注意力集中到易学思想的教化方面，即工夫论，并由此上推至认识论、人性论以及本体论与前者的关系，属部分研究，同时兼顾部分与整体之间的融通，是上学的研究思路。

第四章

朱熹"《易》教"思想的理论基础

第一节 本体论

一 宇宙本体论：太极即理

（一）太极

接续上章所言，"太极"是"图书"中的中位虚五和十所描绘的天地自然之理，是邵雍先天学次序图最下一层"○"所代表的宇宙万物之本原，是周敦颐在《太极图》及《通书》中所发明的"无极而太极"、是张载思想体系中的核心命题"太虚"、是程颐思想体系中的"天理"。朱熹在此基础上将"太极"作为其易学、理学及"《易》教"思想体系架构中本体论的根本。

"太极"一词，最早出现在《系辞传》："易有太极，是生两仪，两仪生四象，四象生八卦，八卦定吉凶，吉凶生大业"，以及《庄子·大宗师》："夫道……神鬼神帝，生天生地；在太极之先而不为高，在六极之下而不为深。"之后，早期易学基本从"气"或"元气"的视角诠释"太极"。到了魏晋玄学则以老解《易》，将"太极"诠释为"无"，这遭到了后来儒家的反对。如唐代孔颖达从筮法的角度，将四十九根蓍草合而未分解释为"太极"，而非不用之"一"解释为"太极"，并释"太极"为"太一元气"，摒弃了王弼以无为本的释易路径。

及至宋代，周敦颐根据太极图著《太极图说》及《通书》二书，利用太极、阴阳、五行、动静等范畴，来诠释宇宙本体以及宇宙生化的过程。他提出"无极而太极"的观点，认为宇宙之本原为"无极"，无极生太极之气，太极生阴阳二气，二气相合形成五行，五行生化而生万物。

在此基础上张载提出，宇宙之本源为"太虚"，太虚生气，"有气方有象"。将"太虚"与"气"作为形而上的存在，认为"太极"即"太虚之气"，太极合阴阳二气，阴阳二气相互对待，相互感应，从而对周敦颐将"太极"视为混沌未分之气的观点进行了修正。

邵雍在"太极生两仪"的模式下，通过先天易和后天易，提出了"二分法"的宇宙生化模式。他认为太极为"一"，太极生阴阳，阴阳生四象，四象生八卦，以此类推以至无穷。概言之，宋代象学派易学家常以"太极"为"气"，数学派易学家常以"太极"为融通理、心、气的"数"，从而形成了宋代哲学上的数本体论流派。①

朱熹在前人的基础上，将周敦颐的"无极而太极"理解为"无极"即"太极"。并利用程颐的"体用一源，显微无间"说将周敦颐的宇宙生成论改造为宇宙本体论，从而将"太极"提升至本体论高度，将太极作为宇宙万物之本，同时也认为"一物各具一太极"②，从而为其理本论以及心性论思想做了铺垫。

（二）太极即理

周敦颐因其著作《太极图·易说》（包含《太极图》及《太极图说》）《通书》（发明《太极图》之蕴）探讨了由太极生发的"理、气、心、性"等理学的根本性概念及相关问题，并由此构建起理学的基本框架，故被朱熹看作北宋理学开山鼻祖。

朱熹著《太极解义》一书，用以诠释周敦颐的《太极图》以及《太极图说》。《太极解义》中专门解释了《太极图》的《太极图说解》以太极为"形而上之道"以及"动静阴阳之理"，明确将"理"与"太极"相贯通。他说道："盖太极者，本然之妙也；动静者，所乘之机也。太极，形而上之道也；阴阳，形而下之器也。……推之于前，而不见其始之合；引之于后，而不见其终之离也。故程子曰：'动静无端，阴阳无始。'非知道者，孰能识之！"③

---

① 史少博：《朱熹"太极"观对前人的超越》，《周易研究》2006年第5期。
② （宋）朱熹：《朱子全书》第13册《太极图说解》，上海古籍出版社、安徽教育出版社2010年版，第74页。
③ （宋）朱熹：《朱子全书》第13册《太极图说解》，上海古籍出版社、安徽教育出版社2010年版，第72—73页。

把"太极"(理)作为本体,阴阳二气作为其用,无疑是受到了其师李侗、杨时、程颐一脉"体用一源""理一分殊""阴阳无始"的影响,进而对程颐提出的"性即理也"的观点进行深入的探讨和理论的论证。

至于"理"概念的提出早在《说卦传》便有("和顺于道德而理于义,穷理尽性以至于命"),到后来周敦颐、邵雍、张载在各自著作中皆有提及,但直至二程才将之提升至本体论的高度。程颢言:"吾学虽有所受,天理二字却是自家体贴出来。"① 朱熹则在二程以"天理"为本体的基础上,将"天理"简化为"理",成为其宇宙本体论以及人性本体论的基础,认为"宇宙之间,一理而已,天得之而为天,地得之而为地,而凡生于天地之间者,又各得之以为性。其张之为三纲,其纪之为五常,盖皆此理之流行,无所适而不在"②。理在宇宙论上是天地万物之本,在人性论上则是三纲五常之本。

(三) 理先气后

在构建了以"理"为宇宙本体论的基础上,基于"太极生两仪"的架构,朱熹提出了"理先气后"(逻辑层面而非生成论层面)的观点。当然,此观点的提出并非一蹴而就,而是经历了几十年的思想演化过程。

根据陈来的考察,早年朱熹从理本论出发,主张"理气无先后"。之后,在南康之后经朱陈之辩到朱陆太极之辩,其"理在气先"思想逐步形成。再后来,其"理能生气"的思想曾是他"理先气后"思想的一部分,而到晚年,他的定论则是逻辑在先。这一过程不是对立面的演进和交替,而是以不同形式确立理对于气的第一性地位。③

从学术界公认的观点来看,朱熹的理气观是在对周、张和二程理气观思想兼收并蓄的基础上,经由自己的创新发展而来。按钱穆的说法,朱熹的形上学思想(太极、太虚与理)主要是继承周敦颐《太极图说》和张载的《正蒙》,而以《太极图说》为主,《正蒙》为辅。朱熹对前者尊奉

---

① (宋)程颐、程颢:《二程集》,《河南程氏外书》卷12,中华书局2006年版,第424页。

② (宋)朱熹:《朱子全书》第23册《晦庵先生朱文公文集》卷70,上海古籍出版社、安徽教育出版社2010年版,第3376页。

③ 陈来:《朱熹理气观的形成和演变》,《哲学研究》1985年第6期。

有加，而对于后者则颇有驳难，显主《图说》以纠《正蒙》。① 朱熹在周敦颐《太极图说》所提"太极阴阳"模式的基础上，结合二程"理"的思想，又将周敦颐之"太极"与张载之"太虚"相关联，"曰太极太虚即理"②。张载认为"太虚"为最高范畴，而"理"在其下，"气"又次之，故三者关系从宇宙论而言为"太虚""理"（道）、"气"三重结构③，故朱熹之理气关系并非直接取自张载之"太虚"与"气"的关系，而是在周敦颐"太极阴阳"模式的基础上，继承二程"太极即理""天与理一"的命题以及张载关于形而下之"气"的理论基础上形成的。④

二 心性本体论：性即理、心即理

（一）性即理

"性即理"的命题为程颐首提。朱熹赞曰："'性即理也'一语，直自孔子后，惟是伊川说得尽。这一句，便是千万世说性之根基。"⑤

故朱熹在程颐"性即理也，所谓理，性是也。天下之理，原其所自，未有不善"⑥ 的基础上提出"天命之性，万理完具；总其大目，则仁义礼智，其中遂分别成许多万善"⑦。又在《中庸章句》中诠释"天命之谓性"一句时言："性，即理也。天以阴阳五行化生万物，气以成形，而理亦赋焉，犹命令也。于是人物之生，因各得其所赋之理，以为健顺五常之德，所谓性也。"⑧

朱熹以"太极即理"的思想确定了"理"的本体论地位，又将

---

① 钱穆：《朱子新学案》上册，巴蜀书社1986年版，第25、187、188页；钱穆：《朱子新学案》中册，第788、789、805、807、815页。
② 钱穆：《朱子新学案》上册，巴蜀书社1986年版，第187—188页。
③ 林乐昌：《张载理观探微——兼论朱熹理气观与张载虚气观的关系问题》，《哲学研究》2005年第8期。
④ 钱穆：《朱子新学案》上册，巴蜀书社1986年版，第8页。张立文：《朱熹思想研究》修订本，中国社会科学出版社2001年版，第171页。
⑤ （宋）朱熹：《朱子全书》第17册《朱熹语类》卷93，上海古籍出版社、安徽教育出版社2010年版，第3107—3108页。
⑥ （宋）程颐、程颢：《二程集》，中华书局2006年版，第292页。
⑦ （宋）朱熹：《朱子全书》第18册《朱熹语类》卷117，上海古籍出版社、安徽教育出版社2010年版，第3687页。
⑧ （宋）朱熹：《四书章句集注》，《中庸章句》，中华书局2011年版，第19页。

"性"与"理"并提,从而转向性与理的关联问题,其主要目的正是要解决人性本体论的问题,即"理"在人性论上为"天命之性",为"三纲五常"及"仁义礼智"之本,这是继承和发展了儒家"性善论"的思想,并为其寻找到了宇宙本体论以及人性本体论的依据。

正如张立文所言,朱熹哲学逻辑结构的"理"是他对社会、自然现象之后所隐藏的所以然的探索。故若剥去理之烦琐术语,实然"理"是"三纲五常"的抽象。朱熹将其提升为形而上之本体的"理",从而说明现实社会伦理道德的合理性。①

(二) 心即理

如果说"性即理"是就人性之本体而言,那么朱熹"心即理"的思想则是从人性之主体而言,强调心具理、心与理一。

《乾》《坤》之健顺之性体现为"元亨利贞"四德,乾元在《复》卦之初九阳爻中体现的"天地之心"最为明显。朱熹《大学章句》注"明明德"时指出:"明德者,人之所得乎天,而虚灵不昧,以具众理而应万事者也。但为气禀所拘,人欲所蔽,则有时而昏;然其本体之明,则有未尝息者。故学者当因其所发而遂明之,以复其初也。"②这里的"以复其初"即是以《象辞·复》"复见其天地之心乎"解释"明明德"之义,强调人须了解人心皆秉天地之性、天地之理,故应努力克服人欲之昏蔽,返归人性之本,即"心与理一"的境界。

《乾》之四德从心性论方面则体现为"仁义礼智",而仁则为四德之本。正如朱熹所言"盖仁也者,天地所以生物之心,而人物之所得以为心者也。惟其得夫天地生物之心以为心,是以未发之前,四德具焉,曰仁、义、礼、智,而仁无不统。已发之际,四端著焉,曰恻隐、羞恶、辞让、是非,而恻隐之心无所不通。此仁之体用所以涵育浑全,周流贯彻,专一心之妙,而为众善之长也"③。朱熹曾在《论语集注》中言:"仁者,爱之理,心之德也。"④仁是未发之爱,仁又包"仁义礼智"四德;爱是

---

① 张立文:《朱熹思想研究》修订本,中国社会科学出版社2001年版,第146页。
② (宋)朱熹:《四书章句集注》,《大学章句》,中华书局2013年版,第4页。
③ (宋)朱熹:《朱子全书》第24册《晦庵先生朱文公文集》卷77,上海古籍出版社、安徽教育出版社2010年版,第3709页。
④ (宋)朱熹:《四书章句集注》,《论语章句》,中华书局2013年版,第50页。

已发之仁，包恻隐、羞恶、辞让、是非之情。故可以说，仁之心包四德，又在发用中体现为四情，从而构成了朱熹的"心统性情"说。正如向世陵所言，朱熹的"心即理"架构是从存在的角度认定心和理是同一的实体，而非内外交相而成的主客观活动之后的结果。①

由此，朱子由"性即理"推至"心即理"，从而将"《易》教"之太极阴阳所体现出的健顺之性与《乾》之"元亨利贞"四德、人心之"仁义礼智"四德，以及恻隐、羞恶、辞让、是非之情相贯通，形成了"性即理""心即理"的心性论架构，为朱熹"《易》教"的道德修养工夫论做了理论上的铺垫。

第二节　本体论与方法论、认识论（工夫论）之融合：理一分殊

"理一分殊"是程颐从张载《西铭》篇中所申发出来，而将之引申为描述理气关系的"体用一源，显微无间"。朱熹从其师李侗处获得此理论之妙处，并最终将其置于其易学、理学、"《易》教"思想理论架构生成的核心位置。

束景南②将朱熹的"理一分殊"作为本体论、认识论（道德修养工夫论）和方法论原则，从本体论层面就有九层关系。本书结合束景南的总结，认为"理一分殊"从朱熹"《易》教"思想的建构方面可体现为以下三个层面的功用：

首先，从本体论而言，"理一分殊"体现在：其一，道与理关系层面（理本论）的"道一理殊"，规定了普遍之道与特殊之理的关系。从"《易》教"层面则为太极与六十四卦之理的关系。其二，理与气关系层面（理气论）的"理一气殊"。从"《易》教"层面则为太极与阴阳两仪的关系，从而说明虽"一物一太极"，但因秉受的阴阳二气之异同而呈现出人物之异同，即由"性即理"出发而生发出"天地之性"与"气质之

---

① 向世陵：《宋代理学的"性即理"与"心即理"》，《哲学研究》2014年第1期。
② 束景南：《朱熹的"理一分殊"及其认识论指向》，《四川师范大学学报（社会科学版）》2006年第2期。

性"的区别。其三，理与物关系层次（道器论）的"理一物殊"，规定了本体之理与万事万物的统一关系。从"《易》教"层面则体现为太极生两仪、两仪生五行、五行生万物的宇宙本体论模式。其四，体与用关系层次（体用论）的"体一用殊"，即道体与物用之体用统一关系。从"《易》教"思想而言则体现为太极为体，阴阳为用；阴阳为体，八卦六十四卦之卦象为用；卦象为体，卦辞为用；经为体，传为用等本体与发用的相互接续之关系。其五，性与气关系层次的"性一气殊"，这是在性论上的体现。人或物自天秉受同样的天命之性（太极、理、性），但因气（阴阳）秉不同，故体现为不同的"气质之性"。在"《易》教"层面则体现为六十四卦及三百八十四爻之象辞中的"元亨利贞""吉凶悔吝"以及《易传》和朱熹释《易》文本中的"君子"与"小人"、"天理"与"人欲"。其六，天地之心与人物之心关系层次的"心一分殊"，强调"心与理一"，即心与理的主客关系。从"《易》教"层面而言则体现为"心包四德"。这是从《乾》卦之四德"元亨利贞"生发出的"元包四德"在心性论上的体现，而《复》卦体现的"乾元"之天地之心又在其他六十三卦中有不同的体现，从而形成了人心之善恶。其七，仁与义关系层次的"仁一义殊"。从"《易》教"层面则体现为"心包四德"，在五常中体现为"仁包四德"。"仁"又有"大大底仁"与"小小底仁"之分。前者为人性五常之本，后者为"仁义礼智"四德之一，与其他三个具体的德并列。朱熹把孔子的道德规范核心原则"仁"上升为"理"，认为"仁"为本体，是抽象的、形而上的，在具体的事件中则显现为"仁、义、礼、智"之具体的"理"。"仁者，仁之本体；礼者，仁之节文；义者，仁之断制；知者，仁之分别。"[①] 而这些具体的"理"只是本体"理"的一个层面，是派生的"理"。

其次，从方法论层面，"理一分殊"体现为"分殊体认"，强调从具体事物中体认理一，这是朱熹从李侗处继承的强调"分殊"，从"分殊"中体认"理一"的方法。从"《易》教"角度而言，就是强调从六十四卦的卦爻象辞中体会各卦各爻之理，继而于贯通之中体认理一。

[①] （宋）朱熹：《朱子全书》第14册《朱熹语类》卷6，上海古籍出版社、安徽教育出版社2010年版，第249页。

最后，在认识论层面，从"分殊体认"继而申发出修养论的"敬知双修"。从"《易》教"而言即是工夫论，即强调德性在个人及社会中的践履。朱熹在李侗"主静"的道德修养工夫基础上，吸收了程颐的"主敬"学说，通过"持敬涵养"（阴，静）以及"致知格物"（阳，动）两种方法来修养德性，但强调以静养动，"静为主，动为客"，阳主阴从的儒家工夫论思想。从个人道德修养而言，朱熹通过"存心、穷理、尽心、知性"以及"知行合一"，将外在的"理"内化于本心，形成"理与心一"的至善境界，成为道德上"无我无私"的圣人。从社会教化层面，分殊之理用来规范人与社会的关系，形成以"孝悌"为核心的"君臣、父子、夫妻、兄弟、朋友"的五常伦理关系。由此，在人性中，"理一"成为分殊之理；在人与社会的关系中，分殊之理又成为规范人行为的"五常"之理。

综上，这便是朱熹对"理一分殊"说在"《易》教"本体论、方法论以及认识论（工夫论）一体化思想体系构建中所发挥的功用。

第五章

朱熹"《易》教"思想之工夫

朱熹"《易》教"思想方面的史料，主要包括《周易本义》《易学启蒙》《朱子语类》、朱鉴据语类和文集所编《文公易说》，再就是朱熹诠释学著作《太极图说解》和《通书注》。本书将把主要精力放在分析其易学、"《易》教"主干作品《本义》及《启蒙》中的"《易》教"思想，在分析过程中兼顾其他著作中关于"《易》教"思想的内容。

首先厘清朱熹两本著作的性质及关系。朱熹之所以作《周易本义》和《易学启蒙》，可从弟子度正（亦称庹正）所获朱熹回答刘君房的书稿以及其所感中窥见一斑。

朱熹在书稿中写道："此书（指《周易》经，引者按）本为卜筮而作，今其法已不传，诸儒言象数者例皆穿凿，言义理者又太汗漫，此《本义》《启蒙》所以作也。然《本义》未成书，为人窃出，有悞观览。《启蒙》且欲学者就《大传》所言卦画蓍数推寻。自今观之，如论《河图》《洛书》亦未免有剩语。要之此书难读，不若《诗》《书》《论》《孟》之明白易晓。"

度正认为："先生之于《易》，其说盖如此。所谓《本义》者，今世所传《易传》是也。其曰'本为卜筮而作'者，盖以奇偶之画即蓍之所由起，而其体制于《诗》《书》文字绝不相类。先生所以断然为是说者，盖将以发千古之秘，使学者推本而求之，而自识其所以然耳。其曰'此难读，不若《诗》《书》《论》《孟》之明白易晓'者，非谓学者不必从事于此，而可以束之高阁也。盖学者之病，病在于驰骛高远而遗其卑近，未能知夫洒扫应对之节，而妄意于穷理尽性以至于命；未能识夫事亲从兄之实，而妄意于范围天地之化、曲成万物、通昼夜之道；曾不致谨于下学之功，而汲汲于上达之求。其卒也，必至于穷大而失其居焉。自谓穷神知化，而实不足以开物成务；自谓知死生之说，而实不能原始反终；自谓知鬼神之情状，而实不足以知精气之为物，游魂之为变。世之学者，鲜有不溺于是者。故先生之意，必使学者先从事于《诗》《书》《论》《孟》，然后循序而进之耳。学者果能从事于《诗》《书》《论》《孟》而有得焉，则其于读《易》也，必将嘿识心通而有所入矣。非为《易》之难而学者不当致力，特不可以是为先耳。"①

以上两大段说明，朱熹作《周易本义》和《易学启蒙》大致有以下几个原因：其一，朱熹认为《易》本为卜筮之书，是蓍数所由起的本原。可惜当今筮法已不传，而汉儒象数派脱离义理言象数，并在解释象数辞时过于穿凿附会，而王弼、程颐义理学则脱离象数言义理，过于执着于对卦爻辞中义理的阐发。两种解易方法都相对片面，无法反映圣人作《易》之本原，而象数与卜筮紧密相关，二者为体用关系，卦爻辞则是在象数的基础上诠释开发出来的，故从卜筮出发诠释《易》之象数辞则更接近《易》之原义，所谓"可以见圣人之意耳"。其二，因《周易本义》还未出书便被盗出刊印，同时受《周易》文本的限制，无法全面展开对先天易的论证，因此作《易学启蒙》专门探讨象数与筮法的先天理据，并对《本义》所列九图进行深入的论证和阐发，从而与《本义》相互配合、互为补充。除此之外，本书还补充了学习之法，认为学人应从做好洒扫应对、事亲从兄等本分入手，在做好下学功夫的基础上再学习相对简单易读的文本，最后在此基础上再学习《周易》，这无疑反映了朱熹强调实践与循序渐进的重要性，先下学再上达，体现了其注重"理一分殊"之"分殊"，突出了儒家入世哲学的特点。

此外，朱熹在"《易》为卜筮之书"的前提下，从尊重历史理性的角度出发，将《易》分为三等：伏羲易、文王易、孔子易。伏羲画卦、文王系辞、孔子作传，三者分别处于上古、中古和下古三个历史时期，不可同等视之。朱熹认为，"不推本伏羲作易画卦之所由，则学者必将误认文王所演之易便为伏羲始画之易，只从中半说起，不识向上根原矣"②，这

---

① （宋）朱熹：《朱子全书》第1册《易学启蒙·附录一》，上海古籍出版社、安徽教育出版社2010年版，第317—318页。

② （宋）朱熹：《朱子全书》第21册《晦庵先生朱文公文集·答袁机仲》卷38，上海古籍出版社、安徽教育出版社2010年版，第1665页。

是朱熹所不能接受的。这也是其作《本义》和《启蒙》的原因之一。

从《周易本义》的结构角度来说，分为卷首九图和文本两部分。卷首九图包括：《河图》《洛书》《伏羲八卦方位图》《伏羲八卦次序图》《伏羲六十四卦方位图》《伏羲六十四卦次序图》《文王八卦方位图》《文王八卦次序图》和《卦变图》。其中，《河图》《洛书》代表天地自然之易（通过天地自然之数体现），属于画前之易，是象数的本原，作《易》之根本；《伏羲八卦方位图》和《次序图》、《伏羲六十四卦方位图》和《次序图》是伏羲易，是先天易，是作易本原之精微意；《文王八卦方位图》和《次序图》是文王易，即今之《周易》，是后天易；《卦变图》是说明孔子《彖传》以卦变说来解说《易》卦辞的缘由，是孔子易。[①] 可见，此部分主要是象数方面的研究，尤其关注先天易的天地自然之易和伏羲易，追根溯源，用以弥补当时学界研究之不足。而文本部分则主要诠释文王、孔子易，即《周易》经传的文本，在程颐《易传》（此指《程氏易传》）义理基础上，将象数和义理相结合，既补足了义理派易学的欠缺，也纠正了象数易学的偏失，形成独具一格的释《易》风格。

《易学启蒙》共分为四篇，首篇《本图书第一》用来解说《河图》《洛书》，《原卦画第二》用来解说伏羲四图和文王二图，即先天后天易，《考变占第三》用来解说《卦变图》，即孔子易，《明蓍策第四》用来解说古筮法，以明卜筮之义。可见，《启蒙》主要是为了解释《本义》卷首九图之义而作，并在此基础上完善其象数之学。以下分别从《周易本义》卷首九图和《易学启蒙》中象数学所体现的"《易》教"思想以及《周易本义》文本所体现的"《易》教"思想分而述之。

第一节 《周易本义》卷首九图与《易学启蒙》中体现的"《易》教"思想

一 《河图》《洛书》中的"《易》教"之韵

《河图》《洛书》图示出现在《周易本义》卷首《易图》和《易学启

[①] 余敦康：《朱熹〈周易本义〉卷首九图与〈易学启蒙〉解读》，《中国哲学史》2001年第4期。

蒙》《本图书第一》篇中，后者对河洛的性质及关系做了系统介绍，现简述于下，并就其所含朱熹"《易》教"思想进行说明。

（一）河洛性质及关系简述

在朱熹看来，《河图》《洛书》代表着天地自然之易，即伏羲画卦之雏形，因此将之作为象数之本，置于《本义》卷首之首图。

对于二图因何而出，朱熹说道："右《系辞传》曰：'河出图，洛出书，圣人则之。'又曰：'天一，地二，天三，地四，天五，地六，天七，地八，天九，地十。天数五，地数五，五位相得而各有合。天数二十有五，地数三十，凡天地之数五十有五。此所以成变化而行鬼神也。'此《河图》之数也。《洛书》盖取龟象，固其数戴九履一，左三右七，二、四为肩，六、八为足。"①

朱熹此段引《系辞》及孔安国、刘歆之言，论证伏羲因受河图而画八卦，大禹因受洛书而陈九畴，是古人成说；又引关子明与邵雍之言，论证以十为《河图》，九为《洛书》，是历史定论，从而纠正了刘牧所主张的十数图为《洛书》、九数图为《河图》的谬误，解决了图书的真伪问题，确立了图书的权威性。②

他在《易学启蒙·本图书第一》中也做了更加系统的说明："此一节，夫子所以发明《河图》之数也。天地之间，一气而已，分而为二则为阴阳，而五行造化、万物始终，无不管于是焉。故《河图》之位，一与六共宗而居乎北，二与七为朋而居乎南，三与八同道而居乎东，四与九为友而居乎西，五与十相守而居乎中。盖其所以为数也，不过一阴一阳，

---

① （宋）朱熹：《朱子全书》第1册《周易本义·易图》，上海古籍出版社、安徽教育出版社2010年版，第18页。

② 蔡元定在《易学启蒙》中补充道："古今传记，自孔安国、刘向父子、班固，皆以为《河图》授羲，《洛书》锡禹。关子明、邵康节，皆以十为《河图》，九为《洛书》。盖《大传》既陈天地五十有五之数，《洪范》又明言'天乃锡禹洪范九畴'，而九宫之数戴九履一，左三右七，二、四为肩，六、八为足，正龟背之象也。惟刘牧意见，以九为《河图》，十为《洛书》，托言出于希夷。既与诸儒旧说不合，又引《大传》，以为二者皆出于伏羲之世。其《易》置《图》、《书》并无明验，但谓伏羲兼取《图》、《书》，则《易》、《范》之数诚相表里，为可疑耳。……《大传》所谓'河出图，洛出书，圣人则之'者，亦泛言圣人作《易》作《范》，其原皆出于天之意。"此亦代表朱熹之观点，故作为证据列此。（宋）朱熹：《朱子全书》第1册《易学启蒙·本图书第一》，上海古籍出版社、安徽教育出版社2010年版，第211—212页。

一奇一偶,以两其五行而已。所谓天者,阳之轻清而位乎上者也。所谓地者,阴之重浊而位乎下者也。阳数奇,故一、三、五、七、九皆乎天,所谓'天数五'也。阴数偶,故二、四、六、八、十属乎地,所谓'地数五'也。天数地数各以类而相求,所谓'五位之相得'者然也。天以一生水,而地以六成之;地以二生火,而天以七成之;天以三生木,而地以八成之;地以四生金,而天以九成之;天以五生土,而地以十成之。此又其所谓'各有合'焉者也。积五奇而为二十五,积五偶而为三十,合是二者而为五十有五,此《河图》之全数。皆夫子之意,而诸儒之说也。至于《洛书》,则虽夫子之所未言,然其象其说已具于前,有以通之,则刘歆所谓经纬表里者可见矣。"① 此段将《河图》之象与《系辞》关于"天地之数"一段相比照,借以说明《河图》之数为天地之数,《洛书》虽未详言,但刘歆已在此前进行说明,认为二者"经纬表里可见",即理一也。

就《河图》与《洛书》的关系而言,在朱熹和其弟子蔡元定看来,都是法天地自然之象,二者并无先后之分。伏羲在《河图》基础上作《易》,而大禹则得《洛书》作《洪范》,两者虽创作过程不同,但一理相同,相互证释。朱熹结合《系辞》所言天地之数五十有五,与《河图》之数相同;又取五阴数和五阳数分居五位而各有合之义,与《河图》一二三四五为生数,六七八九十为前五者各加五之成数,并将相匹配之生数和成数相合分别居于北南东西中五个方位之义相同。于是他从中得出《河图》即代表天地自然之数。至于《洛书》中所列仅一至九共计九数,分阳数一三五七九和阴数二四六八,九数总和为四十,而去掉《河图》之表"太极"之五与十(中为虚),《河图》之总数亦为四十,故二图总数相合,从而说明二者一理相同。另外,《河图》将生数与成数相合而令表示太极的五、十居于中,故可表示"道其常",为数之体;而《洛书》以阳数居于东西南北中五方,又以阴数二四六八居于四隅,从而强调了阳统阴,天统地之义,为数之用,故二图又是体用关系。

概言之,《河图》主要负责通过中五、四方、四隅解释太极、阴阳

---

① (宋)朱熹:《朱子全书》第1册《易学启蒙·本图书第一》,上海古籍出版社、安徽教育出版社2010年版,第212—213页。

（两仪）、四象、八卦之关系，是形而上；《洛书》是讲其用，具体而言指九事，即五行、五事、八政、五纪、皇极、三德、稽疑、庶征、福极。他说："《洛书》本文，只有四十五点。……盖皆以天道人事参互言之。五行最急，故第一；五事又参之于身，故第二；身既修，可推之于政，故八政次之；政既成，又验之于天道，故五纪次之；又继之以皇极居五。盖能推五行，正五事，用八政，修五纪，乃可以建极也。六三德，乃是权衡此皇极者也。德既修矣，稽疑、庶征继之者，著其验也。又继之以福、极，则善恶之效，至是不可加矣。皇极非大中，皇乃天子，极乃极至，言皇建此极也。"①

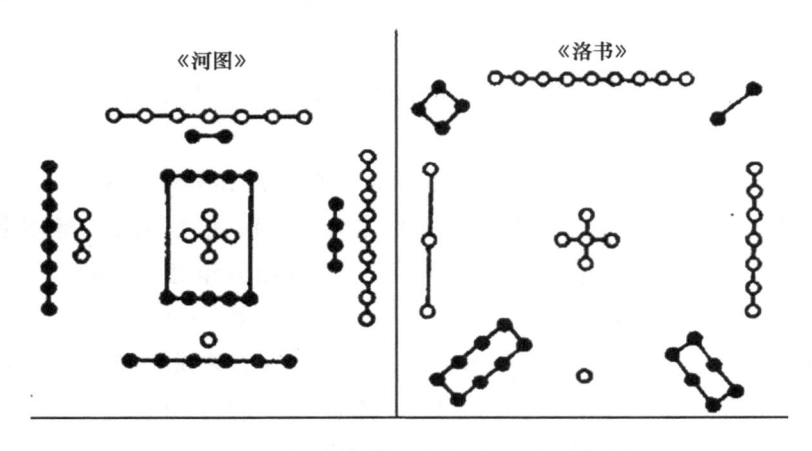

图 5-1 《易学启蒙》所载《河图》《洛书》

朱熹又将《河图》《洛书》分别与伏羲八卦先天图相比较。他以《河图》中位之虚五和十作为伏羲二图中之太极；又以剩余八数中的奇数、偶数分阴分阳作为《次序图》之两仪；再将一二三四（生数）分别配六七八九（成数）作为四象；后将坤乾离坎居于四方，将兑震巽艮居于四隅作为八卦，以此说明《河图》是伏羲先天八卦图的雏形，即象数的本原。又将《洛书》中间的虚数五作为伏羲二图之太极；又以各为二十的奇偶数作为两仪；再以一二三四与九八七六相合（生数成数相加皆为

---

① （宋）朱熹：《朱子全书》第 17 册《朱子语类》卷 79，上海古籍出版社、安徽教育出版社 2010 年版，第 2704 页。

十)，纵横相加而为十五（即四方或四隅之数与中数五分别相加皆为十五）。以卦象而言，为阴阳爻上再加阴爻或阳爻，阴上加阳为少阳，阳上加阴为少阴，阳上加阳为老阳，阴上加阴为老阴，而互为七八九六（所谓七八九六指的是《伏羲八卦次序图》所说少阳少阴老阳老阴之数），则亦四象也；四方之正（一三七九之阳数所在方向）配乾坤离坎，四隅之偏（二四六八之阴数所在方向）配兑震巽艮，又与八卦图相匹配，故与《河图》相同，同时亦是伏羲先天八卦图的雏形。通过此种比较，朱熹是要表明，无论《河图》还是《洛书》皆含自然之数，前者是常数，后者是变数，但都内含自然之理，即天地自然之易，最终目的是"欲因象数之位置往来以见天地阴阳之造化、吉凶消长之本原"①。

（二）太极乃"《易》教"之本原：河洛"《易》教"之韵

朱熹之所以要如此不遗余力地追求道统之形上根本，有为求儒家道德和伦理之所本的良苦用心。

淳熙四年（1177）二月，朱熹在《江州重建濂溪先生书堂记》一文中写道："道之在天下者未尝亡，惟其托于人者或绝或续，故其行于世者有明有晦，是皆天命之所为，非人智力之所及也。夫天高地下，而二气五行纷纶错糅，升降往来于其间，其造化发育，品物散殊，莫不各有固然之理，而最其大者，则仁、义、礼、智之性，君臣、父子、昆弟、夫妇、朋友之伦是已。是其周流充塞，无所亏间，夫岂以古今治乱为存亡者哉！然气之运也，则有醇漓判合之不齐；人之秉也，则有清浊昏明之或异。是以道之所以托于人而行于世者，惟天所畀，乃得兴焉，决非巧智果敢之私所能亿度而强探也。《河图》出而《八卦》画，《洛书》呈而《九畴》叙，而孔子于斯文之兴丧，亦未尝不推之于天。"②

朱熹认为，孔子在礼坏乐崩、斯文尽丧的春秋之季，发出"凤鸟不至，河不出图，吾已矣夫"的无奈感叹，并在面对"斯文"（此指周代的礼乐文化）丧失时，选择借助易道将礼乐文化的合理性推之于天，借天

---

① （宋）朱熹：《朱子全书》第21册《晦庵先生朱文公文集·答袁机仲》卷38，上海古籍出版社、安徽教育出版社2010年版，第1665页。

② （宋）朱熹：《朱子全书》第24册《晦庵先生朱文公文集》卷78，上海古籍出版社、安徽教育出版社2010年版，第3739—3740页。

道说明人道的应然。朱熹在南宋阶级矛盾加剧、政治斗争残酷、统治者私欲过盛的大背景下,希望通过"图书"之学找到八卦的起源,进而探寻天道的根本并下贯于人道,达到人伦序、人性良的和谐社会。

他说:"成数虽阳,固亦本之阴也。如子者父之阴,臣者君之阴。"① 此是用《河图》四方之生数一二三四与成数六七八九相合位于四方而成为阴阳相配之象,来说明人伦关系的合理性。如阴数生于阳数,如六生于一,八生于三自不必待言;而如阳数生于阴数,如七生于二,九生于四,则虽为阳数,但仍要从于阴数,正如子是父之阴所生,臣是君之阴所对,都是《河图》中所生发的理(即太极)所然,所谓"君臣、父子、昆弟、夫妇、朋友之伦是已"。

他又借河洛所体现的天地自然之数与《大学》之道相联系。他说:"天下道理,只是一个包两个。《易》(此指《河图》所生八卦,引者按)便只说到八个住处,《洪范》(此指《洛书》所生《九畴》,引者按)说到十数住。五行五个,便有十个;甲乙便是两个木,丙丁便是两个火,戊己便是两个土,金、水亦然(此言五行生天干,引者按)。所谓'兼三才而两之',便都是如此。《大学》中明德便包得格物、致知、诚意、正心、修身五个;新民便包得齐家、治国、平天下三个(此是用《大学》之道与八卦相匹配,引者按)。自暗室屋漏处做得去,到得无所不周,无所不偏,都是这道理。自一心之微,以至于四方之远,天下之大,也都只是这个。"② 朱熹用天地自然之数、八卦之数与天地自然之五行、《大学》之明德亲民相配伍,是要说明包括人在内的天地万物都是由太极两仪所生发的天地自然之数的体现,是天地自然之理所使然,非人为造作而成。

概言之,朱熹通过《河图》《洛书》是要说明,天地之理(太极或虚中)是阴阳二气、五行八卦之本原,也是宇宙万物生成之本原。包括人类社会在内的人伦理序和五常之德都包含在内,是"《易》教"思想人性论和社会伦理的形而上之理,但相比邵雍的先天后天易,这只是一种较为

---

① (宋)朱熹:《朱子全书》第16册《朱子语类》卷65,上海古籍出版社、安徽教育出版社2010年版,第2168页。

② (宋)朱熹:《朱子全书》第16册《朱子语类》卷65,上海古籍出版社、安徽教育出版社2010年版,第2166页。

粗线条的描述，属于宇宙生成论的原始表达。

二 先天易与后天易中体现的"《易》教"思想

为体现圣人作易本原之精微意及文字推衍意，朱熹发挥邵雍先天之学（伏羲易）和后天之学（文王易、孔子易）的思想，将伏羲四图和文王二图、《卦变图》列于河洛二图之后。《易学启蒙·原卦画第二》篇以及《易学启蒙·考占变第四》篇分别对伏羲先天四图、文王后天二图和《卦变图》之义进行了系统阐发，现简述于下，并对其中所含朱熹"《易》教"思想进行挖掘。

（一）先天易之伏羲四图

如果说河洛二图是表达"画前之卦"，那么伏羲先天图则是对天地之数的象数表达。通过上章邵雍先天学的阐释我们了解到，先天学借助伏羲四图揭示《易》之八卦和六十四卦的生成，从而揭示了太极宇宙图示下的生生之理。朱熹正是继河洛二图表达的天地之数之后，对邵雍通过先天学所阐发的太极之妙进行的进一步发挥，并将之作为其理气观的象数化表诠以及宇宙论展开的基础。

朱熹认为，伏羲画卦的问题是易学的纲领性问题，为读《易》开卷之首义，唯有了解伏羲画卦之所以然，方能抓住易道之根本。他在《原卦画第二》篇开头首先提出了《系辞》中有关八卦生成的两句，分别是"古者包羲氏之王天下也，仰则观象于天，俯则观法于地，观鸟兽之文与地之宜，近取诸身，远取诸物，于是始作八卦，以通神明之德，以类万物之情"以及"易有太极，是生两仪，两仪生四象，四象生八卦"。

他解释第一句道："《易》非独以《河图》而作也。盖盈天地之间，莫非太极、阴阳之妙，圣人于此仰观俯察，远求近取，固有以超然而默契于其心也。固自两仪之未分也，浑然太极，而两仪、四象、六十四卦之理已粲然于其中。自太极而分两仪，则太极固太极也，两仪固两仪也。自两仪而分四象，则两仪又为太极，而四象又为两仪矣。自是而推之，由四而八，由八而十六，由十六而三十二，由三十二而六十四，以至于百千万亿之无穷，虽其见于摹画者，若有先后而出于人为，然其已定之形、已成之势，则固已具于浑然之中，而不容毫发思虑作为于其间也。程子所谓加一倍法者，可谓一言以蔽之；而邵子所谓画前有易者，又可见其真不妄矣。"①

此段是朱熹对伏羲八卦和六十四卦生成过程的描述，在此基础上画成《伏羲八卦次序》和《伏羲六十四卦次序》二图（邵雍只根据《易传》所述通过文字加以描绘，朱熹自画之），以图示的形式加以辅助说明。他接受了邵雍和程颐"加一倍法"的卦象生成的说法，认为《易》不管是由"图书"而作，还是由伏羲"仰观俯察"而作，都体现了阴阳消长之理。

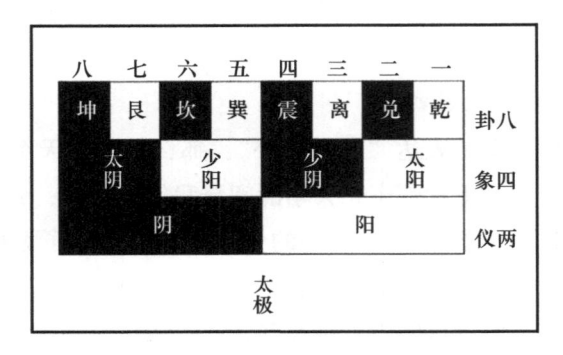

图 5-2 《周易本义》所载《伏羲八卦次序》（横图）

图 5-3 《周易本义》所载《伏羲六十四卦次序》（横图）

他进而一一解释了《系辞》"易有太极"一句。所谓"易有太极"，意思是说："太极者，象数未形而其理已具之称，形器已具而其理无朕之目，在《河图》《洛书》，皆虚中之象也。周子曰'无极而太极'，邵子曰'道为太极'，又曰'心为太极'，此之谓也。"② 此解释极为重要，因

---

① （宋）朱熹：《朱子全书》第一册《易学启蒙·原卦画第二》，上海古籍出版社、安徽教育出版社2010年版，第217—218页。
② （宋）朱熹：《朱子全书》第一册《易学启蒙·原卦画第二》，上海古籍出版社、安徽教育出版社2010年版，第218页。

为他将太极作为象数和形器背后的理，并将之与"图书"的虚中之象（五、十数）、周敦颐的"无极而太极"、邵雍的"道为太极"以及"心为太极"做了统整，通过太极、道、心之贯通，构建了宇宙本体和道德本体之间的联系，是伏羲先天学的核心。

同理，他又通过解释"是生两仪"，即将"两仪"与"图书"之奇偶、周敦颐之"太极生动静阴阳"、邵雍之"一分为二"说相统整，将阴阳、象数、动静相贯通，为理气说奠定了基础。

继而通过解释"两仪生四象"，将四象与太阳少阴少阳太阴之数（九八七六）、《河图》之生数（一二三四）和成数（六七八九）、《洛书》之"九八七六"（为《河图》之常数十去掉生数一二三四余下之数）、周敦颐水火木金（五行去掉中位表太极之土）以及邵子"二分为四（加一倍法）"相贯通，构建了阴阳、象数、五行，作为太极生万物的基础。

之后通过解释"四象生八卦"，将八卦之数（乾一兑二离三震四巽五坎六艮七坤八）、《河图》之四实乾坤离坎和四虚兑震巽艮、《洛书》之居于四方的乾坤离坎和四隅的兑震巽艮、《周礼》之"《三易》（《连山》《归藏》《周易》）经卦皆八"、《大传》（《易传》）之"八卦成列"、邵雍之"四分为八"相贯通，将八卦之数、"图书"八方位之八卦、《周礼》所谓《三易》八经卦、《易传》之"八卦"以及邵雍的"一生二法"相贯通，作为太极生万物的初级阶段。

再将"八卦上各生一奇一偶""四画之上又生一奇一偶"以及"五画之上各生一奇一偶"，最后形成六十四卦，易道大成。之后在前卦基础上不断在卦上增加一奇一偶，如此下去则"盖未知其所终极也"，从而体现"易道之无穷矣"。

通过上面的论述，朱熹试图说明"《易》之心髓，全在此处"之义。可以说，对朱熹而言，伏羲画卦的问题本质就是如何处理理气关系的问题，理气先后、理气动静、理一分殊等问题皆是在先天学太极阴阳的分化模式中得以诠释。①

《易》除了考虑时间维度上的生成本原问题之外，还需考虑空间维度上的方位问题。为了说明各卦的方位以及各卦之间的相互转化，在以上次

---

① 张克宾：《朱熹易学思想研究》，人民出版社2015年版，第175页。

序图基础上，朱熹又对《伏羲八卦方位》《伏羲六十四卦方位》（内含方图）进行了勾画，体现了时空合一的宇宙图示。

方位图是基于《易传》的"天地定位，山泽通气，雷风相薄，水火不相射。八卦相错，数往者顺，知来者逆。是故《易》，逆数也"以及"雷以动之，风以散之，雨以润之，日以烜之，艮以止之，兑以说之，乾以君之，坤以藏之"两句而成。

《伏羲六十四卦方位》圆图的具体做法是，由横图中间的《震》《巽》《复》《姤》四卦为分界将横图分成两半，使《震》《复》逆行而与《乾》相接居左，使《巽》《姤》顺行而与《坤》相接居右，于是成为一圆图。在圆图中，各卦自北向东为左，自南向西为右。既有确定的方位，又有左右旋转的运行方向，可以表示一年春夏秋冬，一月晦朔弦望，一日昼夜昏旦，实际上构成了一幅井然有序的卦气图。①

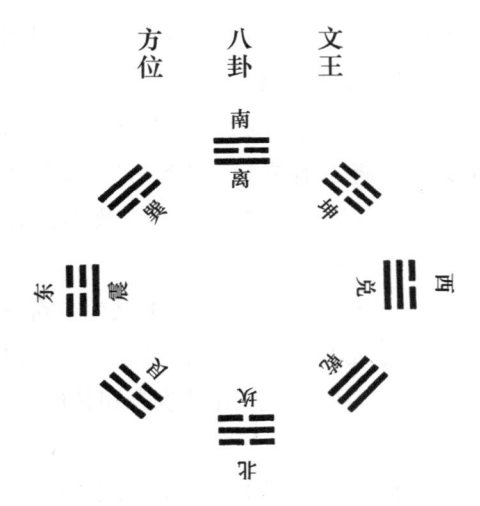

图 5-4　《周易本义》所载《伏羲八卦方位》（圆图）

相比横图体现"一生二"之理，圆图更好地体现了阴阳消长之意。对于圆图和圆图内方图的解释，朱熹基本遵从邵雍的解释，并做了简要的补充。学者张克宾将朱熹对于方圆图的释义分为五个方面，分别为"图

---

① 余敦康：《朱熹〈周易本义〉卷首九图与〈易学启蒙〉解读》，《中国哲学史》2001年第4期。

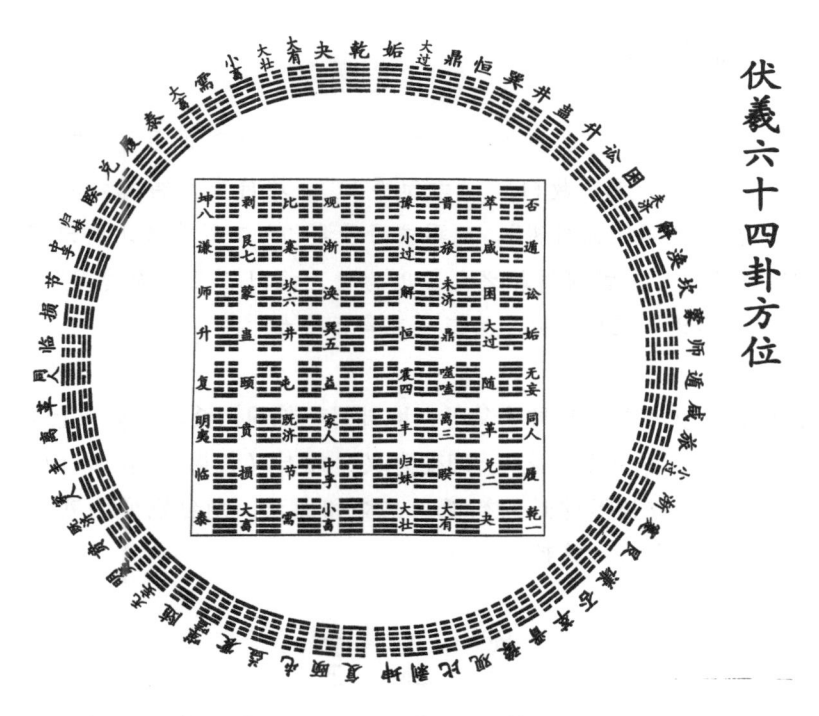

图 5-5 《周易本义》所载《伏羲六十四卦方位》（方圆合一图）

皆自中起""数往者顺，知来者逆""易是互相博易之义""盈虚消息之理"以及"方圆图之辨"。① 因相比圆图和方图"稍有造作"，朱熹更中意伏羲先天次序图即小横图，因充分体现了太极阴阳"一生二"的生生之妙，为其"《易》教"理气论奠定了坚实基础。

（二）后天易：文王二图及《卦变图》

所谓后天易，在邵雍和朱熹看来是文王易及孔子易，甚至可以包括后学所有对《周易》的阐发。而在朱熹这里，他在《易学启蒙》中则将后天易分为文王易和孔子易，并分别纳入《原卦画第二》的后半部分以及《考变占第四》篇中。

1. 文王二图

与邵雍一样，朱熹亦通过《说卦传》"乾坤父母说"一段来解释文王先天易，并依此作《文王八卦次序》图，将之作为后天八卦生成次序。

---

① 张克宾：《朱熹易学思想研究》，人民出版社 2015 年版，第 177—187 页。

朱熹对此说的解释是：

> 坤求于乾，得其初九而为震，故曰"一索而得男"。乾求于坤，得其初六而为巽，故曰"一索而得女"。坤再求而得乾之九二以为坎，故曰"再索而得男"。乾再求而得坤之六二以为离，故曰"再索而得女"。坤三求而得乾之九三以为艮，故曰"三索而得男"。乾三求而得坤之六三以为兑，故曰"三索而得女"。①

这段解释大意是：乾坤为父母，坤卦得乾卦的初爻、二爻和上爻的阳爻，则分别变（原文用"之"，即变之义）震卦（长男）、坎卦（中男）、艮卦（少男）；乾卦得坤卦的初爻、二爻和上爻，则分别变为巽卦（长女）、离卦（中女）和兑卦（少女）。②

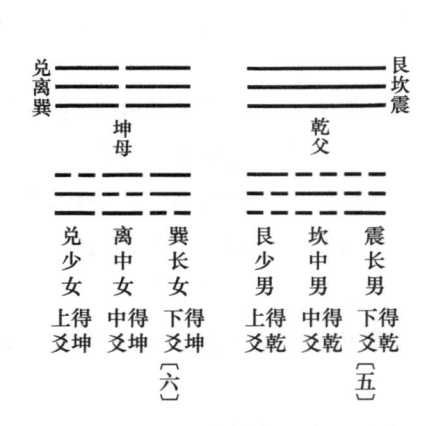

图 5-6 《周易本义》卷首所载《文王八卦次序》

---

① （宋）朱熹：《朱子全书》第 1 册《易学启蒙·原卦画第二》，上海古籍出版社、安徽教育出版社 2010 年版，第 244 页。

② 从卦的阴阳角度来说，以爻少者为主爻，故该卦依此爻而被认为阳为主抑或阴为主之卦。例如震卦一阳二阴，则认为以初爻阳爻为主之卦，故称为男，反之则称为女；所谓"长中少"是依据主爻所在爻位，从下至上依次排列为"长、中、少"，例如震卦初爻为阳，又是该卦主爻，故称为长男，依此类推。

此图解释了乾坤父母阴阳交合而生六子卦，表达了阴阳互根之义。①

邵雍认为，《文王八卦方位》源于《说卦传》"帝出乎震"一段，朱熹从其说。朱熹引《说卦传》文：

> 帝出乎震，齐乎巽，相见乎离，致役乎坤，说言乎兑，战乎乾，劳乎坎，成言乎艮。万物出乎震，震，东方也。齐乎巽，巽，东南也。齐也者，言万物之洁齐也。离也者，明也，万物皆相见，南方之卦也。圣人南面而听天下，向明而治，盖取诸此也。坤也者，地也，万物皆致养焉，故曰"致役乎坤"。兑，正秋也，万物之所说也，故曰"说言乎兑"。战乎乾，乾，西北之卦也，言阴阳相薄也。坎者，水也，正北方之卦也，劳卦也，万物之所归也，故曰"劳乎坎"。艮，东北之卦也，万物之所成终而所成始也，故曰"成言乎艮"。神也者，妙万物而为言者也。动万物者莫疾乎雷，桡万物者莫疾乎风，燥万物者莫熯乎火，说万物者莫说乎泽，润万物者莫润乎水，终万物、始万物者莫盛乎艮。故水火相逮，雷风不相悖，山泽通气，然后能变化既成万物也。②

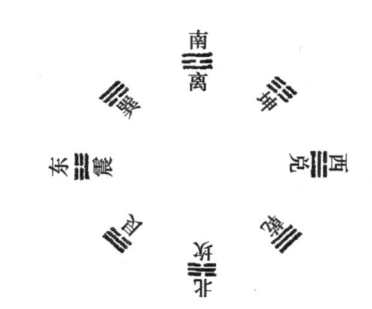

**图 5-7　《易学启蒙》及《周易本义》
篇首所载《文王八卦方位》**

此一段第一句为主句，后皆为解释之言。依此段之义，《文王八卦方

---

① 此"阴阳互根"之义并非本于朱熹，而是后学胡方平（字师鲁）据其说阐发之。具体见（宋）胡方平《四库易类丛书》第14册《易学启蒙通释》卷上，上海古籍出版社1990年版，第695页。

② （宋）朱熹：《朱子全书》第1册《易学启蒙·原卦画第二》，上海古籍出版社、安徽教育出版社2010年版，第242页。

位》从东、南、西、北将八卦依次列开，震为春，为东；离为夏，为南；兑为秋，为西；坎为冬，为北。又依次将巽、坤、乾、艮置于其间，分别代表齐（春夏之交）、养（夏秋之交）、战（秋冬之交）、终（冬春之交，亦是新旧交替下一个循环之始）。此段将八卦、八方与四时融会其中，形成了阴阳消息、万物化生、生生不息的美好图景，被邵雍称赞："至哉，文王之作《易》也，其得天地之用乎！"① 朱熹也认为邵氏之言表达了"文王改易伏羲卦图之意也"②。

从《伏羲八卦方位》所表达的先天易之乾坤分居南北为主卦，到《文王八卦方位》所表达的后天易之震巽分居东与东南为主卦，是乾坤父母在生成六子卦之后退居西北、东南而让位于震长子和巽长女，主阴阳生八卦之后的万物生长之义。正如张克宾所说，如果说先天方位呈现了太极生阴阳的自然理序和宇宙阴阳生化的基本原理，那么后天八卦方位则呈现了阴阳交合进退后的情状以及先天太极阴阳之理的发用，亦是宇宙万物生化的结构性图示。前者表达的是理数的本然，而后者表达的则是气数的变化。③

2. 后天《卦变图》及占筮法

（1）后天《卦变图》

朱熹认为，"《彖传》或以卦变为说"④，故作《卦变图》加以说明，并认为卦变说体现了"《易》中之一义，非画卦作《易》之本指也"⑤。他说："'彖'即文王所系之辞。……'传'者，孔子所以释经之辞也。"⑥ 即是说，《彖传》是孔子对文王为《周易》六十四卦所系之卦爻辞的解释。朱熹言："今所谓卦变者，亦是有卦之后，圣人见得有此象，

---

① （宋）朱熹：《朱子全书》第1册《易学启蒙·原卦画第二》，上海古籍出版社、安徽教育出版社2010年版，第242页。
② （宋）朱熹：《朱子全书》第1册《易学启蒙·原卦画第二》，上海古籍出版社、安徽教育出版社2010年版，第242页。
③ 张克宾：《朱熹易学思想研究》，人民出版社2015年版，第198页。
④ （宋）朱熹：《朱子全书》第1册《周易本义·易图》，上海古籍出版社、安徽教育出版社2010年版，第23页。
⑤ （宋）朱熹：《朱子全书》第1册《周易本义·易图》，上海古籍出版社、安徽教育出版社2010年版，第23页。
⑥ （宋）朱熹：《朱子全书》第1册《周易本义·周易彖上传第一》，上海古籍出版社、安徽教育出版社2010年版，第90页。

故发于《彖辞》。……若论先天，一卦亦无。既画之后，乾一、兑二、离三、震四，至坤居末，又安得有乾、坤而变六子之理！凡今《易》中所言，皆是后天之易耳。以此见得康节先天、后天之说，最为有功。"① 朱熹认为，卦变发生于卦画成之后，文王在此基础上作卦爻辞，故为后天易，而孔子又对其进行解说，故将卦变说作为孔子易。

何为"卦变说"？即是"探讨卦之所自来的一种学说。其说最早诱发自卦之变促成一卦变为另一卦这一现象"②。简言之，卦变说来源于古代占筮中的变卦现象。变卦即是占得某卦后，卦中有动爻③而变成另一卦，朱熹称为"变占"。而卦变说则是在此基础上解说《周易》各卦之间相互关系的学说。例如朱熹《卦变图》中解释《剥》䷖、《比》䷇、《豫》䷏、《谦》䷎、《师》䷆、《复》䷗，以及《夬》䷪、《大有》䷍、《小畜》䷈、《履》䷉、《同人》䷌、《姤》䷫十二卦时，认为"凡一阴一阳卦各六皆自《复》《姤》而来"，意思是前六卦是含一阳五阴的卦，而后六卦是含一阴五阳的卦，前六卦中的前五卦都是自初爻为阳爻的《复》卦而来，而后六卦中的前五卦都是自初爻为阴爻的《姤》卦而来，依据的就是变卦说。例如《复》䷗之初九爻（阳为九）与六二爻（阴为六）互变后就成《师》䷆，《师》䷆的九二爻与六三爻相换变为《谦》䷎，依次类推。④

---

① （宋）朱熹：《朱子全书》第16册《朱子语类》卷67，上海古籍出版社、安徽教育出版社2010年版，第2237页。

② 王新春：《也论虞氏易的卦变说》，载《象数易学研究》第三辑，巴蜀书社2003年版，第116页。

③ 所谓动爻指的是在通过大衍筮法的过揲法（朱熹称之为"近世之法"）进行卜筮时，需从下至上依次揲出各爻而成整卦。爻是以蓍草揲蓍后的挂扐数即余数不用，剩余的蓍草揲之以四（除以四）之后的数七、八、九或六来作为画爻的根本。七九为阳，六八为阴，七为少阳，九为老阳，八为少阴，六为老阴。如遇老阳和老阴则分别变成少阴和少阳，即阳变阴，阴变阳，此为变爻。根据揲蓍出的整卦中出现的变爻数量和位置，而最终决定何爻为此卦的主爻，并依据主爻爻辞来断卦，这是卦变在卜筮中的应用，后依此发展出卦变说。而朱熹采用的是"挂扐之法"即"旧法"，是根据手指之间的余数确定爻象，而不以过揲之数为断，两种方法最终结果一样，只是说法不同。

④ 朱熹的卦变说非汉代易学所主张的以十二消息卦为主卦生发其他卦的卦变说，而是各卦以十二消息卦为总摄，凡相邻两爻互换皆可成为卦变关系，是对汉代卦变说的创新发展，符合其"后天之学乃有卦之后，见其象如此"的诠释理路，但也存在诸卦重出，不胜其烦，卦变过于灵活而失卦变说原本之理论意义的问题。张克宾：《朱熹易学思想研究》，人民出版社2015年版，第213页。

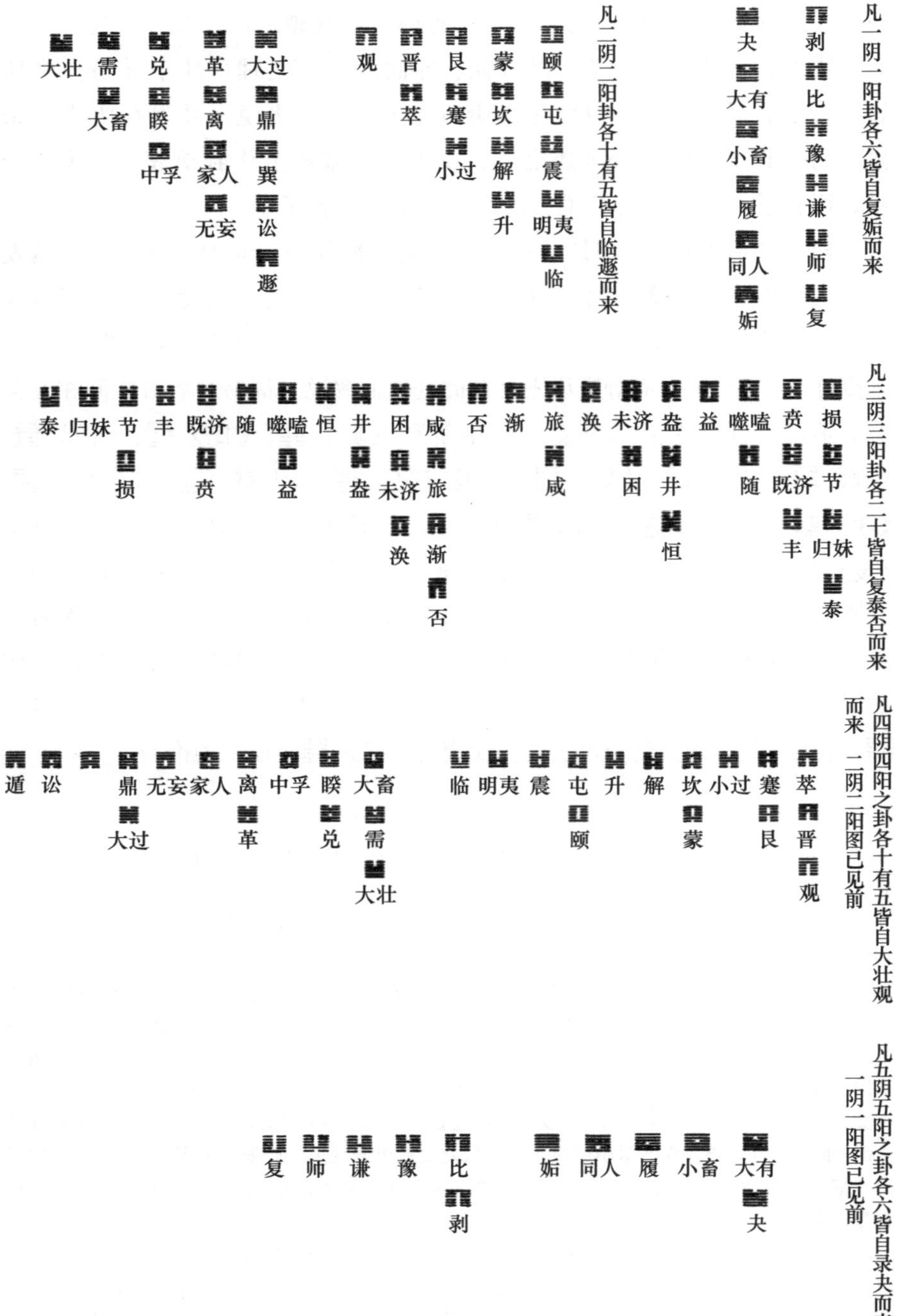

凡一阴一阳卦各六皆自复姤而来

☷☷☷☷☷☷ 剥
☷☷☷☷☷☷ 比
☷☷☷☷☷☷ 豫
☷☷☷☷☷☷ 谦
☷☷☷☷☷☷ 师
☷☷☷☷☷☷ 复

☰☰☰☰☰☰ 夬
☰☰☰☰☰☰ 大有
☰☰☰☰☰☰ 小畜
☰☰☰☰☰☰ 履
☰☰☰☰☰☰ 同人
☰☰☰☰☰☰ 姤

凡二阴二阳卦各十有五皆自临遯而来

观 晋 萃 艮 蹇 蒙 颐 屯 震 鼎 巽 讼 大过 革 离 家人 兑 睽 中孚 需 大畜 大壮 无妄 遯 明夷 升 解 坎 小过

凡三阴三阳卦各二十皆自复泰否而来

损 节 归妹 泰
贲 既济 丰
随 噬嗑
益 井 恒
噬嗑 随
既济 贲
丰 归妹
节 损
涣 未济 困 咸
旅 渐
否
渐 旅
咸 困
未济 涣
益 盅
恒 井
噬嗑 随
既济 贲
丰 归妹
节 损

凡四阴四阳之卦各十有五皆自大壮观而来 二阴二阳图已见前

萃 晋 观
蹇 艮
小过 蒙
坎
解
升
震 屯 颐
临 明夷
遯 讼
鼎 无妄 家人
离 革
中孚 睽
大畜 需 兑
大过 大壮

凡五阴五阳之卦各六皆自录夬而来 一阴一阳图已见前

复 师 谦 豫 比 剥
姤 同人 履 小畜 大有 夬

图 5-8 《周易本义》卷首所载《卦变图》

第五章 朱熹"《易》教"思想之工夫 / 113

朱熹建构《卦变图》的顺序是以《乾》《坤》为父母，剩余六十二卦依照卦内有一阴一阳、二阴二阳、三阴三阳、四阴四阳、五阴五阳分而排列，排列顺序以下卦（六十四卦每卦上三爻组成上卦，下三爻组成下卦）分别为《伏羲八卦次序》的《乾》一、《兑》二、《离》三、《震》四、《巽》五、《坎》六、《艮》七、《坤》八，以顺排或逆排的顺序进行排列组合。这种排列体现了后天学为用，先天学为体的思想。

朱熹在《周易本义》中对《卦变图》随卦进行了简要说明，并在《周易本义》中对《象传·上》中所出现的十九个卦从何卦变来进行了注解。现举一例以说明：

《周易》卦爻辞：☲坎下乾上讼。有孚窒，惕中吉。终凶。利见大人，不利涉大川。

《象传·上》：讼，上刚下险，险而健，（朱熹诠释道"此以卦德释卦名义"）讼。讼有孚窒，惕中吉，刚来而得中也。终凶，讼不可成也。利见大人，尚中正也。不利涉大川，入于渊也。（朱熹解释道"以卦变、卦体、卦象释卦辞"。）

在《周易本义》《讼》的疏中，他进而诠释道：

讼，争辨也。上乾下坎，乾刚坎险，上刚以制其下，下险以伺其上，又为内险而外健，又为己险而彼健，皆讼之道也。九二中实，上无应与，又为加忧。且于卦变，自遯而来，为刚来居二，而当下卦之中，有有孚而见窒，能惧而得中之象。上九过刚，居讼之极，有终极其讼之象。九五刚健中正以居尊位，有大人之象。以刚乘险，以实履陷，有不利涉大川之象。故戒占者必有争辨之事，而随其所处为吉凶也。①

通过朱熹对《讼》卦象辞的诠释可见，他从《易》之卜筮本义入手，通过象数和卜筮之卦爻辞相结合来解释义理，而非直接言义理，这是朱熹解《易》的特色。另外，其中说到卦变，认为《讼》是由《遯》卦变而来，为《遯》的九三爻来到六二爻与其互换爻位变为《讼》，是阳爻因讼

---

① （宋）朱熹：《朱子全书》第1册《周易本义》，上海古籍出版社、安徽教育出版社2010年版，第37页。

有惧而来到下卦中位的原因。(从卦气说阴阳往来的角度来讲,阳爻之气自下而上称为"往",自上而下称为"来"。阴爻反之。)

综上,朱熹继承并发展了邵雍所建构的先天易与后天易,将《易》分为伏羲易、文王易和孔子易的三分易观,从而构建起从"易为卜筮作"的《易》之本义出发,将卜筮、象数和义理融合为一,形成了独具特色的《易》诠释方法,并为后续"《易》教"思想的诠释提供了坚实基础。

(2) 占筮法

朱熹《易学启蒙》中除《考变占第四》讨论与卜筮相关的内容之外,还单独开辟了一章探讨占筮,即《明蓍策第三》一章。他是想通过介绍"古之筮法"来说明筮法为先后天易之发用,即他所说"象数乃作易根本,卜筮乃其用处之实"①。并由此借助卜筮一窥古人《易》之本义。除此二章以外,他还撰文《蓍卦考误》《周易五赞·明筮》《蓍仪》等篇对其占筮思想进行补充说明。

古时无文字的筮法(如《连山》《归藏》)已不可考,而有文字记录的是《系辞上》记载的"大衍之数"章对揲蓍之法的记录,虽不甚详,但"可以略见仿佛。而以今推之,亦无不可通处。学者既不得见当时旧法,则亦且当守此,不当妄以私意横起计度也"②。

《系辞上》"大衍之数"一章原文如下:

> 大衍之数五十,其用四十有九。分而为二以象两,挂一以象三,揲之以四以象四时,归奇于扐以象闰,五岁再闰,故再扐而后挂。天一地二,天三地四,天五地六,天七地八,天九地十。天数五,地数五,五位相得而各有合。天数二十有五,地数三十,凡天地之数五十有五。此所以成变化而行鬼神也。

朱熹在参考前人对此章注解的基础上,在《明蓍策第三》一章对上

---

① (宋)朱熹:《朱子全书》第22册《晦庵先生朱文公文集·答虞士朋》卷45,上海古籍出版社、安徽教育出版社2010年版,第2060页。
② (宋)朱熹:《朱子全书》第23册《晦庵先生朱文公文集·答曾无疑》卷60,上海古籍出版社、安徽教育出版社2010年版,第2890—2891页。

文进行了详细诠释，具体可见张克宾《朱熹易学思想研究》第五章第二节"占筮之术"，在此不作展开。

朱熹撰写此章主要是为证明卜筮为圣人作《易》之本初功能，通过卜筮所占之卦的主爻爻辞来了解所占之事的吉凶悔吝，用以启发和引导民众决定行止，趋吉避凶。既然《易》为卜筮之书，故读《易》需明了大衍筮法，正如他所说，"如读《易》，不曾理会揲法，则说《易》亦是悬空"。① 不从占筮的《易》之本来目的出发，对象数辞的理解都无从着落，悬在空中。当然，从春秋以来，占卦其实并没有什么固定的规矩可循。这或许也是汉唐易学家们对"大衍筮法"语焉不详的原因。

综上，以上两篇主要是为了证明《易》本卜筮之书。而朱熹之所以这样做，不只是为了纠正当时弃卜筮而言义理的偏差，更不是如汉代象数易一样"止于卜筮"，而是因为只有将《易》放在卜筮的视域之下，人们才能在象数辞的诠释中理会得万物之理或圣人之意，这是朱熹"《易》本卜筮之书"的真正目的。正如林忠军所言："朱熹一方面承认了《周易》起源于卜筮，是卜筮之书，尊重历史，反对王弼、程颐等人割断历史、无视文本卜筮及卜筮视域下形成的象数。另一方面，不固守历史，而是着眼于易学文本的意义发展与开放，以历史形成的象数为工具，取王弼、程颐等人易学解释之长，以解释'圣人之道'为目标。"②

（三）先天易与后天易中的"《易》教"思想

相比"图书"，先天易和后天易中的"《易》教"思想的表达则更为细致。《易学启蒙》四篇以及《周易本义》篇首四图对朱熹"《易》教"思想体系而言，主要是落实了"太极即理""心与理一"的本体论思想、"心只是动静感应"的心性论思想以及卜筮视域下对"《易》教"内容的诠释路数（此部分将在下一节《周易本义》中的"《易》教"思想中结合文本做详细阐述，此处略），为朱熹"《易》教"思想体系搭建了坚实的本体论和心性论基础。

---

① （宋）朱熹：《朱子全书》第16册《朱子语类》卷66，上海古籍出版社、安徽教育出版社2010年版，第2197页。

② 林忠军：《论朱子对〈周易〉卜筮性的重新确立及其解释学意义》，《学术月刊》2020年第9期。

1. 太极即理、心与理一

通过先天图所展示的"太极阴阳"主宰下的宇宙大化流行，朱熹将"太极"继而引申为"理"，将"图书"中的天地自然之理与之相结合，形成了以"太极即理"为宇宙本体论，以"心与理一"为人性本体论的"《易》教"理论。他的"太极即理"思想首先从批判性地继承和发展邵雍的"先天图，心法也"的观点出发。

"'先天图，心法也，图皆自中起，万化万事生乎心。'何也？"曰："其中白处者，太极也。三十二阴、三十二阳者，两仪也。十六阴、十六阳，四象也。八阴、八阳，八卦也。"问："'图虽无文，终日言之不离乎是。'何也？"曰："一日有一日之运，一月有一月之运，一岁有一岁之运。大而天地之终始，小而人物之生死，远而古今之世变，皆不外乎此，只是一个盈虚消息之理。"①

弟子问邵雍在《皇极经世》中所提"先天图，心法也，图皆自中起，万化万事生乎心"以及"图虽无文，终日言之不离乎是"两句何意。朱熹解释道，所谓"心法"，指的是先天图圆图中间之白地，即图的中心，就义理说就是太极。"八卦、六十四卦由太极、两仪、四象节节生出。太极居中虚之地，无所对待，而卦爻阴阳则互为对待，左右均衡。"② 换言之，太极为两仪、四象、八卦、六十四卦乃至宇宙万事万物之本原。图虽无文字，但天地万物之理蕴含着年月日的岁月周流变化，寓示着天地万物、古今终始之象，只因其中有盈虚消息之理。

所谓"盈虚消息之理"即是朱熹所谓的太极，而非邵雍所谓的圣人"心法"。邵雍所谓的"心法"，指心所具有的形成先天图的法则，如一分为二，二分为四等。按此法则而形成的图示，先天图及其变化的法皆出于心之法则，即将象数学的法则归之于心的产物。邵雍认为"先天之学心也，后天之学迹也"（《观物外篇》）。即先天之学是由圣人之心所发，后天之学是圣人之心在现实世界中的发用。他无疑是将人心作为宇宙之本原，而朱熹则将先天学之"心法"落实到"理"上，即所谓"太极只是

---

① （宋）朱熹：《朱子全书》第16册《朱子语类》卷65，上海古籍出版社、安徽教育出版社2010年版，第2173页。

② 张克宾：《论朱熹先天象数学与理气论之融通》，《哲学动态》2017年第8期。

一个'理'字"①。

　　至于朱熹的"心与理一"思想，则是建立在将"天地之理""天地之心""圣人之心"的关联比较之上。对于"'天地之心'与'天地之理'，是否心为主宰"的问题，朱熹则强调："心固是主宰底意，然所谓主宰者，即是理也，不是心外别有个理，理外别有个心。"他的学生道夫亦言："近思之，切谓天地无心，仁便是天地之心。若使其有心，必有思虑，有营为。天地何尝有思虑来。然其所以'四时行，百物生'者，盖以其合当如此便如此，不待思惟，此所以为天地之道。"②

　　对于程氏所说的"天地无心而化成，圣人有心而无为"的理解，朱熹认为："这是说天地无心处。且如'四时行，百物生'，天地何所容心？至于圣人，则顺理而已，复何为哉？所以明道云：'天地之常，以其心普万物而无心；圣人之常，以其情顺万事而无情。'说得最好。"③

　　以上两段是在"太极即理"的架构下，将"天地之理""天地之心"以及"圣人之心"之间的关系进行讨论。朱熹认为，"心"既不主宰"理"，"理"也不主宰"心"，"天地之理"即"天地之心"，而"仁"便是"天地之心"。天地无思无为而化生万物，这"便是其合当如此便如此"，即"天地之道"。他解释程颐"天地无心而化成，圣人有心而无为"的观点时认为，天地本无心而圣人有心，只是顺应天地之理而已，即明道所言"以其情顺万事而无情"，强调顺应天道即是所谓"圣人有心"。此两段批判了邵雍将"太极"理解为"圣人之心法"的观点，从"太极即理"出发，将"天地之心"理解为"天地之理"，并将"圣人之心"理解为"顺道而行"，体现了"太极即理""心与理一"的宇宙本体论和道德本体论思想。

　　2. 心只是个动静感应

　　朱熹在解决了宇宙本体论和道德本体论问题之后，继而借助对"太

---

　　① （宋）朱熹：《朱子全书》第14册《朱子语类》卷1，上海古籍出版社、安徽教育出版社2010年版，第114页。
　　② （宋）朱熹：《朱子全书》第14册《朱子语类》卷1，上海古籍出版社、安徽教育出版社2010年版，第117页。
　　③ （宋）朱熹：《朱子全书》第14册《朱子语类》卷1，上海古籍出版社、安徽教育出版社2010年版，第117页。

极阴阳"关系的阐发，将"阴阳交易"的理论推及心性论"心只是个动静感应"之理，在此基础上探讨了心、性、情之间的关系。

首先，关于心的动静感应之理，他是在与学生探讨"体"的含义时引申出来的。他的弟子辅广问："昨日先生说：'程子谓"其体则谓之易"，体犹形体也，乃形而下者，《易》中只说个动静交易而已。'然先生又尝曰：'在人言之，则其体谓之心。'又是如何？"曰："心只是个动静感应而已，所谓'寂然不动，感而遂通'者是也。看那几个字便见得。"因言："易是互相博易之义，观《先天图》便可见。东边一画阴，便对西边一画阳，盖东一边本皆是阳，西一边本皆是阴，东边阴画皆是自西边来，西边阳画皆是自东边来。姤在西，是东边五画阳过；复在东，是西边五画阴过，互相博易而成。《易》之变虽多般，然此是第一变。"①

学生对朱熹将程颐"其体则谓之易"一句中的"体"解读为"形体"，是"形而下者"，而在此前又将"体"解读为"心"深感不解。为了更好地理解上段之意，我们不妨先看朱熹及其弟子对程颐"其体则谓之易"的其他讨论再下定论。

> 问："'上天之载，无声无臭，其体则谓之易'，如何看'体'字？"曰："体，是体质之体，犹言骨子也。易者，阴阳错综，交换代易之谓，如寒暑昼夜，阖辟往来。天地之间，阴阳交错，而实理流行，盖与道为体也。寒暑昼夜，阖辟往来，而实理于是流行其间，非此则实理无所顿放。犹君臣父子夫妇长幼朋友，有此五者，而实理寓焉。故曰'其体则谓之易'，言易为此理之体质也。"②

此段是程子之书中关于"上天之载，无声无臭，其体则为之易"中"体"之义。朱熹认为，所谓"体"就是"体质"，是"骨子"，即所谓本体，故其与"道为体"，即与"道"是一体。并举天地之时间与空间的

---

① （宋）朱熹：《朱子全书》第16册《朱子语类》卷65，上海古籍出版社、安徽教育出版社2010年版，第2171页。

② （宋）朱熹：《朱子全书》第17册《朱子语类》卷65，上海古籍出版社、安徽教育出版社2010年版，第3186—3187页。

变化规律以及人的社会中关于五伦之常理,皆实理寓于其中,是易的体现。

朱熹又云:"'其体则谓之易',在人则心也;'其理则谓之道',在人则性也;'其用则谓之神',在人则情也。所谓易者,变化错综,如阴阳昼夜,雷风水火,反复流转,纵横经纬而不已也。"①

朱熹在这里借用"易""道""神"阐明人之"心""性""情"之间的关系,总结来说即是在人,则"易"为"心","理"为"性","神"为"情"。何谓"易""道""神",朱人杰言:"阴阳阖辟,屈伸往来,则谓之易;皆是自然,皆有定理,则谓之道;造化功用,不可测度,则谓之神"②,可谓一语中的。换言之,易是阴阳交易(博易)之形上之理,而道是定理,是体,神是造化功用,是用,故易统道之体及神之用,于人则是"心统性情"。正如朱熹自己所言:"'易'之为义,乃指流行变易之体而言。此体生生,元无间断,但其间一动一静相为始终耳。程子曰:'上天之载,无声无臭,其体则谓之易,其理则谓之道,其用则谓之神。'正谓此也。此体在人,则心是已。其理则所谓性,其用则所谓情,其动静则所谓未发已发之时也。此其为天人之分虽殊,然静而此理已具,动而此用实行,则其为易一也。若其所具之理、所行之用合而言之,则是易之有太极者。"③ 朱熹正是借助易之体统辖道体和神用,并将之下贯到心性论的范畴,认为心为易,包性及情,即体与用二合为一,性不离情,情不离性,但二者又不混为一谈。

最后回到前面朱熹对弟子辅广所提问题的回答,其核心意思即是:易是动静交易,太极阴而静(寂然不动),阳而动(感而遂通),阴阳互为对待,彼中有我,我中有彼,皆是形而上之太极气化为形而下之阴阳二气的表现,正如太极圆图(《伏羲六十四卦方位》)所表现的一样,相对之卦是由阴阳相待博易而来(例如相对的下一阳上五阴的《复》与下一阴

---

① (宋)朱熹:《朱子全书》第17册《朱子语类》卷65,上海古籍出版社、安徽教育出版社2010年版,第3187页。
② (宋)朱熹:《朱子全书》第17册《朱子语类》卷65,上海古籍出版社、安徽教育出版社2010年版,第3187—3188页。
③ (宋)朱熹:《朱子全书》第22册《晦庵先生朱文公文集》卷45,上海古籍出版社、安徽教育出版社2010年版,第2070—2071页。

上五阳的《姤》,是乾坤父母卦初爻相互交换而成)。正如人之心,静时为性,动时为情,也是"寂然不动,感而遂通"之理即易在人上的体现。

第二节 《周易本义》文本中体现的"《易》教"思想

如前文所言,朱熹不满汉代易学研究重(象数)卜筮轻义理的偏弊,亦认为王弼以来以义理释《易》轻视甚至扫落象数,否定《易》本卜筮之书的历史事实的倾向亦不可取。本着尊重历史的态度,朱熹将易学发展分为三圣《易》:伏羲易、文王易和孔子易。在此之上朱熹从卜筮的视域出发,融合象数与义理,遂成《周易本义》一书。其中,不仅蕴含着独树一帜的释《易》方法,还将《易》经、传及自己对经传中所蕴含的"《易》教"思想融会于一。

一 《周易本义》其书及注《易》原则方法

（一）《周易本义》其书

《周易本义》,简称《易本义》,除卷首《易图》外,文字部分共十二卷,由两部分构成:一是对周易上下经经文的注疏,包括《周易上经第一》和《周易下经第二》两卷,另外是对《易传》的注疏(《周易序卦传第九》无注疏,只单独陈列于书后,并在文后补充校勘记三则,其他《易传》如《彖》《象》《序卦》《杂卦》等基本不做注解),包括:《周易彖上传第一》《周易彖下传第二》《周易象上传第三》《周易象下传第四》《周易系辞上传第五》《周易系辞下传第六》《周易文言传第七》《周易说卦传第八》《周易序卦传第九》《周易杂卦传第十》共十章。书后单列《周易五赞》和《筮仪》专论篇,不在章之列。[①]

淳熙四年（1177）《周易本义》初稿成,但朱熹对初稿并不满意。之后《易学启蒙》撰成,朱熹又根据《易学启蒙》对《本义》做了修改补充,至淳熙十五年（1188）基本完成,此后多年朱熹一直对其进行修订,

---

① 《周易本义》刊本诸多,此刊本是根据朱子全书的刊本为准,与四库全书《原本周易本义》(简称吴格四库本)一致。

直至去世前仍感不甚满意。他的弟子僩曾说:"先生于《诗传》,自以为无复遗恨,曰:'后世若有扬子云,必好之矣。'而意不甚满于《易本义》。盖先生之意,只欲作卜筮用,而为先儒说道理太多,终是翻这窠臼未尽,故不能不致遗恨云。"① 由此可见朱熹严谨的治学精神,同时也反映了《本义》最终版本仍无法完全体现其"只欲作卜筮用"的初衷,采用了《彖》《象》来解释卦爻辞的注《易》方法。

《周易本义》的经传篇次是采用吕祖谦所定《古周易》版本②,原因是对当时自王弼以来的义理学派经传相合表示不满,认为其非《易》之本来面目。为了恢复周易之本义,贯彻其三圣分观的易学精神,朱熹坚持经传相分的原则,采取了上下经在前、十传在后的编排策略,这与当时将《彖》《象》《文言》《序卦》分解列于经卦爻辞之后的排列方式(以王弼、程颐《易》注为代表)大为不同。

(二) 注《易》原则及方法

为恢复《易》之本义,朱熹将《易》经传置于卜筮的视域下,依据卦爻辞中出现的象辞和占辞进行解《易》,以发挥《易》人人可用、包罗万事的作用。注《易》尽量简略,以注不夺经之主为准,以依字训释卦爻辞文句本身意义为主。具体方法是一方面采纳了前人注《易》的训诂之义;另一方面参考了《彖》《象》中的释《易》义例,包括当位、失位、中位、得应、失应、乘、顺、卦德、卦变等,对卦本身及卦中各爻之间的关系进行解释。从对具体卦的注释顺序来看,则是先探讨卦之象数,追求伏羲先天之本,再探讨卦爻辞,一探文王后天易之迹,同时用《易传》之《彖传》和《象传》中的义例来返回卦爻辞对之进行扩展推说,以尽孔子易切用之功。本书曾在探讨《周易本义》(为方便起见,以下简

---

① (宋)朱熹:《朱子全书》第16册《朱子语类》卷67,上海古籍出版社、安徽教育出版社2010年版,第2222—2223页。

② 历代据传朱熹《易》注有两个版本,一是《易传》十一卷,一是《周易本义》十二卷。前者采用王弼本,后者采用吕祖谦之《古周易》。但经过多位古今学者考证,并不存在《易传》一书,该书当为朱熹被窃之《易》注草稿。而王弼本与吕祖谦本的主要区别则是前者将《彖》《象》《文言》分列于相应卦爻辞之后采用经传相合的排列方式,而后者则是采取经传相分的排列方式。朱熹在"变古"风潮的影响下,在前人所作经传相分、恢复《古周易》经传的努力下,同时也为了达成其注《易》的初衷即恢复《易》之本义,故对版本的编排方式进行了修改,改用吕氏本。

称《本义》)之"卦变说"时举过《讼》卦辞为例,现再拿出一卦之卦辞进行说明,并补《彖》《象》以说明之。

  《蒙》卦辞:☶坎下艮上,蒙。亨。匪我求童蒙,童蒙求我。初筮告,再三渎,渎则不告。利贞。
  《本义》:艮亦三画之名,一阳止于二阴之上,故其德为止,其象为山。蒙,昧也,物生之初,蒙昧未明也。其卦以坎遇艮,山下有险,蒙之地也,内险外止,蒙之意也,故其名为蒙。亨以下,占辞也。九二内卦之主,以刚居中,能发人之蒙者,而与六五阴阳相应,故遇此卦者有亨道也。我,二也。童蒙,幼稚而蒙昧,谓五也。筮者明,则人当求我,而其亨在人。筮者暗,则我当求人,而亨在我。人求我者,当视其可否而应之。我求人者,当致其精一而扣之。而明者之养蒙,与蒙者之自养,又皆利于以正也。
  《彖传》:蒙,山下有险,险而止,蒙。(《本义》:以卦象、卦德释卦名,有两义。)蒙亨,以亨行,时中也。匪我求童蒙,童蒙求我,志应也。初筮告,以刚中也。再三渎,渎则不告,渎蒙也。蒙以养正,圣功也。(《本义》:以卦体释卦辞也。九二以可亨之道,发人之蒙,而又得其时之中,谓如下文所指之事,皆以亨行而当其可也。"志应"者,二刚明,五柔暗,故二不求五而五求二,其志自相应也。"以刚中"者,以刚而中,故能告而有节也。"渎",筮者二三,则问者固渎,而告者亦渎矣。"蒙以养正",乃作圣之功,所以释"利贞"之义也。)
  《象》:山下出泉,蒙。君子以果行育德。(《本义》:果,下孟反。六三《象》同。"泉",水之始出者,必行而有渐也。)

  《本义》对《蒙》卦辞的注释主要包括以下几部分:第一,释卦名;第二,释卦体;第三,释占辞。义例则采用了卦象、卦德、中位、得应说等。因朱熹注《易》兼取《彖》《象》,故我们结合这两部《易传》对此段进行分析。
  《本义》对卦辞"坎下艮上,蒙"的解释为"艮亦三画之名,一阳止于二阴之上,故其德为止,其象为山。蒙,昧也,物生之初,蒙昧未明也。其卦以坎遇艮,山下有险,蒙之地也,内险外止,蒙之意也,故其名为蒙"。先用卦体解释下卦艮为"一阳止于二阴之上",又用卦德解释为"其德为止",再用卦象解释"其象为山"。之后以训诂义解释卦名"蒙":"蒙,昧也,物生之初,蒙昧未明也";再用卦体释卦名:"其卦以坎遇艮,山下有险,蒙之地也,内险外止,蒙之意也,故其名为蒙。"其中"山下有险,险而止"采纳了《象》的卦象以及《彖》的卦象和卦德义。

《本义》接下来对占辞"亨。匪我求童蒙,童蒙求我。初筮告,再三渎,渎则不告。利贞"进行解释。他先将此部分内容界定为此卦之占辞,即"亨以下,占辞也"。他参考《彖》之辞"蒙亨,以亨行,时中也"和"刚中"的说法,采用中位和得应说解释"我"与"童蒙"所在爻位及关系,以得出卜筮为何为"亨通"之原因。"我"居九二为内卦之主,为刚居中,故"刚中",而"童蒙"居六五为外卦之中,为"柔中",与我之九二"阴阳相应"①,即《彖》所谓"志应",故遇此卦者有亨道也。朱熹继而从卜筮入手,进行了进一步的解释:"筮者明,则人当求我,而其亨在人。筮者暗,则我当求人,而亨在我。"所谓"明""暗",朱熹曾解释《周易杂卦》对《蒙》的释义"蒙杂而著"时注:"蒙,坎遇艮。坎幽昧,艮光明也。""暗"通"幽昧","明"通"光明",故可知"筮者明"指的是卜筮者处于上卦艮之主位,即"我";"筮者暗"指的是卜筮者处于下卦坎之主位,即"童蒙"。卜筮者如果是童蒙,则需要主动求之才能得亨;而卜筮者如果是"我",则需要主动求"静柔"之六五与我相应方得亨。但是否得亨也要注意时机。他在解释"初筮告,再三渎,渎则不告"一句时,依然分为卜筮者为"人求我者"和"我求人者"两种情况。对于"人求我者",我"当视其可否而应之"。所谓"视其可否"朱熹解释为:"盖视其来求我发蒙者,有初筮之诚则告之。再三烦渎则不告之也。"② 也就是如卜筮一样,看来求我者是否足够心诚。而对于

---

① 所谓"得应""失应"指的是一卦之上下卦之间初、二、三爻相互为应,即初爻对四爻,二爻对五爻,三爻对上爻。如恰好对应之爻一阴一阳则为"得应",如皆为阳爻或皆为阴爻则为"失应"。

② (宋)朱熹:《朱子全书》第16册《朱子语类》卷70,上海古籍出版社、安徽教育出版社2010年版,第2335页。

"我求人者",则"当致其精一而扣之"。朱熹对此解释道:"盖我而求人以发蒙,则当尽初筮之诚,而不可有再三之渎也。"① 朱熹认为,作为发蒙者,需要以首次卜筮之诚去发蒙蒙者,不能一而再再而三地去发蒙,否则便是亵渎,即所谓"初筮之诚",亦即《彖》所言之"刚中"。最后一句对"利贞"的解释则采用了《彖》之"蒙以养正",谓"明者之养蒙,与蒙者之自养,又皆利于以正也"。"养蒙"与"自养"皆需以"正"利之,此以"正"释"贞",是朱熹以占辞释"贞"。

在这里主要通过对《蒙》卦卦辞的诠释来看朱熹《本义》的注释原则和方法,对《蒙》的其他部分如爻辞、《易传》的相关解释则不作深究。通过以上对《蒙》卦辞的分析,我们可以一探朱熹注《易》的思路。总的来说,他从卜筮的角度出发,对《周易》文本进行简要而精当的疏解,尽量保持《周易》经本义之原貌。

对此,曾有人质疑,认为"《本义》太略"。他则用"烛笼"与"笼中之光"作比喻,说道:"譬之此烛笼,添得一条骨子则障了一路明,若能尽去其障,使之统体光明,岂不更好!盖着不得详说故也。"② 他认为注解是为了疏通经书文本之原意,过多的注解反倒遮蔽了《易》经"无所不包"的性质。他又言:"《易》不须说得深,只是轻轻地说过。"③ 他认为《易》只是一个"空底物事",卦爻辞只是表达理的工具,而不是就某一事上说,所以不能用力过多,弄巧成拙,故他在注《易》时则尽量简略,只略作推衍。他说:"某之《易》简略者,当时只是略搭记,见文义《伊川》及诸儒皆已说了,某只就语脉中略牵过这意思。"可见,这是他有意而为之。

二 《周易本义》之"《易》教"思想

在上一节我们已经讨论过,经过伏羲易、文王易和孔子易图示的表

---

① (宋)朱熹:《朱子全书》第16册《朱子语类》卷70,上海古籍出版社、安徽教育出版社2010年版,第2335页。

② (宋)朱熹:《朱子全书》第16册《朱子语类》卷67,上海古籍出版社、安徽教育出版社2010年版,第2222页。

③ (宋)朱熹:《朱子全书》第16册《朱子语类》卷67,上海古籍出版社、安徽教育出版社2010年版,第2230页。

达,关于"《易》教"的道德本体论、心性论已经通过太极阴阳得以基本落实。那么通过《周易》文本的诠释,朱熹又将如何更加深入地挖掘《易》文本之教,如何在前人思想理论的基础上,批判性地继承并发扬儒家"《易》教"思想并形成自身的"《易》教"思想体系?

从理一分殊的视角来看,朱熹试图通过对《周易》的诠释达到两个目的:其一,达到从"理一"到"万理"的认识过程,即格物致知,但这里的"物"和"知"还属于理的形而上的内容,属于其"《易》教"认识论的范畴,是为了完善其"《易》教"的本体论和心性论的构建,为儒家人伦道德寻找形而上的根据,即体用之体;其二,达到从心性论到工夫论的贯通,为儒家人伦道德的实施寻找突破的关口,即体用之用。鉴于内容之庞博,本章主要继上节之脉络,着重探讨《周易》文本中道德本体论与心性论的建构。至于工夫论,本书将专门在下章进行着重分析。

承接上节所言,朱熹注《易》时秉承"三圣分观"的态度,所以在《易》六十四卦经文的注解上,主要是从卜筮的视角出发,从而体现伏羲易与文王易之原貌,同时为更好地让学者了解《易》文之义,又适当吸取了孔子易《彖》《象》中的释《易》义例及释义。但在《易传》的诠释中,尊重孔子易对《周易》经文义的推说发展,所以针对同样的内容例如《乾》卦"元亨利贞"的解释,卦爻辞上的注释则与《易传》中的注释不同。

因此,我们需要了解的是:朱熹"《易》教"思想是他从卜筮出发,在对《周易》卦爻辞注解的基础上,结合《易传》内容的诠释,由此形成思想脉络之融合统一的大布局,这种整体性全局性的思考体现了朱熹建构"《易》教"思想的良苦用心。因朱熹经常采用《易》与"四书"互释的方式进行对彼此思想的阐发,故在《易》文本注释外,也会补充相应内容进行发散和勾连,从而更好地达到对其"《易》教"思想完整性的表达。

受文章篇幅所限,本部分根据各卦对朱熹"《易》教"思想建构的重要性,针对朱熹对《乾》《坤》父母卦以及《系辞》中对立德有重要作用的"三陈九卦",从道德本体论、心性论、工夫论方面进行深入阐述。

（一）乾坤之教

朱熹言："《易》中只是阴阳，乾坤是阴阳之纯粹者"①，可以说道出了《乾》《坤》的重要性。《乾》《坤》作为《周易》六十四卦之首两卦，象征着天地自然之道。作为八卦的父母卦，统摄其余六卦；在六十四卦中，也对其余六十二卦具有重要的意义和价值。《乾》《坤》之义不仅在二卦之卦爻辞中有所体现，《易传》中《彖》《象》《文言》等篇也都有所涉及甚至作专门探讨。就"《易》教"思想来说，《乾》《坤》在本体论、心性论与工夫论的连接方面发挥着作为枢纽的决定性作用。可以说，从《周易》六十四卦的关系而言，《乾》《坤》二卦是体，其余六十二卦是其发用。故本章需首先从这两卦的"《易》教"思想谈起。

1. 《乾》《坤》之性：健顺

《说卦》言："乾，健也。坤，顺也。"朱熹言："乾、坤只是卦名，乾只是个健，坤只是个顺，纯是阳所以健，纯是阴所以顺。至健者惟天，至顺者惟地，所以后来取象，乾便是天，坤便是地。"②朱熹认为，乾坤只是卦名，如果从理上说，乾只是健之理，坤只是顺之理。从象上来说乾是天，坤是地。

那《乾》《坤》代表什么？朱熹又说："《易》中只是阴阳，乾坤是阴阳之纯粹者。"③《乾》《坤》二卦是阴阳在《易》中最纯粹的表达，因此可以说，健是阳之性，顺是阴之性。八卦中剩余六卦以及六十四卦中剩余六十二卦的各爻都是阴阳的互动流转，故《乾》《坤》二卦对其余卦都起到统摄作用，而其健顺之性也统摄其他八卦或六十二卦之性。朱熹在解释《系辞》中圣人作八卦"以通神明之德，以类万物之情"一句时说道，此句"尽于八卦，而震、巽、坎、离、艮、兑又总于乾、坤。曰动，曰陷，曰止，皆健底意思；曰入，曰丽，曰悦，皆顺底意思。圣人下此八

---

① （宋）朱熹：《朱子全书》第16册《朱子语类》卷68，上海古籍出版社、安徽教育出版社2010年版，第2257页。

② （宋）朱熹：《朱子全书》第16册《朱子语类》卷68，上海古籍出版社、安徽教育出版社2010年版，第2256页。

③ （宋）朱熹：《朱子全书》第16册《朱子语类》卷68，上海古籍出版社、安徽教育出版社2010年版，第2257页。

字,极状得八卦性情尽"①。意思是说,八卦其余六卦被统摄于《乾》《坤》二卦之下,其性情震之动、坎之陷、艮之止都是健的意思;巽之入、离之丽、兑之悦都是顺的意思,其余六卦之性情也生发于《乾》《坤》二卦,这是发挥了《说卦》的"乾坤父母说"。

这里所说的"性情"来源于程氏《易传》。程颐曾言:"天者乾之形体,乾者天之性情。"②

> 符兄问"以性情言之谓之乾"。曰:"是他天一个性情如此。火之性情则是个热,水之性情则是个寒,天之性情则是一个健。健故不息,惟健乃能不息,其理是自然如此。使天有一时息,则地须落下去,人都坠死。缘他运转周流无一时息,故局得这地在中间。今只于地信得他是断然不息。"③

朱熹又言:"此是以乾之刚健取义,健而不息便是天之性情。此性如人之气质。健之体便是天之性,健之用便是天之情。静也专便是性,动也直便是情。"④可见,朱熹将性情看作健和顺的体和用。在健而言,静也专是性,是体,动也直是情,是用。又言"乾坤是性情,天地是皮壳,其实只是一个道理。阴阳自一气言之,只是一个物。若做两个物看,则如日月,如男女,又是两个物事"。因此,从理上而言,健顺是性;从气上说,健顺是情,可以生发并体现于天地万物。所谓"物物有乾坤之象,虽至微至隐纤毫之物,亦无有无者。子细推之皆可见"⑤。在诠释《大学》时,他也将健顺与五常之性相关联。他说:"健是秉得那阳之气,顺是秉得那阴之气,五常是秉得五行之理。人物皆秉得健顺五常之性。且如狗

---

① (宋)朱熹:《朱子全书》第16册《朱子语类》卷68,上海古籍出版社、安徽教育出版社2010年版,第2582—2583页。
② (宋)程颢、程颐:《二程集》第1册《周易程氏传》卷1,中华书局2004年版,第695页。
③ (宋)朱熹:《朱子全书》第16册《朱子语类》卷68,上海古籍出版社、安徽教育出版社2010年版,第2261页。
④ (宋)朱熹:《朱子全书》第16册《朱子语类》卷68,上海古籍出版社、安徽教育出版社2010年版,第2261页。
⑤ (宋)朱熹:《朱子全书》第16册《朱子语类》卷68,上海古籍出版社、安徽教育出版社2010年版,第2257页。

子，会咬人底，便是秉得那健底性；不咬人底，是秉得那顺底性。又如草木，直底硬底，是秉得刚底；软底弱底，是秉得那顺底。"① 从五常而言，他认为"仁礼属阳，义智属阴"，从而将人之五常、孟子之"四端"与健顺相贯通。从理上而言，人皆有仁义礼智；从气上而言，仁表现为"恻隐之心"，义表现为"羞恶之心"，礼表现为"辞让之心"，智表现为"是非之心"。朱熹于是将健顺引入心性论的范畴。

2.《乾》《坤》之德：元亨利贞

在《乾》《坤》健顺之性的基础之上，朱熹又申发了《乾》《坤》之德"元亨利贞"，借此将人之心性论具体发展开来。

《乾》卦辞为"元亨利贞"，《坤》卦辞为"元亨，利牝马之贞"。

针对"元亨利贞"，朱熹是这样在《本义》中解释《乾》卦辞的：

> 元亨，利贞，文王所系之辞，以断一卦之吉凶，所谓《彖辞》者也。元，大也。亨，通也。利，宜也。贞，正而固也。文王以为乾道大通而至正，故于筮得此卦而六爻皆不变者，言其占当得大通，而必利在正固，然后可以保其终也。此圣人所以作《易》，教人卜筮而可以开务成物之精意。②

朱熹认为"元亨，利贞"为占辞，故应从占筮角度解释为：如占得"大通，而必利在正固"，强调占辞与"正固"之间的联系。但在《易传》"四德"论的影响下，朱熹又结合程颐的"仁包四德"将之作了引申。

程颐《易传》这样注《乾》之卦辞："元亨利贞谓之四德。元者万物之始，亨者万物之长，利者万物之遂，贞者万物之成。"又解释《乾》彖辞"大哉乾元"句曰："四德之元，犹五常之仁，偏言则一事，专言则包四者。"

---

① （宋）朱熹：《朱子全书》第14册《朱子语类》卷17，上海古籍出版社、安徽教育出版社2010年版，第575页。
② （宋）朱熹：《朱子全书》第1册《周易本义》，上海古籍出版社、安徽教育出版社2010年版，第30页。

朱熹首先将《彖辞》"元亨利贞"解释为天德：

> 盖常统而论之，元者物之始生，亨者物之畅茂，利则向于实也，贞则实之成也。实之既成，则其根蒂脱落，可复种而生矣。此四德之所以循环而无端也。然而四者之间，生气流行，初无间断，此元之所以包四德而统天也。①

认为从天地万物而言，元包四德。元可让万物生，亨可让万物繁茂，利可促成万物向成熟的进展，贞则使万物结为果实。当果实结成之后，种子又可生发下一轮生命的循环，故元在其中起到包四德而统天的作用。

在人之德上则对应仁义礼智：

> 以天道言之为元亨利贞，以四时言之为春夏秋冬，以人道言之为仁义礼智，以气候言之为温凉燥湿，以四方言之为东西南北。②

在仁与四德的关系上，朱子说："四德之元，犹五常之仁，偏言则一事，专言则包四。"③

他又言：

> "'仁'字须兼义礼智看，方看得出。仁者，仁之本体；礼者，仁之节文；义者，仁之断制；知者，仁之分别。犹春夏秋冬虽不同，而同出于春：春则生意之生也，夏则生意之长也，秋则生意之成，冬则生意之藏也。自四而两，两而一，则统之有宗，会之有元，故曰：'五行一阴阳，阴阳一太极。'"又曰："仁为四端之首，而智则能成始而成终；犹元为四德之长，然元不生于元而生于贞。盖天地之化，

---

① （宋）朱熹：《朱子全书》第1册《周易本义》，上海古籍出版社、安徽教育出版社2010年版，第90—91页。

② （宋）朱熹：《朱子全书》第16册《朱子语类》卷68，上海古籍出版社、安徽教育出版社2010年版，第2264页。

③ （宋）朱熹：《朱子全书》第16册《朱子语类》卷68，上海古籍出版社、安徽教育出版社2010年版，第2264页。

不翕聚则不能发散也。仁智交际之间，乃万化之机轴。此理循环不穷，吻合无间，故不贞则无以为元也。"①

陈来总结，在朱熹的"仁包四德"中，仁有两种，一种是贯通总体流行的仁，即朱熹所谓"自然底"，一种是与义礼智并立的仁，即朱熹所谓"作为底"。前者亦可理解为理一的仁，后者可理解为分殊的仁；前者是二程所说专言之仁，后者是二程所说偏言之仁。② 由此，仁便为理，成为形而上之道德本体，而仁作为理一分殊的理又和气之仁义礼智两相看待，各自发挥统摄与流行、体与用的功能。

从理气论上，从元亨利贞又可生发出仁义礼智的体与用。朱子说：

> 元亨利贞，性也；生长收藏，情也；以元生，以亨长，以利收，以贞藏者，心也。仁义礼智，性也；恻隐、羞恶、辞让、是非，情也；以仁爱，以义恶，以礼让，以智知者，心也。性者，心之理也；情者，心之用也；心者，性情之主也。程子曰："其体则谓之易，其理则谓之道，其用则谓之神。"正谓此也。又曰："言天之自然谓之天道，言天之付与万物者谓之天命。"又曰："天地以生物为心。"亦谓此也。③

朱熹通过心之性情的体用关系生发出仁义礼智之发用，即由天地之心生发元亨利贞之性与生长收藏之情，以圣人之心生发仁义礼智之性与恻隐、羞恶、辞让、是非之情，以心统性情说与仁包四德说通过易、道、神的结构相互关联，在太极阴阳大化流行中形成天道与性命的贯通，由此完成了"《易》教"本体论、心性论的总体关照。在此基础上，其他六十二卦则作为《乾》《坤》二卦的发用，在仁包四德的心性论总框架的统摄下，形成了仁之发用的不同体现，所谓理一分殊是也。

---

① （宋）朱熹：《朱子全书》第14册《朱子语类》卷6，上海古籍出版社、安徽教育出版社2010年版，第249—250页。
② 陈来：《仁统四德——论仁与现代价值的关系》，《江苏社会科学》2016年第4期。
③ （宋）朱熹：《朱子全书》第23册《晦庵朱文公文集》卷67，上海古籍出版社、安徽教育出版社2010年版，第3254页。

3. 《乾》《坤》工夫：进德修业，虚静持守

《象传》曰："天行健，君子以自强不息。""地势坤，君子以厚德载物。"《本义》释《乾》："天，乾卦之象也。凡重卦皆取重义，此独不然者，天一而已。但言天行，则见其一日一周，而明日又一周，若重复之象，非至健不能也。君子法之，不以人欲害其天德之刚，则自强而不息矣。"① 《本义》释《坤》："地，坤之象，亦一而已，故不言重，而言其势之顺，则见其高下相因之无穷，至顺极厚而无所不载也。"② 朱熹由天之象而言《乾》之健，由此引发出君子以天德之刚健来克人之贪欲；由地之象而言《坤》之顺，因地之高低无穷、深厚而无不能载。之后却未言君子如何法地，可见朱熹秉承儒家一贯的作风，更看重《乾》之健德。

那么是否是先有《乾》《坤》之理，然后人法于此而从之？朱熹认为不是人法天，"君子只是终日乾乾。天之行健不息，往往亦只如此。如言存个天理，不须问如何存他，只是去了人欲，天理自然存。如颜子问仁，夫子告以非礼勿视听言动，除却此四者，更有何物须是仁？"③ 在朱熹看来，健之天理存于人的本性之中，只要去除多余的人欲便可成仁。

学生问："乾九三，伊川云：'虽言圣人事，苟不设界，何以为教？'"朱熹回答道："《易》之为书，广大悉备，人皆可得而用，初无贤之别。"④ 他又引程颐的观点"君有君之用，臣有臣之用"来说明无论是圣人还是士庶，只要是占得此爻或遇此境况，都需要有兢惕之心。

朱熹认为，看《易》须看其"本指"，而不是只看"推说意"。他认为，读《易》需要先通得本指之后，再尽说去，尽有道理可言。所谓"本指"，意即是说"《易》本为卜筮而有象，因象而有占，占辞中便有道

---

① （宋）朱熹：《朱子全书》第1册《周易本义》，上海古籍出版社、安徽教育出版社2010年版，第105页。
② （宋）朱熹：《朱子全书》第1册《周易本义》，上海古籍出版社、安徽教育出版社2010年版，第105页。
③ （宋）朱熹：《朱子全书》第16册《朱子语类》卷68，上海古籍出版社、安徽教育出版社2010年版，第2269页。
④ （宋）朱熹：《朱子全书》第16册《朱子语类》卷68，上海古籍出版社、安徽教育出版社2010年版，第2269页。

理。如筮得乾之初九，初阳在下，未可施用，其象为潜龙，其占曰'勿用'。凡遇乾而得此爻者，当观此象而玩其占，隐晦而勿用可也。它皆仿此。此《易》之本指也"①。只有通过象占了解卦爻之"本指"后，再去看《彖》《象》《文言》以及如程氏《易传》等对经传的发挥推说意才可。

因此，朱熹便从这个角度来解释二程将《乾》之九三和《坤》之六二作为"圣人之学"和"贤人之学"的说法。朱熹言：

"程子曰：'乾，圣人之分也，可欲之善属焉。坤，贤人之分也，有诸己之信属焉。'一个是自然，一个是做工夫积习而至。"又曰："……'可欲之谓善'，是说资禀好。可欲，是别人以为可欲。'有诸己之谓信'，是说学。"又曰："'直方大'，直方然后大。积习而至，然后能'不习无不利'。"②（按："又曰"是指朱熹说）

他认为，如从本质而言，乾九三和坤六二本无圣人贤人之分，其他人皆可适用，但从孔子作《文言》的推说意来看，确实有此区别。且看《文言》如何说：

《乾》九三曰："'君子终日乾乾，夕惕若，厉无咎。'何谓也？子曰：'君子进德修业。忠信所以进德也。修辞立其诚，所以居业也。知至至之，可与几也。知终终之，可与存义也。是故居上位而不骄，在下位而不忧，故乾乾因其时而惕，虽危而无咎矣。'"

《坤》六二曰："直其正也，方其义也，君子敬以直内，义以方外，敬义立而德不孤。'直、方、大，不习无不利'，则不疑其所行也。"

---

① （宋）朱熹：《朱子全书》第16册《朱子语类》卷68，上海古籍出版社、安徽教育出版社2010年版，第2271页。
② （宋）朱熹：《朱子全书》第16册《朱子语类》卷61，上海古籍出版社、安徽教育出版社2010年版，第1991页。

朱熹曰：

"乾九二（按：此处应为'三'），圣人之学，'可欲之善属焉'。可欲之善，是自然道理，未到修为，故曰圣人之学。坤六二，贤人之学，'有诸己之信属焉'。有诸己，便欲执持保守，依文按本做，故曰贤人之学。'忠信进德'，'修辞立诚'，乾道也。是流行发用，朴实头便做将去，是健之义。'敬以直内，义以方外'，坤道也。便只简静循守，是顺之义。大率乾是做，坤是守。乾如活龙相似，有猛烈底气象，故九五曰'飞龙在天'，《文言》说得活泼泼地。到坤便善了，六五只说'黄裳元吉'，《文言》终不过说'黄中通理，正位居体'而已。看《易》，记取'阴''阳'二字；看《乾》《坤》，记取'健''顺'二字，便不错了。"①

"圣人之学"属于"可欲之善"，而"贤人之学"属于"有诸己之信"，前者是自然而然流露的善，后者是经过不断的工夫积习方能达至的善；前者是人人可欲得到的善，后者是学来的善。"忠信进德"，"修辞立诚"是乾道在人身上的体现；"敬以直内，义以方外"，是坤道在人身上的体现。

《乾》九三告诉我们，君子要进德修业，而"德是就心上说，业是就事上说"②。"'忠信所以进德'，忠信，实也，然后知上来。吾心知得是非端的是如此，心便实，实便忠信。"③"'忠信所以进德'，实便光明，如诚意之润身。"④ "忠信进德，便是意诚处。至'如恶恶臭，如好好色'，然后有地可据，而无私累牵绊之患，其进德孰御！"⑤ 朱熹认为，

---

① （宋）朱熹：《朱子全书》第16册《朱子语类》卷61，上海古籍出版社、安徽教育出版社2010年版，第1991—1992页。
② （宋）朱熹：《朱子全书》第16册《朱子语类》卷69，上海古籍出版社、安徽教育出版社2010年版，第2293页。
③ （宋）朱熹：《朱子全书》第16册《朱子语类》卷69，上海古籍出版社、安徽教育出版社2010年版，第2293页。
④ （宋）朱熹：《朱子全书》第16册《朱子语类》卷69，上海古籍出版社、安徽教育出版社2010年版，第2293页。
⑤ （宋）朱熹：《朱子全书》第16册《朱子语类》卷69，上海古籍出版社、安徽教育出版社2010年版，第2293—2294页。

"忠信"即"诚","如恶恶臭、好好色",是人心之本然,无须刻意为之。"忠信"不是"主忠信""与朋友交而有信"的忠信,即针对他人的忠信,而是"实其为善"之意,是"德不期进而自进,犹饥之欲食,自是不可已"①,是对自己本心的遵从。本心中有忠信之根,在行为上才能"发生枝叶",譬如孝之德是在"自家心里",行动出来方能见到,这便是行。而"修辞立诚"是"逊以出之",是诚从言语上发出。虽然言语"没要紧,容易说出来",但是"若一一要实,这工夫自是大"②。所以,无论是说话还是做事,都须遵从对自己本心的"忠信"与"诚",只此方能成为圣人,这也是《乾》九三在工夫论上的发挥。

《坤》六二告诉我们,君子要"简静循守""静易持守"。朱熹曰:

> 乾卦连致知、格物、诚意、正心都说了,坤卦只是说持守。坤卦是个无头物事,只有后面一节,只是一个持守、柔顺、贞固而已,事事都不能为首,只是循规蹈矩,依而行之。乾父坤母,意思可见。乾如创业之君,坤如守成之君。乾如萧何,坤如曹参。所以"坤元恒,利牝马之贞",都是说个顺底道理。③

所谓"持守"就是"存心"。"心只是一个心,非是以一个心治一个心。所谓存,所谓收,只是唤醒。"④ 朱熹认为,"持守"就是"唤醒本心"。同时,"持守"也是决定人对社会有利抑或有害的关键。"才高,须着实用工,少间许多才都为我使,都济事。若不细心用工收敛,则其才愈高,而其为害愈大。"⑤ 从为学角度而言,"真知"和"力行"都不如

---

① (宋)朱熹:《朱子全书》第16册《朱子语类》卷69,上海古籍出版社、安徽教育出版社2010年版,第2293—2304页。

② (宋)朱熹:《朱子全书》第16册《朱子语类》卷69,上海古籍出版社、安徽教育出版社2010年版,第2294页。

③ (宋)朱熹:《朱子全书》第16册《朱子语类》卷69,上海古籍出版社、安徽教育出版社2010年版,第2298—2299页。

④ (宋)朱熹:《朱子全书》第14册《朱子语类》卷12,上海古籍出版社、安徽教育出版社2010年版,第360页。

⑤ (宋)朱熹:《朱子全书》第14册《朱子语类》卷12,上海古籍出版社、安徽教育出版社2010年版,第361页。

"收拾此心"为要,只有这样心才有"顿放处"。"若收敛都在义理上安顿,无许多胡思乱想,则久久自于物欲上轻,于义理上重。须是教义理心重于物欲,如秤令有低昂,即见得义理自端的,自有欲罢不能之意,其于物欲,自无暇及之矣。苟操舍存亡之间无所主宰,纵说得,亦何益?"①收敛本心于义理,不过多关注物欲,也即是他自己所说的"去了人欲,天理自然存",从而成为贤人。在此基础上,又将健顺的工夫体现于他对仁之方的认识上,所谓"克己复礼,乾道也;主敬行恕,坤道也"②。故又与乾坤之元包四德论相呼应,从而提升了孔子以仁为本道德思想的理论高度。

综上,朱熹通过对《乾》《坤》健顺之性与元亨利贞四德在人性论上的发挥,进而将之推进到工夫论的层面,从致知到力行一以贯之,贯穿《周易》六十四卦之全体,也为其"《易》教"思想确定了大的纲目。

(二)"三陈九卦":忧患思想下的"《易》教"

《乾》九三之"君子乾乾"是在"夕惕若"的意识下形成的,这种意识即是我们所说的忧患意识。孔子正是看到了文王周公在《乾》卦爻辞上的"深意",故于《系辞》中单列了《履》《谦》《复》《恒》《损》《益》《困》《井》《巽》九卦,并深明其中之德义,后人称此段为"三陈九卦",或称此九卦为"忧患九卦",可以说与乾坤之德一脉相承。现将原文列于下:

> 《易》之兴也,其于中古乎?作《易》者,其有忧患乎?是故《履》,德之基也;《谦》,德之柄也;《复》德之本也;《恒》,德之固也;《损》,德之修也;《益》,德之裕也;《困》,德之辨也;《井》,德之地也;《巽》德之制也。《履》,和而至;《谦》,尊而光;《复》,小而辨于物;《恒》,杂而不厌;《损》,先难而后易;《益》,长裕而不设;《困》,穷而通;《井》,居其所而迁;《巽》,称而隐。

---

① (宋)朱熹:《朱子全书》第14册《朱子语类》卷12,上海古籍出版社、安徽教育出版社2010年版,第361页。

② (宋)朱熹:《四书章句集注》,上海古籍出版社、安徽教育出版社2001年版,第156页。

《履》以和行，《谦》以制礼，《复》以自知，《恒》以一德，《损》以远害，《益》以兴利，《困》以寡怨，《井》以辨义，《巽》以行权。（《周易·系辞》）

据《系辞》所载，《周易》卦辞是文王被商纣囚禁于羑里时于忧患意识下而创，周公父子也依此作爻辞。《周易》虽为卜筮之书，但发展到周代，德占的思想开始凸显。及至春秋，德占的思想也变得极为普遍，这一点我们在第一章第三节"《易》教"之流变中已有所提及。孔子因发现其中有"古之遗言"，遂"晚而喜易"，对《周易》爱不释手、"读易韦编三绝"，作《易传》并将《周易》纳入儒家经典，开创了以"神道设教"和"观其德义"并举的儒家"《易》教"体系。当然，孔孟之"《易》教"还未曾上溯到形而上的理论层面，在前儒不断做出的理论突破下，及至宋代才将"《易》教"的道德本体论、心性论以及工夫论贯通，于朱熹则是达到了宋代"《易》教"思想之高峰。

《系辞》中对于以上九卦之德的陈述前后共三遍，故后人称之为"三陈九卦"，并对为何三陈以及三陈之间的关系进行了考察，存在诸多说法。有言"三陈九卦"有三层意涵，如《九家易》就认为三陈"先陈其德，中言其性，后叙其用"；还有言九卦之间有层次之分，如《重定费氏学》言："(《履》《谦》《复》）三者进德之大端也，《恒》《损》《益》三卦申言持身之道，《困》《井》《巽》三卦申言涉世之方"；也有言九卦之间的顺序有微言大义，如陆九渊认为从《履》到《巽》是不断进德的过程：

"履德之基"，谓以行为德之基也。基，始也。德，自行而进也。不行则德何由而积，有而不居为谦，谦者不盈也，盈则其德丧矣，常执不盈之心，则德乃日积，故曰"德之柄"。既能谦，然后能复，复者阳复，为复善之义……故曰"复善之本也"。知复则内外合矣，然而不常则其德不固，所谓虽得之必失之，故曰"恒德之固也"。君子之修德，必去其害德者，则德日进矣，固曰"损德之修也"。善日积则宽裕，故曰"益德之裕也"。不临患难难处之地，未足以见其德，故曰"困德之辨也"。井以养人利物为事，君子之德亦犹是也，故曰

"井德之地也"。夫然可以有为,有为者常顺时制宜,不顺时制宜者,一方一曲之士,非盛德之事也,顺时制宜,非随俗合污,如禹稷颜子是已,故曰"巽德之制也"。①

孔颖达认为:"六十四卦悉为修德防患之事,但于此九卦,最是修德之甚,故特以言焉,以防忧患之事。"②张载也言:"《系辞》独说九卦之德者,盖九卦为德,切于人事。"③当代学者也在综合前人之说的基础上提出了自己的看法。如郑万耕提出,"三陈九卦"之说是《易传》以孔子的易学观为指导,借鉴了《论》《孟》《左传》和《国语》中伦理道德观念及其言说方式之后提出的,借此将孔子"观其德义"的思想具体化,④故九卦并非随意挑出。

朱熹虽认为"三陈九卦"之"九"或是圣人偶然为之,可增加或减少抑或更换卦皆可,⑤但他后来也认为九卦"而有序焉",或许是受到陆九渊对九卦之序阐释的影响。⑥据记载,淳熙二年(1175)四月,吕祖谦拜访朱熹月余,合编成《近思录》之后,约陆氏兄弟与朱熹于鹅湖相见,史称"鹅湖之会"。会中,陆九渊谈及九卦之序,被其高弟邹斌(俊父)所记录:

> 朱吕二公话及九卦之序,先生因亹亹言之。大略谓:"《复》是本心复处,如何列在第三卦,而先之以《履》与《谦》?盖《履》之为卦,上天下泽,人生斯世,须先辨得俯仰乎天地而有此一身,以

---

① (清)李光地著,刘大钧注:《周易折中》,巴蜀书社1999年版,第606—607页。
② 刘玉建:《〈周易正义〉导读》,齐鲁书社2005年版,第420页。
③ (宋)张载:《张载集》,中华书局1978年版,第227页。
④ 郑万耕:《"三陈九卦"章考释》,《周易研究》2007年第3期。
⑤ 朱熹说:"圣人论处忧患,偶然说此九卦尔。天下道理只在圣人口头,开口便是道理,偶说此九卦,意思自足。若更添一卦也不妨,更不说一卦也不妨。"他还说:"三说九卦,是圣人因上面说忧患,故发明此一项道理,不必深泥。如'困,德之辨',若说蹇、屯亦可,盖偶然如此说。"(宋)朱熹:《朱子全书》第16册《朱子语类》卷76,上海古籍出版社、安徽教育出版社2010年版,第2593页。
⑥ 周广友:《〈易传〉"三陈九卦"的义理结构及其德性修养论》,《儒家典籍与思想研究》2019年第00期。

达于所履。其所履有得有失，又系于谦与不谦之分。谦则精神浑收聚于内，不谦则精神浑流散于外。惟能辨得吾一身所以在天地间举错动作之由，而敛藏其精神，使之在内而不在外，则此心斯可得而复矣。次之以常固，又次之以《损》《益》，又次之以《困》。盖本心既复，谨始克终，曾不少废，以得其常，而至于坚固。私欲日以消磨而为损，天理日以澄莹而为益，虽涉危陷险，所遭多至于困，而此心卓然不动。然后于道有得，左右逢其原，如凿井取泉，处处皆足。盖至于此则顺理而行，无纤毫透漏，如巽风之散，无往不入，虽密房奥室，有一缝一罅，即能入之矣。"二公大服。①

此段记录与本书上段记录陆九渊之语句观点大体一致，都强调九卦之间讲述的是成德的认知、持守以及效验的一体化过程。在朱熹看来，此九卦是圣人为了让世人明忧患之道，即为"反身修德以处忧患之事"而作，并按顺序进行了说明，九卦之德与《尚书》中所陈之"九德"也一致。②他遂将"三陈九卦"分为五层：以《履》《谦》为第一层，言成德以此二卦为必要条件。以《复》《恒》二卦为第二层，言须常久存养善端。《损》《益》二卦为第三层，言当修身、长善，属内圣工夫。《困》《井》二卦为第四层，言须经外在环境考验，守节不易。《巽》卦为第五层，言外王之工夫。易言之，朱熹认为九卦为一个内以修己成德，外以治国平天下的成德广业的系统架构。③

从朱熹的这一架构可见，《履》《谦》《复》《恒》《损》《益》强调成德，《困》《井》《巽》强调广业，正是朱熹所申乾坤之工夫。下文拟分别根据朱熹所分五个层次，从成德之教和广业之教两个方面对此九卦所

---

① （宋）陆九渊：《陆九渊集》，中华书局1980年版，第490—491页。
② 《尚书》之九德出于《尚书·皋陶谟》："皋陶曰：都！亦行有九德，亦言其人有德，乃言曰，载采采。禹曰何？皋陶曰：宽而栗，柔而立，愿而恭，乱而敬，扰而毅，直而温，简而廉，刚而塞，强而义。""载采采"，言所行某事乃其人九德之验。郑万耕根据孙星衍在其著作《尚书今古文注疏》中的解释，此九德包含德与行两个方面，"行谓宽、柔、愿、乱、扰、直、简、刚、强之行。九德谓栗、立、恭、敬、毅、温、廉、塞、义之德，所以扶掖九行"，从而认为九德属于道德意识，九行属于道德行为，九德用来扶持九行，行为德之最终目的与归宿，从而凸显了道德践履的地位。郑万耕：《"三陈九卦"章考释》，《周易研究》2007年第3期。
③ 陈启文：《成德广业之"三陈九卦"》，《周易研究》1999年第4期。

表达的"《易》教"思想分而述之。

1. 成德之教

朱熹《本义》对《系辞》"三陈九卦"段的诠释如下:

> 夏、商之末,《易》道中微,文王拘于羑里而系彖辞,《易》道复兴。履,礼也。上天下泽,定分不易,必谨乎此,然后其德有以为基而立也。谦者,自卑而尊人,又为礼者之所当执持而不可失者也。九卦皆反身修德以处忧患之事也,而有序焉。基所以立,柄所以持。复者,心不外而善端存。恒者,守不变而常且久。惩忿窒欲以修身,迁善改过以长善。困以自验其力,井以不变其所,然后能巽顺于理以制事变也。此如《书》之九德。礼非强世,然事皆至极。谦以自卑而卑且光。复阳微而不乱于群阴。恒处杂而常德不厌。损欲先难,习熟则易。益但充长而不造作。困身困而道亨。井不动而及物。巽称物之宜而潜隐不露。寡怨谓少所怨尤。辨义谓安而能虑。(此第七章,三陈九卦,以明处忧患之道。)①

从上段可见,第一句为释《系辞》首句"《易》之兴业,其于中古乎?作《易》者,其有忧患乎?"介绍了作《周易》卦辞的作者系文王以及作卦辞的原因"拘于羑里",故"中微"之易道得以"复兴"。下面分别对九卦德之体、德之内涵、德之用分而释之。

(1)《履》《谦》之教:成德之基柄

朱熹根据《系辞》所言,认为《履》《谦》二卦是修身的基础和必要条件,为九卦的第一层。

《系辞》云:"《履》,德之基也……《履》,和而至……《履》以和行。""德之基"是就《履》卦在成德过程中所发挥的作用而言,"和而至"是就德之性质而言,"以和行"是就德之功用而言。以下八卦《系辞》皆是按此结构展开。

为何《履》☰为基?《序卦》言:"物畜然后有礼,故受之以

---

① (宋)朱熹:《朱子全书》第1册《周易本义·周易系辞下传第六》,上海古籍出版社、安徽教育出版社2010年版,第142页。

《履》。"将"履"定义为"礼"。而为何"履"为"礼",据马王堆出土的帛书《易经》记载,其卦名为"礼",《说文》释"礼者,履也"。至于为何《履》与"礼"之义通,历代易学家都做过很多尝试。

根据当代学者考察,针对《彖辞》"履,柔履刚也"的诠释就分为两派,一是以爻言履,一是以象言履。① 所谓以爻言履,指的是从履卦爻象上出发,以六三阴爻作为一卦之主,用以决定一卦的主要意义(从王弼"一爻为主"说)。其余五爻皆为阳爻,"柔履刚"即为六三履九二。以象言履,指的是从"上天下泽"的卦象入手来解释卦义。"柔履刚"即是兑履乾。

程颐主张以象言履。《程氏易传》释《序卦》"物畜然后有礼,故受之以《履》"一句:

> 夫物之聚,则有大小之别,高下之等,美恶之分,是物畜然后有礼,《履》所以继《畜》也。履,礼也。礼,人之所履也。为卦,天上泽下。天而在上,泽而处下,上下之分,尊卑之义,理之当也,礼之本也,常履之道也,故为《履》。履,践也,藉也。履物为践,履于物为藉。以柔藉刚,故为履也。不曰刚履柔,而曰柔履刚者,刚乘柔,常理不足道。故《易》中唯言柔乘刚,不言刚乘柔也。言履藉于刚,乃见卑顺说应之义。②

程颐认为,礼是在物畜之后人们自然的需求,是人所践行的自然之道。天在上,泽在下,这种天地自然之道下贯于人类社会就是上下尊卑,这是礼的要求,也是礼的本质,是人需常常践行的道。以柔居于刚下,所以为履。《易》为何说柔居于刚下,而不说刚在柔上,是要说明柔的卑顺和悦与上刚而应的意思。

这句话有两层意思:一是程颐这里说"天上泽下"而不说"天下有泽"或"泽在天上",是要强调上下尊卑的社会等级制度,即杨万里所说

---

① 蔡杰、翟奎凤:《由易观礼——〈周易〉履卦大象辞诠释》,《国学论衡》2018 年第 00 期。
② (宋)程颐:《周易程氏传》,中华书局 2016 年版,第 45 页。

"天高地下，天尊地卑，泽又下之下、卑之卑者，此天地之间，粲然有象之礼也"① 之意。二是这里言"柔履刚"而不言"刚履柔"，以及结合《象辞》"说而应乎乾"而言"乃见卑顺说应之义"，是要说明下卦虽居于下，但表现出说（通"悦"）应之义，是上通下和的表现。

朱熹继承了程颐对此句的诠释理念，释"《履》，德之基"一句为："《履》，礼也。上天下泽，定分不易，必谨乎此，然后其德有以为基而立也。"这里的"定分不易"就是强调上下尊卑的社会等级制度。

他对《象传》"上天下泽，履，君子以辨上下，定民志"一句的解释是"程传备矣"，意思是他同意程颐《程氏易传》对此句的解释。那我们将《程氏易传》中对此句的解释列出，以代表程朱二人之义：

> 天在上，泽居下，上下之正理也。人之所履当如是，故取其象而为《履》。君子观《履》之象，以辨别上下之分，以定其民志。夫上下之分明，然后民志有定。民志定，然后可以言治。民志不定，天下不可得而治也。古之时，公卿大夫而下，位各称其德，终身居之，得其分也。位未称德，则君举而进之。士修其学，学至而君求之，皆非有预于己也。农工商贾勤其事，而所享有限。故皆有定志而天下之心可一。后世自庶士至于公卿，日志于尊荣；农工商贾日志于富侈，亿兆之心，交骛于利，天下纷然，如之何其可一也？欲其不乱，难矣。此由上下无定志也。君子观《履》之象，而分辨上下，使各当其分，以定民之心志也。②

朱程二人皆认为，辨别上下尊卑就可以定民志，这样社会才得以治理。并举古时的例子，民得位相配，并终身安分居守，如果位没有配上其德，君主自然会提升其位。士人也专心修学，学到高处君主也会前往求之。农工商贾各行各业虽收入有限但也都辛勤于所从事之事。大家各安其位，上下一心，社会安定。再举后世的例子，大家皆想如何获取尊荣和富侈，天下就会陷入混乱，这便是无定志的结果。故君子应根据《履》之

---

① （宋）杨万里：《杨宝学易传上经》卷3《诚斋易传》，宋刻本。
② （宋）程颐：《周易程氏传》，中华书局2016年版，第46页。

象，分辨上下尊卑，从而使人人各安其分，以定民之心志。这是程朱针对历史和当时社会上出现的一些诸如官僚结党勾结、地主土地兼并无节制等私欲过剩乱象的批评，也是对君主治理国家提出的建议。

朱熹释"《履》，和而至"为"礼非强世，然事皆至极"。朱熹的解释简约明快，但似乎有点语焉不详。于是他对弟子解释说："'履和而至'以下，每句皆是反说。履出于人情之自然，所以和者疑于不然，而却至。"① 此句"出于人情之自然"即是解释了"非强世"之义，而"和者疑于不然，而却至"自是解释了"然事皆至极"之义。

再比较陆象山对此句的诠释，以加深对朱熹此句的理解。陆言："'《履》，和而至'：兑以柔悦承乾之刚健，故和。天在上，泽处下，理之极至不可易，故至。君子所行，体《履》之义，故和而至。"② 陆九渊从卦象卦德和义理两方面诠释了此句，所谓"和"是下卦兑以柔承上乾之刚健，所以称"和"，而上天下泽则是天尊地卑的不变之理，是根本的理。君子了解《履》卦的含义之后（明德），则可以"和说"的心情践行（修德）之，最后达到"和而至"即"成德"的境界，从而同时强调了"履"之"礼"和"践行"二义。再回头看朱熹之言，此句只强调了"礼"之"和说""非强世"以及礼之"至"即不易之理的特性，而尚未阐明"行"，因为《履》卦第三陈已经点明"《履》以和行"之义。

故可以这样理解朱熹对三陈《履》卦（实为二陈，因九卦第三陈朱熹皆未解释）意义的诠释，即：第一陈，点明《履》为"礼"之义，有"上天下泽，定分不易"的特性，故为成德的基础；第二陈，点明《履》之"礼"虽为不易之理，但并非用强势逼人，而是出于人情之自然，所以人们对礼保持"和说"和不疑的心态，达到"和而至"的和谐状态；第三陈，强调了解《履》之义后人们自然地践行礼，从而达到知行合一的境界，故朱熹对其弟子言："礼主卑下。履也是那践履处，所行若不由

---

① （宋）朱熹：《朱子全书》第 16 册《朱子语类》卷 70，上海古籍出版社、安徽教育出版社 2010 年版，第 2350 页。

② （宋）陆九渊：《象山语录》、（明）王守仁：《阳明传习录》，上海古籍出版社 2000 年版，第 42 页。

礼，自是乖戾，所以曰'履以和行'。"①

接下来我们看一下《谦》之德。《系辞》云："《谦》，德之柄也……《谦》，尊而光……《谦》以制礼。"《本义》释"《谦》，德之柄也"："谦者，自卑而尊人，又为礼者之所当执持而不可失者也。"②《本义》释"《谦》，尊而光"："谦以自卑而卑且光。"③《朱子语类》对"《谦》以制礼"的解释为"谦又更卑下，所以节制乎礼"④。

《谦》为何为德之柄？朱熹首先从卦义上来解释《谦》卦之意，即"自卑而尊人"。意思是说放低自己从而抬高别人来表示尊重之意。为何此卦为自卑而尊人？首先，《谦》䷎从卦象而言，如卦辞所言"艮下坤上，谦。亨，君子有终"。《本义》释："谦者，有而不居之义。止乎内而顺乎外，谦之意也。山至高而地至卑，乃屈而止于其下，谦之象也。占者如是，则亨通而有终矣。有终，谓先屈而后伸也。"⑤ 这是用卦象卦德释卦辞，山为艮，为止，地为坤，为顺，山高而居于地之下，可见谦之义。君子如能仿效天地之理，必然亨达。

朱熹言《谦》为德之柄，即"为礼者之所当执持而不可失者也"。这里的"礼者所当执持而不可失者"的字面意思是，执行礼的时候所需要依据的东西。如朱熹所言："礼是自家恁地卑下，谦是就应物而言。"⑥ 礼只是虚在那里，在具体的实践中需要用谦表现出来。换言之，礼为体，谦为用，故为礼所执持之义。

为何礼为体而谦为用，还可以从两卦之卦体看出端倪。《周易集解》虞翻释"是故履，德之基"时说："履与谦旁通。"意思是《履》与

---

① （宋）朱熹：《朱子全书》第16册《朱子语类》卷70，上海古籍出版社、安徽教育出版社2010年版，第2350页。

② （宋）朱熹：《朱子全书》第1册《周易本义》，上海古籍出版社、安徽教育出版社2010年版，第142页。

③ （宋）朱熹：《朱子全书》第1册《周易本义》，上海古籍出版社、安徽教育出版社2010年版，第142页。

④ （宋）朱熹：《朱子全书》第16册《朱子语类》卷70，上海古籍出版社、安徽教育出版社2010年版，第2350页。

⑤ （宋）朱熹：《朱子全书》第1册《周易本义》，上海古籍出版社、安徽教育出版社2010年版，第44—45页。

⑥ （宋）朱熹：《朱子全书》第16册《朱子语类》卷70，上海古籍出版社、安徽教育出版社2010年版，第2350页。

《谦》为旁通卦①。在释"谦,德之柄也"时说:"坤为柄。柄,本也。凡言德,皆阳爻也。甘宝曰:柄,所以持物,谦,所以持礼者也。"②《谦》☷与《履》☰卦从卦体而言互为旁通卦,可以说二者为互补的关系,而《谦》以下卦九三爻为阳,《履》以下卦六三爻为阴,如按王弼的"一卦主爻"说,则《谦》为阳,为动,《履》为阴,为静。二者动静相需,相互含涉,为乾坤二卦的三爻相互交换而得。孔颖达在解释"《谦》,德之柄也"时也言:"夫动本于静,语始于默。"③ 意即《履》为《谦》之本,而《谦》为《履》之用。

"《谦》,尊而光"一句中"尊而光"来源于《彖传》。《彖传》曰:"谦亨,天道下济而光明,地道卑而上行。天道亏盈而益谦,地道变盈而流谦,鬼神害盈而福谦,人道恶盈而好谦。谦尊而光,卑而不可逾,君子之终也。"《本义》释:"言谦之必亨。变谓倾坏,流谓聚而归之。人能谦,则其居尊者,其德愈光,其居卑者,人亦莫能过,此君子所以有终也。"④ 这里的"尊"是就后面的"卑"相对而言。朱熹对"谦尊而光,卑而不可逾"一句解释道:"'尊'字是对'卑'字说,言能谦则位处尊而德愈光,位虽卑而莫能逾。如古之圣贤之君,以谦下人则位尊而愈光,若骄奢自大,则虽尊而不光。"⑤ 还通过秦人的反例做进一步说明。"'谦尊而光',若秦人尊君卑臣,则虽尊而不光。惟谦则尊而又光。"⑥ 朱熹的意思是说,所谓"谦"指处尊位之人相对于处下之人而言,如能"以谦下人则位尊而愈光",但倘若如秦人一样"骄奢自大",位尊但仍自诩高人一等,则是无德的表现,也就"尊而不光"了。但一味放低姿态亦不可,需要以礼节之,所以他说《谦》相对于《履》"又更卑下,所以节制

---

① 所谓旁通,指两卦的相同卦爻阴阳相反,譬如《坤》与《乾》互为旁通卦,指从初爻到上爻一个为阳,另一个为阴。
② 张文智:《〈周易集解〉导读》,齐鲁书社2005年版,第412页。
③ 刘玉建:《〈周易正义〉导读》,齐鲁书社2005年版,第420页。
④ (宋)朱熹:《朱子全书》第1册《周易本义》,上海古籍出版社、安徽教育出版社2010年版,第94页。
⑤ (宋)朱熹:《朱子全书》第16册《朱子语类》卷70,上海古籍出版社、安徽教育出版社2010年版,第2362页。
⑥ (宋)朱熹:《朱子全书》第16册《朱子语类》卷70,上海古籍出版社、安徽教育出版社2010年版,第2350页。

乎礼"①。这就体现了二者之间的"基"与"柄"、体与用的关系。故《系辞》曰:"《谦》以制礼。"

综上,可以这样理解朱熹对三陈《谦》卦意义的诠释,即:第一陈,点明《谦》是用以体现礼之体的用,即"所以持礼者",故是成德之柄;第二陈,点明《谦》的意义是对位尊之人自居于人之下而言;第三陈,强调《谦》与《履》之间需要把握好度,为谦需要以礼作为标准,不要不低,也不要过低,需要根据所处之位与对方之位按照礼的要求来行事。

基于以上讨论,我们可以得出以下结论:《履》说的是人须有礼,礼需要通过《谦》来践履出来,而《谦》又需要以礼作为践行的标准。以上两卦皆讲礼的体用,故朱熹认为是成德的基础。

(2)《复》《恒》之教:久存善端

朱熹根据《系辞》所言,认为《复》《恒》二卦是言须常久存养善端,为九卦的第二层。

《系辞》云:"《复》,德之本也……《复》,小而辨于物……《复》以自知。"《本义》释"《复》,德之本也":"复者,心不外而善端存"②;释"《复》,小而辨于物":"复阳微而不乱于群阴。"③

为何《复》为德之本?首先看《复》䷗卦辞:"震下坤上,复。亨。出入无疾,朋来无咎。反复其道,七日来复,利有攸往。"《复》下卦为震,上卦为坤,初九爻为一卦之主爻,象征着阳气始生。《本义》释:

> 复,阳复生于下也。剥尽则为纯坤十月之卦,而阳气已生于下矣。积之逾月,然后一阳之体始成而来复,故十有一月,其卦为复,以其阳既往而复反,故有亨道。又内震外坤,有阳动于下而以顺上行之象,故其占又为己之出入既得无疾,朋类之来亦得无咎。又自五月姤卦一阴始生,至此七爻,而一阳来复,乃天运之自然,故其占又为反复其

---

① (宋)朱熹:《朱子全书》第16册《朱子语类》卷70,上海古籍出版社、安徽教育出版社2010年版,第2350页。

② (宋)朱熹:《朱子全书》第1册《周易本义》,上海古籍出版社、安徽教育出版社2010年版,第142页。

③ (宋)朱熹:《朱子全书》第1册《周易本义》,上海古籍出版社、安徽教育出版社2010年版,第142页。

道。至于七日，当得来复。又以刚德方长，故其占又为利有攸往也。反复其道，往而复来，来而复往之意。七日者，所占来复之期也。①

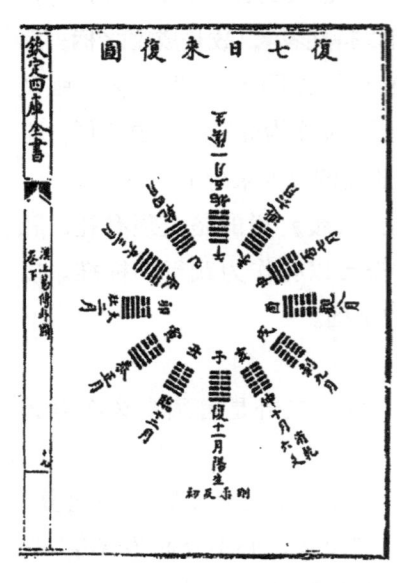

图5-9 复七日来复图
（取自《汉上易传卦图》，页350上）

朱熹用长篇幅来讲《复》之卦辞，其主要内容包括以下两点：

其一，通过卦象指出"复"的含义。"阳复生于下"即是阳气从初爻始生之义。

其二，解释初爻之阳如何而来。作为十二消息卦②，《复》之阳是从十二消息卦的十月《坤》卦而来。《坤》之爻全阴，由阴而复阳不是突然发生，而是在《坤》十月之卦中"阳气已生于下"，也就是《坤》中已有阳气。经过一月即三十日的积累，到十一月之《复》卦"一阳之体始成"。"以其阳既往而复反"，往即消，复即息，阳气不是从十月之《剥》卦的上九爻"复返于初"而来，而是从《坤》卦中"更新再始"而来③。《复》卦初爻之阳是天运

---

① （宋）朱熹：《朱子全书》第1册《周易本义》，上海古籍出版社、安徽教育出版社2010年版，第52页。

② 凡阳爻去而阴爻来称为"消"，阴爻去而阳爻来称为"息"。所谓十二消息卦是指六十四卦中的"复、临、泰、大壮、夬、乾、姤、遁、否、观、剥、坤"十二卦，与地支排序之月份一一相配。阳爻递生的六个卦，即从子月复卦到巳月乾卦，阳爻从初爻的位置逐次上升，成为"息卦"（生长之义）；从午月姤卦到亥月坤卦，阴爻逐序上升，阳爻依序递减，故称为"消卦"（消去之义）。

③ 对于《复》之"阳刚之返"，历代学人的理解有较大差异，主要以郑玄为代表的崇阳尚刚的儒学观点"终为有始，更新再始"以及以王弼为代表的崇柔尚静的道家观点"复返于初，回到原始"两种。朱熹作为宋明理学家主前者观点，认为《复》之初阳非《剥》卦之上九爻之阳返归到阴之《坤》初而成《复》卦义，而是认为《复》之初爻是从《坤》卦中本具有之阳气渐渐积累而成，阳气不会消亡，是推动下一个循环反复的生生之本。参见张岱年《中国哲学大纲》，中国社会科学出版社1982年版，第101页；张克宾《朱熹易学思想研究》，人民出版社2015年版，第287页。

自然，道之反复的规律使然，是五月《姤》卦至十一月《复》卦经过"七日"而来，这里的七日指七月。宋代王应麟《困学纪闻》曰："《复》所谓'七日'。其说有三，一谓卦气起《中孚》，六日七分之后为《复》，一谓过《坤》六位，至《复》为七日，一谓自五月《姤》一阴生，至十一月一阳生。《本义》取'自《姤》至《复》'之说。"① 按王应麟之说，朱熹解"七日来复"之义是采取第三种说法，即以十二消息卦为理论依据，以七月代"七日"。通过对《复》卦辞的释义，朱熹是要强调《复》阳刚之返是天道运行的规律使然，故将《复》之初阳与天地之道相贯通，将其提升至本体论视域。

除此之外，朱熹还对《象传·复》："复亨，刚反。动而以顺行，是以出入无疾，朋来无咎。反复其道，七日来复，天行也。利有攸往，刚长也。复其见天地之心乎"一句做了以下注释：

> 刚反则亨。以卦德而言。阴阳消息，天运然也。以卦体而言，既生则渐长矣。积阴之下一阳复生，天地生物之心几于灭息，而至此乃复可见。在人则为静极而动，恶极而善，本心几息而复见之端也。程子论之详矣，而邵子之诗亦曰："冬至子之半，天心无改移。一阳初动处，万物未生时。玄酒味方淡，大音声正希。此言如不信，更请问包牺。"至哉言也，学者宜尽心焉。②

此释中，朱熹强调"天地生物之心"与人之"本心"的关联。将初九爻的出现归为"天地生物之心""复可见"，而天地之心落实到人则为"本心"，有动静和善恶之分。他认为程颐解此句之义详备，而邵雍无改移之"天心"即是"天地之心"。

程颐是这样解"反复其道，七日来复，天行也。利有攸往，刚长也。复其见天地之心乎"一句的：

---

① （宋）王应麟：《困学纪闻》（全校本），上海古籍出版社2008年版，第67—68页。
② （宋）朱熹：《朱子全书》第1册《周易本义》，上海古籍出版社、安徽教育出版社2010年版，第95—96页。

其道反复往来，迭消迭息。七日而来复者，天地之运行如是也。消长相因，天之理也。阳刚君子之道长，故利有攸往。一阳复于下，乃天地生物之心也。先儒皆以静为见天地之心，盖不知动之端乃天地之心也。非知道者，孰能识之？①

程颐认为"动之端乃天地之心"。朱熹则认为"寻常吐露见于万物者，尽是天地心。只是冬尽时，物已成性，又动而将发生，此乃可见处"②，不是只有一阳复于下时才有天地之心，天地之心无时不在，只是如在"三阳之时，万物翻新，只见物之盛大"③时，则不容易看到天地之心。一阳初复时，"万物未生，冷冷静静"，但当一阳既动时，则"生物之心阗然而见，虽在积阴之中，自藏掩不得"④。故"六十四卦无非天地之心，但于复卦忽见一阳之复，故即此而赞之尔"⑤。这才是只有在《复》之阳始发时方可见天地之心的原因。

在朱熹看来，就人的德性修养而言，心分动静之心和善恶之心，各随事而看。他举例说："今人乍见孺子将入于井，因发动而见其恻隐之心；未有孺子将入井之时，此心未动，只是静而已。众人物欲昏蔽，便是恶底心；及其复也，然后本然之善心可见。"⑥ 又言：一阳复"以善言之，是善端方萌处；以恶言之，昏迷中有悔悟向善意，便是复"⑦。

我们再回过来看《本义》释"《复》，德之本也"为"复者，心不外而善端存"。所谓"心不外而善端存"即是说，人如天地万物一样皆秉持

---

① （宋）程颐：《周易程氏传》，中华书局2016年版，第105页。
② （宋）朱熹：《朱子全书》第16册《朱子语类》卷71，上海古籍出版社、安徽教育出版社2010年版，第2391—2392页。
③ （宋）朱熹：《朱子全书》第16册《朱子语类》卷71，上海古籍出版社、安徽教育出版社2010年版，第2391页。
④ （宋）朱熹：《朱子全书》第16册《朱子语类》卷71，上海古籍出版社、安徽教育出版社2010年版，第2391页。
⑤ （宋）朱熹：《朱子全书》第16册《朱子语类》卷71，上海古籍出版社、安徽教育出版社2010年版，第2397页。
⑥ （宋）朱熹：《朱子全书》第16册《朱子语类》卷71，上海古籍出版社、安徽教育出版社2010年版，第2397页。
⑦ （宋）朱熹：《朱子全书》第16册《朱子语类》卷71，上海古籍出版社、安徽教育出版社2010年版，第2398页。

天地之心，正如太极包阴阳二气。阳气始萌于下，正如乾之四德元亨利贞的"元"，正所谓"元，始也"。而就人性而言，乾元为仁，元包元亨利贞四德，故仁包仁义礼智四德。从动静而言，天地之心静则为性，为仁之德，动则为情，体现为恻隐、羞恶、辞让、是非之心；从善恶而言，天地之心体现于善端刚萌处，如有恶而"知不善，则速改以从善"①或"悔悟向善"则可见"本然之善心"。正如胡炳文释朱熹"复者，心不外而善端存"一句所言："复则一阳生于五阴之下，天地之心可见。《本义》所谓'心不外而善端存'者指仁而言也，如墉之基所以立也。如器之柄所以执也，文王之礼也。如木之本所以生也，文王之仁也。"② 天地之心，仁而已。

"《系辞》曰：'复小而辨于物。'盖复卦是一阳方生于群阴之下，如幽暗中一点白，便是小而辨也"③，即言"昏蔽忽明之心"④ 之意。又言："复虽一阳方生，然而与众阴不相乱。如人之善端方萌，虽小而不为众恶所遏底意思相似。"⑤ 而"《复》以自知"结合上文所说，即是通过自我的觉知来发觉不善而速改之或于昏明之中有悔悟向善之意。

综上，可以这样理解朱熹对三陈《复》卦意义的诠释，即：第一陈，点明《复》是人成德的根本，因为复的本质是善端，即仁的本性，人人皆有善端；第二陈，点明人即使身处幽暗之处也要保持善端、明辨善恶；第三陈，强调善端的恢复或保持需要人有自知的能力和觉悟，从而恢复本心之善。

保持或恢复了善端，接下来需要恒久守之，故《恒》卦随其后。《恒》为下经第二卦，居于《咸》卦之后。《系辞》云："《恒》，德之固也……《恒》，杂而不厌……《恒》以一德。"《本义》释"《恒》，德之

---

① （宋）朱熹：《朱子全书》第16册《朱子语类》卷71，上海古籍出版社、安徽教育出版社2010年版，第2400页。

② （元）胡炳文：《〈周易本义〉通释》（卷6），通志堂藏本。

③ （宋）朱熹：《朱子全书》第16册《朱子语类》卷71，上海古籍出版社、安徽教育出版社2010年版，第2396页。

④ （宋）朱熹：《朱子全书》第16册《朱子语类》卷71，上海古籍出版社、安徽教育出版社2010年版，第2397页。

⑤ （宋）朱熹：《朱子全书》第16册《朱子语类》卷71，上海古籍出版社、安徽教育出版社2010年版，第2398页。

固也"："恒者，守不变而常且久"。① 释"《恒》，杂而不厌"："恒处杂而常德不厌。"② 朱熹的解释依然保持简洁之风，为了更好地了解《恒》为何为"德之固"，我们需要先从《恒卦》本身说起。

《恒》䷟卦辞："巽下震上，恒。亨，无咎。利贞，利有攸往。"

《彖传·恒》："恒，久也。刚上而柔下，雷风相与，巽而动，刚柔皆应，恒。恒，亨，无咎，利贞，久于其道也。天地之道，恒久而不已也。利有攸往，终则有始也。日月得天而能久照，四时变化而能久成，圣人久于其道而天下化成。观其所恒，而天地万物之情可见矣。"

朱熹正是借助《彖传》对《恒》的解释来阐发《恒》卦之义。他采纳《彖传》对"恒"之义的解释，将"恒"释为"恒，常久也"③。朱熹又补充道："恒是个一条物事彻头彻尾，不是寻常字。"④ 认为，所谓"恒"即是从事物发展的脉络而言，从头至尾一直保持一以贯之、绝无中断的状态。《恒》之卦体"巽下震上"依《彖传》"刚上而柔下，雷风相与，巽而动，刚柔皆应"四方面依次解释为"为卦震刚在上，巽柔在下；震雷，巽风，二物相与；巽顺，震动，为巽而动；二体六爻阴阳相应"⑤。可以说基本遵从了《彖传》的解释，并补充认为此四卦"皆理之常，故为恒"⑥。

结合程颐《程氏易传》对《彖传·恒》"刚上而柔下，雷风相与，巽而动，刚柔皆应"一句的解释，含义则更加分明。程子言：

> 卦才有此四者，成恒之义也。刚上而柔下，谓乾之初上居于四，

---

① （宋）朱熹：《朱子全书》第1册《周易本义》，上海古籍出版社、安徽教育出版社2010年版，第142页。
② （宋）朱熹：《朱子全书》第1册《周易本义》，上海古籍出版社、安徽教育出版社2010年版，第142页。
③ （宋）朱熹：《朱子全书》第1册《周易本义》，上海古籍出版社、安徽教育出版社2010年版，第60页。
④ （宋）朱熹：《朱子全书》第16册《朱子语类》卷72，上海古籍出版社、安徽教育出版社2010年版，第2429页。
⑤ （宋）朱熹：《朱子全书》第1册《周易本义》，上海古籍出版社、安徽教育出版社2010年版，第60页。
⑥ （宋）朱熹：《朱子全书》第1册《周易本义》，上海古籍出版社、安徽教育出版社2010年版，第60页。

坤之初下居于初，刚爻上而柔爻下也。二爻易处则成震巽，震上巽下，亦刚上而柔下也。刚处上而柔居下，乃恒道也。雷风相与：雷震则风发，二者相须，交助其势，故云相与，乃其常也。巽而动：下巽顺，上震动，为以巽而动。天地造化，恒久不已者，须动而已。巽而动，常久之道也。动而不顺，岂能常也？刚柔皆应：一卦刚柔之爻皆相应。刚柔相应，理之常也。此四者，恒之道也，卦所以为恒也。①

对于《恒》"刚上而柔下"，程颐认为《恒》是《泰》䷊变卦而来（下卦乾之初爻上行到坤之四爻，坤之四爻下行到坤之初爻），据此来解释刚上柔下；或者直接认为震为长男，巽为长女，也是刚在上柔在下。而朱熹在解释此句时认为"以卦体……释卦名义。或以卦变言刚上柔下之义，曰：恒自丰来，刚上居二，柔下居初也。亦通"②。朱熹亦认为有两种解释：一是以震上巽下之卦体，二是从卦变说，认为《恒》是《丰》䷶之初九爻上到二爻，而六二爻下到初爻而成。但不管二人如何解释《恒》卦体的由来，皆同意《恒》的刚上柔下是不变的"理之常"、是"恒道"。

对"雷风相与"一句，程颐释为"雷震则风发，二者相须，交助其势，故云相与，乃其常也"，而朱熹释为"震雷，巽风，二物相与"，其意亦通。程颐还明言此句所显示的是恒之常，即常势。

对"巽而动"一句，程颐释为"下巽顺，上震动，为以巽而动。天地造化，恒久不已者，须动而已。巽而动，常久之道也。动而不顺，岂能常也？"朱熹释为"巽顺，震动，为巽而动"。二者结合，此句可理解为：巽为阴，顺承坤之顺，震为阳，顺承乾之动，有动有静，有主有顺，才是常久之道，只动而不静，只主无顺则无法常久，此为常理。

对"刚柔皆应"一句，程颐释为"一卦刚柔之爻皆相应。刚柔相应，理之常也"。朱熹释为"二体六爻阴阳相应"。二者亦通。程颐明言此句亦表达"理之常"。

结合程朱二人对《恒》之义的解释，基本是从《象传》所揭示的

---

① （宋）程颐：《周易程氏传》，中华书局2016年版，第141页。
② （宋）朱熹：《朱子全书》第1册《周易本义》，上海古籍出版社、安徽教育出版社2010年版，第98页。

《恒》四方面的"理之常"来出发。总结如下：其一，从卦体而言，《恒》表达了上刚下柔之常道；其二，从卦象而言，《恒》表达了雷风刚柔之气相与相通之常势；其三，从卦德而言，《恒》表达了刚柔阴阳有静必有动、有主必有顺之常理；其四，从爻位而言，《恒》表达了刚柔相互感应之常情。"四者皆理之常"，即阴阳刚柔上下对待、动静相宜、相互交通、彼此感应的和谐之道，故为《恒》。

而在程朱看来，此《恒》之常并非僵硬不变之理，遵守恒之道也不一定带来亨，要看所恒为何。在程颐看来：

> 恒之道可以亨通，恒而能亨，乃无咎也。恒而不可以亨，非可恒之道也，为有咎矣。如君子之恒于善，可恒之道也；小人恒于恶，失可恒之道也。恒所以能亨，由贞正也，故云利贞。夫所谓恒，谓可恒久之道，非守一隅而不知变也，故利于有往。唯其有往，故能恒也，一定则不能常矣。又常久之道，何往不利？①

是否能够带来亨，恒只是条件，决定因素是所恒是"可恒之道"还是"非可恒之道"，即程颐所谓的"善"或"恶"，"善"即是"正"。同时，恒不是"守一隅而不知变"，常非"一定"，唯变才有恒，有来才有往，有终才有始。

朱熹则认为，万事万物既有不易，也有变易，只有这样才是"恒"，即用《易》之"不易""变易"二义揭示"恒"之义：

> 物理之始终变易，所以为恒而不穷。然所谓不易者，亦须有以变通，乃能不穷。如君尊臣卑，分固不易，然上下不交也不得。夫子固是亲亲，然所谓"命士以上，夫子皆异宫"，则又有变焉。惟其如此，所以为恒。论其体终是恒，然体之常所以为用之变，用之变乃所以为体之恒。②

---

① （宋）程颐：《周易程氏传》，中华书局2016年版，第140—141页。
② （宋）朱熹：《朱子全书》第16册《朱子语类》卷72，上海古籍出版社、安徽教育出版社2010年版，第2429—2430页。

朱子又言，占得《恒》卦后如"能久于其道则亨而无咎。然又必利于守正，则乃为所得常久之道，而利有所往也"①。朱熹所谓"利于守正"，即解释《恒》卦辞中"贞正"之义。亦即是说，如爻亨而无咎，除能恒于其道之外，还须坚持守正，否则就不是常久之道。这与程颐的"可恒之道"与"非可恒之道"亦即"善"与"恶"的说法类似，二者皆是从人道德养成的角度来讲，人需要选择"正""善"之道并恒久守之才是真正的恒道。同时在此过程中，需要根据具体的情形"随时变易"才可以求常道。正如朱子所言："恒非一定之谓，故昼则必夜，夜而复昼；寒则必暑，暑而复寒。若一定则不能常也。其在人，冬日则饮汤，夏日则饮水；可以仕则仕，可以止则止；今日道合便从，明日不合便去。犹如孟子辞齐王之金而受薛、宋之馈，皆随时变易，故可以为常也。"②

但朱熹不同意程颐"变而后能常"的说法，而是认为"能常而后能变，能常而不已，所以能变。及其变也，常亦在其中"③。从而强调了"常"在"变"中，"常"而后才有"变"的观点。

正如张克宾所言，《恒》卦不是要表述抽象的恒久之道，而是要探讨具体人事中如何立恒守常和应变的问题。初爻言始而求深则欲速则不达；二爻言坚持不懈、砥砺前行；三爻言不恒其德则无所容身；四爻言久非其位则劳而无功；五爻言丈夫处事须随时变通；上爻言如变动过度则无建树。……总之，《恒》卦的核心是讲在人事活动中如何基于变通而行恒久之道。④

概言之，《恒》卦就是教人在"随时变易以从道"的"变易"之法与"不变"之道中，恒久保持中正的品性和对善的追寻，这是道德得以巩固的前提，故"《恒》，德之固也"。

朱熹将"《恒》，杂而不厌"释为"恒处杂而常德不厌"。孔颖达

---

① （宋）朱熹：《朱子全书》第1册《周易本义》，上海古籍出版社、安徽教育出版社2010年版，第60页。
② （宋）朱熹：《朱子全书》第16册《朱子语类》卷72，上海古籍出版社、安徽教育出版社2010年版，第2429—2430页。
③ （宋）朱熹：《朱子全书》第16册《朱子语类》卷72，上海古籍出版社、安徽教育出版社2010年版，第2429—2430页。
④ 张克宾：《立恒与适变：〈周易〉恒卦意蕴诠解》，《周易研究》2017年第3期。

《周易正义》疏："言恒卦虽与物杂碎并居，而常执守其操，不被物之不正也。"① 孔是从义理角度，将"杂"释为"不正"，"不厌"释为"常执守其操，不被物之不正"，即能坚守正道，不受外界不正所左右和影响。宋苏轼《东坡易传》云："雷风相与，故杂。杂故不厌，如使专一，则厌而迁矣。"苏轼是从卦象而言，是将"杂而不厌"理解为上下卦"雷风相与，杂故不厌"。荀爽云"夫妇虽错居，不厌之道也"②，则是从《恒》之前卦《咸》所讲男女夫妇之道进而将《恒》上卦震为长男，下卦巽为长女，遂成"夫妇而错居"之象来言"杂而不厌"。朱熹和孔颖达是从义理而言之，苏轼和荀爽是从象数而言之，无论是天地之雷风相与的自然现象，抑或人之夫妇相处之道，又或是人处于善恶交织、正邪交杂的复杂社会所须保持的守正之道，皆是指须不厌于行常道之理。总体来说，孔颖达与朱熹释此句无论是从方式还是角度都是更为接近的，也与前文所讲"德之固"之义更加吻合。

"《恒》以一德"之义朱熹没有解释，我们参考孔颖达的释义："恒能终始不移，是纯一其德也。"③ 此解释与朱熹前文所讲坚守持正而不易其道之义相符，故采之。

综上，可以这样理解朱熹对三陈《恒》卦意义的诠释，即：第一陈，点明《恒》是德得以固守的前提，同时，固守之德非恶德，而是善之德、中正之德，且需要审时度势、在变易中求不易之道，方能恒久坚守而行亨道；第二陈，点明人虽有时处于善恶相杂的是非之地也要坚守正道，不被物欲所左右；第三陈，强调固守之道须一以贯之、心无旁骛，而不能三心二意、随意改变。

基于以上讨论，我们可以得出以下结论：《复》说的是人皆有善端，人须凭借自知来保持或恢复善端，这是立德的根本；《恒》说的是人之善端作为人的不易之道需要持守，不能被外部世界的物欲所左右，也不能"不恒其德"、三心二意，这样才能不断推进善端，成为人成善成德的依据。故《复》《恒》二卦被朱熹看作是守存善端的关键。

---

① 刘玉建：《〈周易正义〉导读》，齐鲁书社2005年版，第421页。
② 张文智：《〈周易集解〉导读》，齐鲁书社2005年版，第413页。
③ 刘玉建：《〈周易正义〉导读》，齐鲁书社2005年版，第421页。

(3)《损》《益》之教：修身长善

朱熹根据《系辞》所言，认为《损》《益》二卦是言当修身长善，为九卦的第三层。

《系辞》云："《损》，德之修也……《损》，先难而后易……《损》以远害。"《本义》释"《损》，德之修也"为"惩忿窒欲以修身"①；释"《损》，先难而后易"为"损欲先难，习熟则易"②。

朱熹认为，修身之法于《损》卦而言在于惩忿窒欲。为何《损》意味着对忿欲的惩窒呢？我们依然从卦辞说起。

《损》䷨卦辞："兑下艮上，损。有孚，元吉，无咎，可贞，利有攸往。曷之用？二簋可用享。"

《本义》释："损，减省也。为卦，损下卦上画之阳，益上卦上画之阴，损兑泽之深，益艮山之高，损下益上，损内益外，剥民奉君之象，所以为损也。损所当损而有孚信，则其占当有此下四者之应矣。'曷之用？二簋可用享'，言当损时则至薄无害。"③

《本义》首先解释"损"之义为"减省"，与程颐"减损也"④同义，皆是言减少之义。从卦体而言，《损》卦由下卦兑与上卦艮组成，从变卦来说，是由《泰》䷊下卦乾之九三爻上行至上卦坤之上六爻，而坤之上六爻下行至下卦乾之九三爻而成，所以是损下之阳益上之阴。从卦德来说，下卦兑为泽，上卦艮为山，以低补高是"损下益上，损内益外，剥民奉君之象"，所以为损。但因下卦为兑，有顺说之义，所以这样的损下益上之举被认为是"损所当损"，故"有孚信"。从爻应而言，六三爻与上九爻应，而剩余的四爻中初九与六四爻以及九二与六五爻皆应，所谓"有此下四者之应"，故占者得"元吉，无咎，可贞，利有攸往"的结果。"簋"为呈献祭品的容器，而"二簋"意为祭品极少之义，故言损下虽

---

① （宋）朱熹：《朱子全书》第1册《周易本义》，上海古籍出版社、安徽教育出版社2010年版，第142页。

② （宋）朱熹：《朱子全书》第1册《周易本义》，上海古籍出版社、安徽教育出版社2010年版，第142页。

③ （宋）朱熹：《朱子全书》第1册《周易本义》，上海古籍出版社、安徽教育出版社2010年版，第67页。

④ （宋）程颐：《周易程氏传》，中华书局2016年版，第180页。

少,但因心有孚信,故"至薄无害"。

朱熹是从占筮的角度解卦,而程颐则在义理方面做了进一步的说明。程言:"损之道,必有孚诚,谓至诚顺于理也。损而顺理,则大善而吉;所损无过差,可贞固常行,而利有所往也。人之所损,或过,或不及,或不常,皆不合正理,非有孚也。非有孚,则无吉而有咎,非可贞之道,不可行也。"① 他认为损之道是否有吉主要在于是否有至诚之心,并在此前提下提出损过或不及都不合乎正理,这都不是有诚心的表现。他又补充道:"圣人以宁俭为礼之本……享祀之礼,其文最繁,然以诚敬为本,多仪备物,所以将视其诚敬之心,视过其诚,则为伪矣。……二簋之约,可用享祭,言在乎诚而已,诚为本也。天下之害,无不由末之胜也。峻宇雕墙,本于宫室;酒池肉林,本于饮食;淫酷残忍,本于刑罚;穷兵黩武,本于征伐。凡人欲之过者,皆本于奉养,其流之远,则为害矣。先王制其本者,天理也;后人流于本末者,人欲也。损之义,损人欲以复天理而已。"② 程颐认为,损之义从祭祀角度来说,是指人对天的献祭。献祭的关键不在于"备物"之多少,而在于诚敬之心,如果"饰"多于诚敬,则流于表面,所以为"伪"。程颐以此进而说明对于君主而言,无论是宫室饮食刑罚抑或征讨,都不能过,过则不诚,本末倒置,是人欲害天理之为。损的意思即是要让人减损人欲以复归天理。

程颐是从国家治理的角度言《损》之义,而朱熹则是通过卜筮的角度言《损》之义,殊途而同归,皆强调"诚"的重要性。

朱熹对《象传·损》"损,损下益上,其道上行。损而有孚,元吉,无咎,可贞,利有攸往。曷之用?二簋可用享。二簋应有时,损刚益柔有时。损益盈虚,与时偕行"一句的解释则甚为简洁:"以卦体释卦名义。时谓当损之时。"③ 强调《损》之"时"的重要性。

如何把握何时该损何时不该损?程颐则言,天下任何事皆"有本必有末,有实必有文","无本不立,无文不行",二者"相须而不可缺"。④

---

① (宋)程颐:《周易程氏传》,中华书局2016年版,第180页。
② (宋)程颐:《周易程氏传》,中华书局2016年版,第180页。
③ (宋)朱熹:《朱子全书》第1册《周易本义》,上海古籍出版社、安徽教育出版社2010年版,第100页。
④ (宋)程颐:《周易程氏传》,中华书局2016年版,第181页。

他继而列举夫子虽主恩也须有严顺之体、君臣主敬也须有承接之仪、礼让存乎内也须有威仪行于前、尊卑有序但物采皆有别等例说明之。而现在却是文胜于质、末胜于本、"远本丧实"，固为"当损之时"。又言："二簋之质"是否要用，需要根据具体情况而定。如果"文饰未过而损之，与损之至于过甚"都是不可取的。所以损刚益柔是在刚过而柔不足时才可，必须"顺时而行"，如果刚不过就损之则是不可取的。故"或损或益，或盈或虚，唯随时而已。过者损之，不足者益之，亏者盈之，实者虚之，与时偕行也"①。程颐从物之本与末、文与质的关系入手，强调本与质的重要性，但本末、文质二者又是相辅相成不相离的。如果文和末过多，而质和本不足则需要损之，反之则不需要损而需要益，此为"损"之道。

朱熹对于文与质的关系也是持同样的观点。他在解答学生询问《论语》中"林放问礼之本"一段时说："夫礼贵得中，奢、易则过于文，俭、戚则不及而质，皆未为合礼。然质乃礼之本，过于文则去本已远。且礼之始，本诸饮食，'汙樽而抔饮，蒉桴而土鼓'，岂不使俭？今若一向奢而文，则去本已远，故宁俭而质。丧主于哀戚，故立衰麻哭踊之数以节之。今若一向治其礼文，而无哀戚之意，则去本已远，故宁戚而质，乃礼之本。"② 朱熹认为，在行丧之时，奢侈则过于文，俭朴则只有质，都不合礼。但现在的情形是大家只注重形式上的奢华，而没有实质上的哀伤，那就失去了行丧的意义，还不如俭朴但真挚，这才是礼之本。朱熹对于丧礼的说法实则践履了《损》卦与时偕行的品质，根据社会具体的情况来调节本质与形式之间的平衡，但如果本质与形式发生矛盾，则以求本质为主。

那为何朱熹认为《损》卦"德之修"是要靠惩忿窒欲呢？此句源于《大象传》："山下有泽，损，君子以惩忿窒欲。"《本义》释："君子修身，所当损者莫切于此。"③

---

① （宋）程颐：《周易程氏传》，中华书局2016年版，第181页。
② （宋）朱熹：《朱子全书》第14册《朱子语类》卷25，上海古籍出版社、安徽教育出版社2010年版，第887—888页。
③ （宋）朱熹：《朱子全书》第1册《周易本义》，上海古籍出版社、安徽教育出版社2010年版，第116页。

《程氏易传》释:"君子观损之象,以损于己:在修己之道所当损者唯忿与欲,故以惩戒其愤怒,窒塞其意欲也。"① 结合二者所言,损对于德性的修养而言指的是所须损之情,即愤怒与私欲,这些都不符合"中和"之性。

朱熹言:"'惩忿'如救火,'窒欲'如防水。"② 又言:"某看来只是惩忿如摧山,窒欲如填壑,迁善如风之迅,改过如雷之烈。"③ 这里所说的"火""水"是指愤怒与欲望之象,一个如火突然迸发,一个如水无所不入;"山""壑"是就《损》之卦象而言,山为上卦艮,壑为下卦泽。两句皆是以物象、卦象解卦义。

下面呈现一段朱熹与学生的相关问答再对"惩忿窒欲"进行深入剖析:

> 问:"'惩忿窒欲',忿怒易发难制,故曰'惩',惩是戒于后。欲之起则甚微,渐渐到炽处,故曰'窒',窒谓塞于初。古人说'情窦',窦是罅隙,须是塞其罅隙。"
>
> 曰:"惩也不专是戒于后,若是怒时,也须去惩治他始得。所谓惩者,惩于今而戒于后耳。窒亦非是真有个孔穴去塞了,但遏绝不使不行耳。"又曰:"'山下有泽,损,君子以惩忿窒欲。''风雷,益,君子以见善则迁,有过则改。'观山之象以惩忿,观泽之象以窒欲。欲如汙泽然,其中积浊解汙染人,须当填塞了。如风之迅速以迁善,如雷之奋发以改过。"④

这是将《损》与《益》卦之《大象传》"损,君子以惩忿窒欲"与"益,君子以迁善改过"一并说了。所谓惩忿,是指惩治今日愤怒之情,是为了防范今后再次发生;欲望无孔不入,故须小心防范,见之则立即遏

---

① (宋)程颐:《周易程氏传》,中华书局2016年版,第181—182页。
② (宋)朱熹:《朱子全书》第16册《朱子语类》卷72,上海古籍出版社、安徽教育出版社2010年版,第2444页。
③ (宋)朱熹:《朱子全书》第16册《朱子语类》卷72,上海古籍出版社、安徽教育出版社2010年版,第2444页。
④ (宋)朱熹:《朱子全书》第16册《朱子语类》卷72,上海古籍出版社、安徽教育出版社2010年版,第2444页。

制，不让其发展壮大。就如山太高则需要摧倒，泽之深必会积累污浊之物而污染人，所以须及时填塞。

但如此自我减损欲望、惩戒愤怒，在刚开始是很难做到的，故《系辞》言"《损》，先难而后易"，《本义》释："损欲先难，习熟则易。"①亦是强调欲望减损之不易，但如能坚持则后面就会变得容易一些。朱熹言："'损先难而后易'，如子产为政，证人歌之曰：'孰杀子产，吾其与之。'及三年，人复歌而颂之。盖事之初，在我亦有所勉强，在人亦有所难堪；久之，当事理，顺人心，这里方易。便如'利者义之和'一般，义是一个断制物事，恰似不和；久之，事得其宜，乃所以为和。如万物到秋，许多严凝肃杀之气，似可畏；然万物到这里，若不得此气收敛凝结，许多生意又无所成就，其难者乃所以为易也。"②孔颖达《周易正义》疏："是先难也。后乃无患，是后易也。"③朱子举子产为政、"利者义之和"以及秋之肃杀收敛为例，说明万事开头难，但如能当事理、顺天意、遂人心，则后面便会变得容易。同理，对于自我减损欲望与愤怒而言，因其合乎天理人心，也是先难后易，从长远来看则可以使人近道而远祸，遂言"《损》以远害"。

综上，可以这样理解朱熹对三陈《损》卦意义的诠释，即：第一陈，点明《损》是人得以修身之本，因为欲望和愤怒都是成德过程中的障碍，所以需要有自我革新的勇气减损之；第二陈，点明自我减损欲望与惩戒愤怒须经历先难后易的过程；第三陈，强调只要能够减损自我的欲望，惩戒自己的愤怒，也就可以远离祸患了。

减损欲望的同时还需要增强善性，故《系辞》云："《益》，德之裕也……《益》，长裕而不设……《益》以兴利。"《本义》释"《益》，德之裕也"："迁善改过以长善"④；释"《益》，长裕而不设"："益但充长而

---

① （宋）朱熹：《朱子全书》第1册《周易本义》，上海古籍出版社、安徽教育出版社2010年版，第142页。

② （宋）朱熹：《朱子全书》第16册《朱子语类》卷76，上海古籍出版社、安徽教育出版社2010年版，第2594页。

③ 刘玉建：《〈周易正义〉导读》，齐鲁书社2005年版，第421页。

④ （宋）朱熹：《朱子全书》第1册《周易本义》，上海古籍出版社、安徽教育出版社2010年版，第142页。

不造作"。①

《益》☷卦辞:"震下巽上,益。利有攸往,利涉大川。"《本义》释:"益,增益也。为卦,损上卦初画之阳,益下卦初画之阴,自上卦而下于下卦之下,故为益。卦之九五、六二皆得中正,下震、上巽皆木之象,故其占利有所往,而利涉大川也。"②

《益》之义为"增益",从卦象而言,其卦由下卦震与上卦巽构成。从卦变而言,是由《否》☷的上卦乾之九四下到下卦坤之初六,而下卦坤之初六上到上卦乾之九四而成。由上卦补益下卦,故为"益"。而从卦体而言,九五和六二爻皆为上下卦之中爻,得中;而阳处五爻(奇数位),阴处二爻(偶数位),为正,故得中正。"下震、上巽皆木之象"是取自《象传》"利涉大川,木道乃行"一句,意为"'巽为木',是卦中取象;震为木,乃东方属木,五行之木也,五行取四维故也"③。故木行于川,必利有所往。

《本义》释"《益》,德之裕也"为"迁善改过以长善"。"迁善改过"源自《大象传》:"风雷,益,君子以见善则迁,有过则改。"《本义》释:"风雷之势,交相助益。迁善改过,益之大者,而其相益亦犹是也。"④

何为"迁善改过"?朱熹曰:"风是一个急底物,见人之善,己所不及,迁之如风之急。雷是一个勇决底物,己有过,便断然改之,如雷之勇决,不容有些子迟缓。"⑤ 朱熹这里所说的风即是《益》之上卦《巽》,雷便是《益》之下卦《震》,这是用卦象来比喻人须如风雷一样,有善则迁,有恶则改,无须迟疑犹豫。

---

① (宋)朱熹:《朱子全书》第1册《周易本义》,上海古籍出版社、安徽教育出版社2010年版,第142页。

② (宋)朱熹:《朱子全书》第1册《周易本义》,上海古籍出版社、安徽教育出版社2010年版,第68页。

③ (宋)朱熹:《朱子全书》第16册《朱子语类》卷72,上海古籍出版社、安徽教育出版社2010年版,第2446页。

④ (宋)朱熹:《朱子全书》第1册《周易本义》,上海古籍出版社、安徽教育出版社2010年版,第116页。

⑤ (宋)朱熹:《朱子全书》第16册《朱子语类》卷72,上海古籍出版社、安徽教育出版社2010年版,第2446页。

对于"迁善"和"改过"的区别,朱熹云:"'迁善'字轻,'改过'字重。迁善如惨淡之物要使之白,改过如黑之物要使之白,用力自是不同。迁善者,但见是人做得一事强似我,心有所未安,即便迁之。若改过,须是大段勇猛始得。"① 在朱熹看来,相比之下,迁善易,改过难,迁善是在无过的基础上为善,而改过则是在有过的基础上改过自新,这两者之间是层次上的差异,分别针对的是无过之人和有过错之人,但这两种人都非拥有至善之德的人,故都须向至善的方向努力。

程颐也给出了自己的解释:"风烈则雷迅,雷激则风怒,二物相益者也。君子观风雷相益之象,而求益于己:为益之道,无若见善则迁,有过则改也。见善能迁,则可以尽天下之善;有过能改,则无过矣。益之于人,无大于是。"② 这里程颐给出了"无过""尽善"这两种不同层次的成德之路,亦是给人两种进德的路径,有过先改则无过,无过不等于尽善,人须继续努力达到尽善方可。

综合二者之见,《益》卦通过将《否》之九四爻下迁、初六爻上移来比喻人的善过之变,以阳为善,以阴为过,尽善无过,贯彻了儒家重阳抑阴的做法。通过《益》卦给出了人成德的两种不同路径和层次,从而为不同的人制定了不同的进德方式。

《本义》释"《益》,长裕而不设"为"益但充长而不造作"。孔颖达《周易正义》疏:"益是增益于物,能长养宽裕于物,皆因物性自然而长养,不空虚妄设其法而无益也。"③《周易折中》引程子曰:"'益长裕而不设',谓固有此理而就上充长也,'设'是撰造也,撰造则为伪也。"④ 从这三个解释来看,《益》有"长养宽裕于物"的特质。所谓"长养"指"抚育培养",如《荀子·非十二子》:"长养人民,兼利天下。"又如汉代仲长统《理乱篇》:"安居乐业,长养子孙,天下晏然。"所谓"宽裕"指"富裕,充足",如《国语·晋语四》:"今君之德宇,何不宽裕也?"故"长养宽裕于物"指《益》对于人或物都有培养使之充足之义。

---

① (宋)朱熹:《朱子全书》第16册《朱子语类》卷72,上海古籍出版社、安徽教育出版社2010年版,第2446页。
② (宋)程颐:《周易程氏传》,中华书局2016年版,第186页。
③ 刘玉建:《〈周易正义〉导读》,齐鲁书社2005年版,第421页。
④ (清)李光地著,刘大钧注:《周易折中》,巴蜀书社1999年版,第607页。

朱熹"充长而不造作"即是指让人或物自然生长而无人为之"伪",皆符合"诚""善"之质。

"《益》以兴利"一句朱熹亦无解释。《周易正义》云:"'益以兴利'者,既能益物,物亦益己,故兴利也。"① 《周易折中》引陆九渊云:"'益以兴利',有益于己者为利,天下之有益于己者莫如善,君子观《易》之象而迁善,故曰'兴利',能迁善则福庆之利,固有自致之理,在君子无加损焉,有不足言者。"② 从二者之言,所谓"兴利"是于己而言,但《益》之所以可以"兴利"是因为"天下之有益于己者莫如善"。善既可以利物,从长远来看也可以利己,属互利之方,故《益》以兴利。

综上,可以这样理解朱熹对三陈《益》卦意义的诠释,即:第一陈,点明《益》可以通过迁善改过从而让人的德性不断增长;第二陈,点明这种德性的增长非人为之,而是一种自然生长出的善;第三陈,言这种善不仅可以利人,从长远的角度也是利己。

基于以上讨论,我们可以得出以下结论:《损》说的是人须惩忿窒欲,以此减少恶的发生从而远离灾祸;《益》说的是人须迁善改过从而增长善端,利人利己。以上两卦皆讲如何抑恶扬善,助善成长。正如郑万耕所云:"损是减损欲望与过行,乃所以修身养心;益是增益善念与美行,乃所以扩充美德。减损欲望与过行,则可以远离祸害;增益善念与美行,则可以兴起利益。"③

2. 广业之教

相比前六卦强调明德与修德之功,即德性范畴,属于内圣工夫,后三卦《困》《井》《巽》则更多地注重人在外部世界的道德践履,为德性转化为德行的过程,属外王工夫。

(1)《困》《井》之教:守节不易

朱熹根据《系辞》所言,认为《困》《井》二卦是言须经外在环境考验,守节不易,为九卦的第四层。

---

① 刘玉建:《〈周易正义〉导读》,齐鲁书社2005年版,第421页。
② (清)李光地著,刘大钧注:《周易折中》,巴蜀书社1999年版,第609页。
③ 郑万耕:《损益两卦何以深受古人青睐》,《北京师范大学学报(社会科学版)》2004年第6期。

《系辞》云："《困》，德之辨也……《困》，穷而通……《困》以寡怨。"《本义》释"《困》，德之辨也"为"困以自验其力"；释"《困》，穷而通"为"困，身困而道亨"；释"《困》以寡怨"为"寡怨谓少所怨尤"。①

《困》䷮卦辞："坎下兑上，困。亨，贞，大人吉，无咎。有言不信。"《本义》释："困者，穷而不能自振之义。坎刚为兑柔所揜，九二为二阴所揜，四、五为上六所揜，所以为困。坎险，兑说，处险而说，是身虽困而道则亨也。二、五刚中，又有大人之象，占者处困能亨，则得其正矣，非大人其孰能之！故曰贞。又曰大人者，明不正之小人不能当也。有言不信，又戒以当务晦默，不可尚口，益取穷困。"②

《困》卦之义为"穷而不能自振"，从卦象而言，上为坎，下为兑，皆为水象，无所依靠，故不能自振。从卦爻位而言，坎在下，被兑所揜（"揜"通"掩"，遮蔽、掩藏之义）；九二爻被初六和六三爻所揜；九四爻和九五爻被上六爻所揜，所以有困之象。虽困，但上有兑之说（通"悦"），九二和九五爻又皆居中位，既阳且中，为大人居其位，有亨得正，故谓贞。而大人须正，不正之小人不可为大人。大人处困，言不被人所信，故应保持晦默，不可以口免困，故《益》为穷困。

朱熹从卦象、卦体、卦德释《困》，认为对九二、九五刚中之大人而言，被下卦初六、六二爻以及上六爻所揜，而于困时又无法依靠口（兑为口）来解困，故只能借助自己刚中之力来面对困境，故《本义》释"《困》，德之辨也"为"困以自验其力"。

程颐亦认为此"大人"与"君子"为通称，故释《象·困》"困，刚掩也。险以说，困而不失其所亨，其唯君子乎"一句时说道，《困》乃"刚阳君子而为阴柔小人所掩蔽，君子之道困窒之时也。……下险而上说，为处险而能说，虽在困穷艰险之中，乐天安义，自得其说乐也。时虽困也，处不失义，则其道自亨，困而不失其所亨也。能如是者，其唯君子

---

① （宋）朱熹：《朱子全书》第1册《周易本义》，上海古籍出版社、安徽教育出版社2010年版，第142页。
② （宋）朱熹：《朱子全书》第1册《周易本义》，上海古籍出版社、安徽教育出版社2010年版，第72页。

乎"①。可以说，君子大人之道虽困，亦是验证自我德性之时。同时，如能以刚中之力以及说乐之心态处之则道亨，故朱熹释"《困》，穷而通"为"困，身困而道亨"。

《本义》释"《困》以寡怨"为"寡怨谓少所怨尤"。何故？其义需从《大象·困》："泽无水，困，君子以致命遂志"一句来看。《本义》释："水下漏则泽上枯，故曰泽无水。致命犹言授命，言持以与人而不之有也。能如是，则虽困而亨矣。"②

所谓"致命遂志"，朱熹认为："致命如《论语》'见危授命'与'士见危致命'之义一般，是送这命与他，自家但遂志循义，都不管生死，不顾身命，犹言置死生于度外也。"③

"见危授命"出自《论语·宪问》"见利思义，见危授命，久要不忘平生之言，亦可以为成人矣"一句；"士见危致命"出自《论语·子张》"子张曰：'士见危致命，见得思义，祭思敬，丧思哀，其可已矣。'"一句。朱子用《论语》所记录孔子及其弟子的言论来对应"见危授命"之义，皆是表达君子或士人能在危急时刻为大义挺身而出，甚至献出自己生命以成全义，这样也是"遂志循义"之举，故少有怨言。

孔颖达亦云："'困以寡怨'者，遇困，守节不移，不怨天，不由人，是无怨于物，故寡怨也。"④

综上，可以这样理解朱熹对三陈《困》卦意义的诠释，即：第一陈，点明大人或君子处被群阴所困之时须借助自己刚中之力来坚守自己的善性，这是对自己德性的考验，故为"德之辨"；第二陈，点明人虽处于困境，但如能以和悦之心态处之，乐天安义，自得其乐，则能亨通；第三陈，强调人处困时需要付出，有时甚至需要付出生命，但如能见利思义则不怨天尤人、无怨无悔，正如《周易折中》引陆九渊所言"吾遂吾之志，何怨之有"⑤。

---

① （宋）程颐：《周易程氏传》，中华书局2016年版，第210页。
② （宋）朱熹：《朱子全书》第1册《周易本义》，上海古籍出版社、安徽教育出版社2010年版，第118页。
③ （宋）朱熹：《朱子全书》第16册《朱子语类》卷73，上海古籍出版社、安徽教育出版社2010年版，第2457页。
④ 刘玉建：《〈周易正义〉导读》，齐鲁书社2005年版，第421页。
⑤ （清）李光地著，刘大钧注：《周易折中》，巴蜀书社1999年版，第608页。

如果说《困》卦强调对德性的坚守，那么《井》卦则是强调德性之不易（"易"为变）。《系辞》云："《井》，德之地也……《井》，居其所而迁……《井》以辨义。"《本义》释"《井》，德之地也"为"井以不变其所"①；释"《井》，居其所而迁"为"井不动而及物"②；释"《井》以辨义"为"辨义谓安而能虑"③。

《井》䷯卦辞："巽下坎上，井。改邑不改井，无丧无得，往来井井。汔至亦未繘井，羸其瓶，凶。"《本义》释："井者，穴地出水之处。以巽木入乎坎水之下，而上出其水，故为井。改邑不改井，故无丧无得，而往者来者，皆井其井也。汔，几也。繘，绠也。羸，败也。汲井几至，未尽绠而败其瓶，则凶也。其占为事仍旧，无得丧，而又当敬勉，不可几成而败也。"④

《井》之义为"穴地出水之处"。从卦象而言，巽卦在下，坎卦在上；巽为木，坎为水，以木入于水之下而上出水，故为井之象。在这里，朱熹强调"井象只取巽入之义，不取木义"⑤。他不同意程颐的"汲水桶之说"，认为此"解不通"，因后面"羸其瓶"一句说到"瓶"即是汲水之容器，再言水桶则重复。他说："'木上有水'是木穿水中，涨上那水。"又言："如桶中盛得两斗水，若将大一斗之木沉在水底，则木上之水亦长一斗，便是此义。如草木之生，津润皆上行，直至树末，便是'木上有水'之义。虽至小之物亦然。如菖蒲叶，每晨叶叶皆有水。如珠粒，虽藏之密室依然，非露水也。"⑥ 朱熹借木沉于水下而水位上升的物理现象以及菖蒲叶早上有露珠的例子说明"木上有水"之义，可谓

---

① （宋）朱熹：《朱子全书》第1册《周易本义》，上海古籍出版社、安徽教育出版社2010年版，第142页。
② （宋）朱熹：《朱子全书》第1册《周易本义》，上海古籍出版社、安徽教育出版社2010年版，第142页。
③ （宋）朱熹：《朱子全书》第1册《周易本义》，上海古籍出版社、安徽教育出版社2010年版，第142页。
④ （宋）朱熹：《朱子全书》第1册《周易本义》，上海古籍出版社、安徽教育出版社2010年版，第73页。
⑤ （宋）朱熹：《朱子全书》第16册《朱子语类》卷73，上海古籍出版社、安徽教育出版社2010年版，第2458页。
⑥ （宋）朱熹：《朱子全书》第16册《朱子语类》卷73，上海古籍出版社、安徽教育出版社2010年版，第2459页。

形象精当。

《象传·井》曰:"改邑不改井,乃以刚中也。"朱熹言:"井是那掇不动底物事,所以'改邑不改井'。"① 朱熹在释《象·井》时认为《象传》只言"改邑不改井"而不言"无丧无得、往来井井"是因为此两句"意与'不改井'同,故不复出"②。所以《井》卦"改邑不改井"和"无丧无得、往来井井"含义一致,皆以《井》卦九二和九五爻之刚中不动来表示"不动"之义。

所谓"无丧无得",程颐释为"汲之而不竭,存之而不盈"③ 之义,"往来井井"释为"至者皆得其用"④,并言"'无丧无得',其德也常。'往来井井',其用也周。常也,周也,《井》之道也"⑤。朱熹将"往来井井"解释为"往者来者,皆井其井也"。把第一个"井"看作动词,第二个"井"看作名词,与程颐解释一致。

从以上两句的分析可知,朱熹和程颐皆认为"往来井井"也好,"改邑不改井"也好,皆表示"不变""常""周"之义,都是讲道循环往复而不变。故《本义》释"《井》,德之地也"为"井以不变其所",强调"井"之常与不变。释"《井》,居其所而迁"为"井不动而及物"。"井是不动之物,然其水却流行出去利物"⑥,有流动养民之义。故《本义》释《大象·井》"木上有水,井,君子以劳民劝相"一句为"木上有水,津润上行,井之象也。劳民者,以君养民。劝相者,使民相养。皆取井养之义"⑦。强调井的利物养民之功。

朱熹认为"汔至亦未繘井,羸其瓶,凶"一句中的"汔"为"几",

---

① (宋)朱熹:《朱子全书》第16册《朱子语类》卷73,上海古籍出版社、安徽教育出版社2010年版,第2458页。
② (宋)朱熹:《朱子全书》第1册《周易本义》,上海古籍出版社、安徽教育出版社2010年版,第101页。
③ (宋)程颐:《周易程氏传》,中华书局2016年版,第214页。
④ (宋)程颐:《周易程氏传》,中华书局2016年版,第214—215页。
⑤ (宋)程颐:《周易程氏传》,中华书局2016年版,第215页。
⑥ (宋)朱熹:《朱子全书》第16册《朱子语类》卷76,上海古籍出版社、安徽教育出版社2010年版,第2594页。
⑦ (宋)朱熹:《朱子全书》第1册《周易本义》,上海古籍出版社、安徽教育出版社2010年版,第118页。

"汔至"意为"几近到达"①;"繘"为"绠",意为绳索;"羸"为"败",意为打破。此句意为:虽汲水已经几乎到达井上,但绳索已出却还未离开井口时,瓶子就被打破,这是凶。如占筮得此卦,说明做事无所得,虽心情沮丧,但仍可从中得到敬勉,不能有始无终、半途而废。唐孔颖达《周易正义》亦云:"弃其方成之功,虽有出井之劳,而与未汲不异。喻今人行常德,须善始令终。若有初无终,则必至凶咎,故曰'汔至,亦未繘井,羸其瓶,凶。'"②强调成德过程须善始善终,有敬慎之心。《本义》释"《井》以辨义"为"辨义谓安而能虑",正是强调行常德而心能安于正道,故能思虑周详,秉公为民。"安而能虑"出自《大学》:"知止而后有定,定而后能静,静而后能安,安而后能虑,虑而后能得。"这也是朱子用"四书"解《易》理之证明。朱子亦言:"'井以辨物',辨义谓安而能虑。盖守得自家先定,方能辨事之是非。若自家心不定,事到面前,安能辨其义也!"③

故朱子言,所谓"井,德之地",是言"井有本,故泽及于物而井未尝动,故曰'居其所而迁'。如人有德而后能施以及人,然其德性未尝动也。'井以辨义',如人有德,而其施见于物,自有斟酌裁度"④。孔颖达释"井以辨义"为"井能施而无私,则是义之方所,故辨明于义也"⑤。《周易折中》引陆九渊语:"'井以辨义',君子之义,在于济物,于井之养人,可以明君子之义。"⑥皆强调施于物时,君子能思虑周到,无私为民,济物养人。

综上,可以这样理解朱熹对三陈《井》卦意义的诠释,即:第一陈,点明常德不变;第二陈,点明君子须修德养民;第三陈,强调立德须常存无私敬慎之心,做到终始不改。正如孔颖达所言:"此卦(引者按:

---

① (宋)朱熹:《朱子全书》第16册《朱子语类》卷73,上海古籍出版社、安徽教育出版社2010年版,第2458页。

② 刘玉建:《〈周易正义〉导读》,齐鲁书社2005年版,第302页。

③ (宋)朱熹:《朱子全书》第16册《朱子语类》卷76,上海古籍出版社、安徽教育出版社2010年版,第2594—2595页。

④ (宋)朱熹:《朱子全书》第16册《朱子语类》卷76,上海古籍出版社、安徽教育出版社2010年版,第2594页。

⑤ 刘玉建:《〈周易正义〉导读》,齐鲁书社2005年版,第422页。

⑥ (清)李光地著,刘大钧注:《周易折中》,巴蜀书社1999年版,第608—609页。

《井》）明君子修德养民，有常不变，终始无改，养物不穷，莫过乎井，故以修德之卦取譬名之'井'焉。"①

基于以上讨论，我们可以得出以下结论：《困》说的是人即使处于困境也须以和悦之心态坚守善性，即使需要为志向牺牲自我也矢志不移，而《井》则说的是人须常怀为民养民之心，思虑周详，无私为民，终始不易。二卦皆是在讲立德的坚守与不易之功。相比而言，如果说《困》卦主要强调坚守自我之善，《井》卦则已带有外王之德。

（2）《巽》之交：外王工夫

朱熹根据《系辞》所言，认为《巽》卦是言外王之工夫，为九卦的第五层。

《系辞》云："《巽》，德之制也……《巽》，称而隐……《巽》以行权。"《本义》释"《巽》，德之制也"为"巽顺于理以制事变也"②；释"《巽》，称而隐"为"巽称物之宜而潜隐不露"③。

《巽》䷸卦辞："巽上巽下，巽。小亨，利有攸往，利见大人。"《本义》释："巽，入也。一阴伏于二阳之下，其性能巽以入也。其象为风，亦取入义。阴为主，故其占为小亨。以阴从阳，故又利有所往。然必知所从乃得其正，故又曰利见大人也。"④

《巽》为八经卦之一，卦象为上下皆巽，卦德为入。上下卦之二三爻为阳爻，被下面一阴爻所伏。巽为风，为入。上下卦阴爻少于阳爻数，为上下卦之主爻，故占辞为"小亨"，而非"亨"。阴少阳多，故阴从阳。所从之阳如为九五之中正之爻，则可言利见大人。正如《象传·巽》所言："刚巽乎中正而志行"，《正义》释为："刚巽乎中正而志行指九五，柔谓初、四。"⑤ 初六和六四爻从九五之中正大人之爻，故

---

① 刘玉建：《〈周易正义〉导读》，齐鲁书社2005年版，第301页。
② （宋）朱熹：《朱子全书》第1册《周易本义》，上海古籍出版社、安徽教育出版社2010年版，第142页。
③ （宋）朱熹：《朱子全书》第1册《周易本义》，上海古籍出版社、安徽教育出版社2010年版，第142页。
④ （宋）朱熹：《朱子全书》第1册《周易本义》，上海古籍出版社、安徽教育出版社2010年版，第81页。
⑤ （宋）朱熹：《朱子全书》第1册《周易本义》，上海古籍出版社、安徽教育出版社2010年版，第103页。

利有所往。

《大象·巽》:"随风,巽,君子以申命行事。"《本义》释:"随,相继之义。"① 朱熹言:"巽卦是于'重巽'上取义。'重巽'所以为'申命'。"② 又言:所谓"重巽"之"巽","只是重卦,八卦之象皆如此"。而"申"非"两番降命令","只是丁宁反复说,便是'申命'。巽,风也,风之吹物,无处不入,无物不鼓动。诏令之入人,沦肌浃髓,亦如风之动物也"③。朱熹认为,所谓《大象》所言"君子以申命行事"是取《巽》卦重卦之义,有重复之象,而风亦有鼓舞万类的特性,故"君子当观其象而申命令"④,则命令必及乎下而无所不至。

"巽何以为德之制?"朱熹言:"巽为资斧,巽多作断制之象。盖'巽'字之义,非顺所能尽,乃顺而能入之义。谓巽一阴在二阳之下,是入细直彻到底,不只是到皮子上,如此方能断得杀。若不见得尽,如何可以'行权'"⑤ 朱熹将巽比作"资斧",有断制(裁制,决断)之象。"资斧"亦作"资鈇",利斧。利斧可断物,故巽并不只是有"顺"义,而是"顺而能入",唯有如此方可行权。朱熹强调《巽》之德不仅在"顺",而是"顺"且"入",是针对程颐对《巽》的注释中只强调"顺"之义而言。程颐释《大象·巽》"随风巽,君子以申命行事"一句时言:"两风相重,随风也。随,相继之义。君子观重巽相继以顺之象,而以申命令,行政事。随与重,上下皆顺也。上顺下而出之,下顺上而从之,上下皆顺,重巽之义也。命令政事,顺理则合民心,而民顺从矣。"⑥ 程颐强调君子在申命令行政事时,须顺民意,故民从之,但至于政令是否真正

---

① (宋)朱熹:《朱子全书》第1册《周易本义》,上海古籍出版社、安徽教育出版社2010年版,第120页。
② (宋)朱熹:《朱子全书》第16册《朱子语类》卷73,上海古籍出版社、安徽教育出版社2010年版,第2480页。
③ (宋)朱熹:《朱子全书》第16册《朱子语类》卷73,上海古籍出版社、安徽教育出版社2010年版,第2480页。
④ (宋)朱熹:《朱子全书》第16册《朱子语类》卷73,上海古籍出版社、安徽教育出版社2010年版,第2480页。
⑤ (宋)朱熹:《朱子全书》第16册《朱子语类》卷76,上海古籍出版社、安徽教育出版社2010年版,第2594页。
⑥ (宋)程颐:《周易程氏传》,中华书局2016年版,第255页。

深入人心则没有谈及。元代赵汸言："风行相继，无物不入，巽之象也。君子以风不继无以深入万物，命不继无以深入万民，故于国家纪纲，民生利病，无不三令五申，熟民耳目，一民心志，而后行其所命之事，则有以深入乎人心矣。"① 这是对"入"之义较为明晰的诠释，强调君子发布命令以能深入民心为最终目的。故在朱熹看来，"巽"之所以"为德之制"，是因巽顺于理且能入万物于无形，君子行政令以能顺民心且深入民心为宗旨，故《巽》为君子施道于民的标准。

《本义》释"《巽》，称而隐"为"巽称物之宜而潜隐不露"。朱熹言："以'巽以行权'观之，则'称'字宜音去声，为称物之义。"② "'巽称而隐'，巽是个卑巽底物事，如'兑见而巽伏也'，自是个隐伏底物事。盖巽一阴在下，二阳在上，阴初生时已自称量得个道理了，不待显而后见。如事到面前，自家便有一个道理处置他，不待发露出来。如云'尊者于己逾等，不敢问其年'，盖才见个尊长底人，便自不用问其年，不待更计其年然后方称量合问与不合问也。'称而隐'是巽顺恰好底道理。有隐而不能称量者，有能称量而不能隐伏不露形迹者，皆非巽之道也。'巽，德之制也'，'巽以行权'，都是此意。"③

意思是说，巽之"称而隐"，"称"是四声，取称量之义。"隐"为隐伏于下。《巽》从卦象而言，相比《兑》☱之阴显见于二阳之上，《巽》☴之阴则潜伏于二阳之下，故譬喻处卑微之位的事物，这是从卦成之时便决定了的，不用出现后再显露出来，是自然表现出来的特性。如《礼记》中所记载"尊者于己逾等，不敢问其年"，处尊位之人不用问其年龄，尊卑之义自然如是。"称而隐"即是表现了这样一种道理，隐藏于内却自然如是，这是《巽》本身的特性决定的。孔颖达云："言巽称扬号令，而不自彰伐而幽微也。"④ 都是强调《巽》有称量物事而不自彰伐、

---

① （元）赵汸：《文渊阁四库全书》第27册《周易文诠》，台湾商务印书馆1986年版，第574页。

② （宋）朱熹：《朱子全书》第16册《朱子语类》卷76，上海古籍出版社、安徽教育出版社2010年版，第2595页。

③ （宋）朱熹：《朱子全书》第16册《朱子语类》卷76，上海古籍出版社、安徽教育出版社2010年版，第2595页。

④ 刘玉建：《〈周易正义〉导读》，齐鲁书社2005年版，第421页。

以义权之而理自明的特点。

《系辞》言："《巽》以行权。"朱熹言："巽有优游巽入之义，权是仁精义熟，于事能优游以入之意。"（按：弟子之言，朱子曰"是"。）"权之用便是如此。见得道理精熟后，于物之精微委曲处，无处不入，所以说'巽以行权'。"① 又言："巽是入细底意。说在九卦之后，是八卦事了，方可以行权。""隐"为"隐不见也。如风之动物，无物不入，但见其动而不见其形。权之用亦犹是也。昨得潘恭叔书，说滕文公问'间于齐、楚'②与'竭力以事大国'③两段，注云：'盖迁国以图存者，权也；效死勿去者，义也。''义'字当改作'经'。思之诚是。盖义便近权，如或可如此，或可如彼，皆义也。经则一定而不易。既对'权'字，须著用'经'字。"④

朱子认为，"隐"为隐藏之义，风为动之物，能无物不入，但只能见其动而不见其形，"权"亦是有类似的特点。《巽》作为九卦的最后一卦，君子只有明前八卦所言之德性，即对仁义、道理达到了精熟的程度，才能做到行权游刃有余。朱子所举两则孟子与滕文公的对话旨在说明"权"是与"经"相对的。譬如在爱国方面，有誓死捍卫土地的爱国，也有追随圣王的爱国。前者为义，朱熹认为改为"经"更合适，因为经强调不变之道；后者则是权，与"义"同义，意为根据实际情况有所"权衡"，"或可如此，或可如彼"，顺时而变之义。可以说，《巽》体现了《易》"变易以从道"的特点。

---

① （宋）朱熹：《朱子全书》第16册《朱子语类》卷76，上海古籍出版社、安徽教育出版社2010年版，第2596页。

② 原文取自《孟子》：滕文公问曰："滕，小国也，间于齐、楚。事齐乎？事楚乎？"孟子对曰："是谋非吾所能及也。无已，则有一焉；凿斯池也，筑斯城也，与民守之，效死而民弗去，则是可为也。"

③ 原文取自《孟子》：滕文公问曰："滕，小国也；竭力以事大国，则不得免焉，如之何则可？"孟子对曰："昔者大王居邠，狄人侵之。事之以皮币，不得免焉；事之以犬马，不得免焉；事之以珠玉，不得免焉。乃属其耆老而告之曰：'狄人之所欲者，吾土地也。吾闻之也：君子不以其所以养人者害人。二三子何患乎无君？我将去之。'去邠，逾梁山，邑于岐山之下居焉。邠人曰：'仁人也，不可失也。'从之者如归市。或曰：'世守也，非身之所能为也。效死勿去。'君请择于斯二者。"

④ （宋）朱熹：《朱子全书》第16册《朱子语类》卷76，上海古籍出版社、安徽教育出版社2010年版，第2595页。

朱熹又言："巽只是孝道，低心下意底气象。人至行权处，不少巽顺，如何行得！"① 孔颖达释"巽以行权"："巽顺以既能顺时合宜，故可以权行也。若不顺时制变，不可以行权也。"②《周易折中》引陆九渊语："'巽以行权'，巽顺于理，如权之于物，随轻重而应，则动静称宜，不以一定而悖理也。"③"低心下意""顺时合宜""随轻重而应"皆强调巽之顺，有顺求民意、顺时而变不固执于"一定"之义。

综上，可以这样理解朱熹对三陈《巽》卦意义的诠释，即：第一陈，点明君子行政令如《巽》"顺""入"的特点，以能顺民心且深入民心为宗旨，故为君子施道于民的标准；第二陈，点明《巽》有称量物事而不自彰伐、以义权之而理自明的特点；第三陈，君子须以《巽》"称而隐"的特性来行权，即根据民意和实际情况有所权衡，顺时而行。

概言之，在朱熹看来，《系辞》的三陈九卦是在《周易》卦爻辞所彰显的忧患意识下，以礼为立德之基，以明德修德（修己）为立身之本，以治国平天下（治人）为德性之显用的知行合一、盛德广业的系统性工夫论框架。它将乾坤的健顺之性以及元亨利贞四德的体用融会于各卦之中，并与理学的仁义礼智相结合，形成了天道与人道、本体论、心性论与工夫论相贯通的"《易》教"系统。但在朱熹看来，一切以修身为本，正如下段朱子与弟子李从之的对话中所阐明的那样：

> 李从之问："'一是皆以修身为本'，何故只言修身？"曰："修身是对天下国家说。修身是本，天下国家是末。凡前面许多事，便是理会修身，'其所厚者薄，所薄者厚'，又是以家对国说。"④

可以说，朱熹"《易》教"思想的核心是工夫论，而工夫论的核心在修身。从朱熹的理学角度而言，正心、诚意、格物、致知是修身的方法与

---

① （宋）朱熹：《朱子全书》第16册《朱子语类》卷76，上海古籍出版社、安徽教育出版社2010年版，第2596页。
② 刘玉建：《〈周易正义〉导读》，齐鲁书社2005年版，第422页。
③ （清）李光地著，刘大钧注：《周易折中》，巴蜀书社1999年版，第609页。
④ （宋）朱熹：《朱子全书》第14册《朱子语类》卷15，上海古籍出版社、安徽教育出版社2010年版，第491页。

工夫，即明明德（修己）；齐家、治国、平天下是治人的方法与工夫，是新民。二者皆备则止于至善。正如朱熹所言：

> 《大学》"在明明德，在新民，在止于至善"，此三个是大纲，做功夫全在此三句内。下面知止五句是说效验如此。上面是服药，下面是说药之验效。正如说服到几日效如此，又服到几日效又如此。看来，不须说效亦得，服到日子满时，自然有效。但圣人须要说到这田地，叫人知"明明德"三句。后面又分析开八件：致知至修身五件，是明明德事；齐家至平天下三件，是新民事。至善只是做得恰好。①

从"《易》教"工夫论的视角来说，朱熹在《周易本义》中试图用太极的阴阳二气在《乾》《坤》二卦中所体现的健顺之性情，一来将健顺之性情与人心之性情相贯通，二来将健顺元亨利贞之四德与五行以及人性仁义礼智之五常（信居中央为土，为太极）相匹配，三来用于统摄其他六十二卦之性情及体用，从而构建起以阴阳为核心的"《易》教"工夫论。六十四卦皆有修德教化之方，并在《易传》尤其是《大象传》中体现最为明显。但相比而言，三陈之九卦对于修德而言则更具系统性和代表性。朱熹从《周易》各卦的卜筮辞诠释入手，结合《易传》中所揭示的象数、义理以及前人易学著作中所体现的"《易》教"思想，对儒家"《易》教"之工夫论做了系统而创新性的阐发，体现了其"集大成"的易学和"《易》教"思想。

第三节　小结

朱熹曾言："某尝谓上古之书莫尊于《易》，中古后书莫大于《春秋》，然此两书皆未易看。今人才理会二书，便入于凿。若要读此二书，切理会他大义。《易》则是尊阳抑阴，进君子而退小人，明消息盈虚之

---

① （宋）朱熹：《朱子全书》第14册《朱子语类》卷15，上海古籍出版社、安徽教育出版社2010年版，第492页。

理；《春秋》则是尊王贱伯，内中国而外夷狄，明君臣上下之分。"① 从"《易》教"角度而言，《易》的尊阳抑阴、明消息盈虚之理，在朱熹看来，皆是为了要达到进君子退小人的政治目标，从而形成上圣下贤的良性政治生态，建构和谐社会的美好愿景，其中也包含着对"君子"美好品德的追求。这无疑都是"《易》教"必须完成的现实使命。

从理学思想的建构来说，"朱熹融合本体论、心性论与工夫论，确立儒家道德形上学体系，即以圆融理气心性的形上体系作为儒家道德价值理想的合法性依据。理与气、太极与阴阳、天理与人欲、道心与人心、天地之性与气质之性、性与情……朱学的这种生命二元架局最终要落实于即物穷理、存理灭欲、涵养用敬、变化气质的工夫，即要学做圣人、克己复礼、行仁践义，坚守儒家道德价值理想，最终成圣成贤"②。

朱熹"《易》教"思想与其理学思想在彼此的建构过程中因终极目标一致而相融互释。"《易》教"思想的建构是以《易》为基底，在《易》文本的诠释中，融合了理学思想；理学思想的建构则是以"四书"为基底，在对"四书"的文本诠释基础上将《易》之形上形下的哲思融会于理学体系之中。可以说，朱熹从包括图书学在内的象数易学以及义理易学中找到了儒家"《易》教"以及理学体系形而上的本体论、心性论的理论基础，并集中体现在以《易学启蒙》以及《周易本义》卷首九图为中心的图示和对图示的诠释中；同时又从义理易学中找到了儒家"《易》教"以及理学体系形而下的工夫论理论基础，并集中体现在以《周易本义》为中心的文本义理诠释中。其"《易》教"思想最终落实于修德和治人的工夫论层面。从理一分殊的视角来看，如果说"《易》教"的本体论、心性论是"理一"下贯于心而得"万理"（分殊之理）的过程，那么"《易》教"的修德与治人在朱熹看来则是从万物中得万理，最终达到理与心一、人伦有序、成圣成贤、止于至善的终极目标。

---

① （宋）朱熹：《朱子全书》第 16 册《朱子语类》卷 67，上海古籍出版社、安徽教育出版社 2010 年版，第 2227 页。

② 郑治文：《本体·心性·工夫——"北宋五子"到朱熹的理学范式建构》，《齐鲁学刊》2020 年第 2 期。

第 六 章

朱熹"《易》教"思想的历史影响及当代价值

第一节 朱熹"《易》教"思想的历史影响

一 朱熹"《易》教"思想的继承发展

从历史理性的角度出发,朱熹"《易》教"思想丰富了儒家"《易》教"思想体系的内容,为儒家"《易》教"思想提供了思想(德性)和实践(德行)上的支撑。

朱熹的"《易》教"思想不仅落实在理论上,将《易》之太极从宇宙论到本体论继而到工夫论的贯通,将儒家以仁为核心的教化思想体系寻找到本体论依据,从而有效地反击了佛道对儒家无形而上理论支撑的攻击,并针对二氏以"空""无"为世界本原、缺乏"入世"情怀的虚无主义进行了有力的批判,形成了系统的儒家"《易》教"思想体系,同时在政治与教育实践中开展躬行践履的工夫。

朱子门人半天下,依据陈荣捷考订,共488人。随着新出土资料的出现,名单一定会再拉长。① 故对朱熹"《易》教"思想的影响方面而言,很难一言以蔽之。从目前的学术成果来看,朱熹的"《易》教"思想理论主要是借助朱熹易学著作的注释和编纂过程而展开的。具体而言,根据张克宾②的考察,主要针对《周易本义》以及《易学启蒙》两部著作。

就《周易本义》而言,分为两派,其一是以朱熹弟子蔡渊(字伯静,

---

① 唐君毅:《中国哲学原论》,人生出版社1966年版。
② 张克宾:《朱熹易学思想研究》,人民出版社2015年版,第305—309页。

号节斋）及其再传弟子董楷（字正叔）为代表，不依"《易》乃卜筮之书"的说法。董将《程氏易传》与《周易本义》合编，并将程朱论《易》之说置于注文之后，成《周易传义附录》一书。之后，《本义》版本几经变换，而《周易大全》依据董氏本等为底本，仍沿其误而成为官方定本，后世则更出现了依照《程氏易传》经文次序的单行本并广为流传。其二为继承和发扬《本义》思想，而具体情况又分为三种：第一种为折中派。为弥补《本义》专讲象占而疏于义理的不足，故将《本义》与《程氏易传》相合互参，从而使象数义理融合互补。代表著作如元董真卿的《周易汇通》、明胡广等编撰的《周易传义大全》以及清李光地等撰写的《周易折中》。第二种为继承派，以《本义》为基础，援引朱熹《文集》《语类》中的易说。代表著作如元胡一桂《〈周易本义〉附录纂疏》、胡炳文《〈周易本义〉通释》、熊良辅《〈周易本义〉集成》等。第三种为创新派，在吸纳朱熹易学、"《易》教"思想基础上提出了自己独特的思想和观点，代表著作如元吴澄《易纂言》、明蔡清《易经蒙引》等。就《易学启蒙》而言，主要探讨象数学和占筮法，因与"《易》教"思想的阐发不甚直接，在此不做赘述。

据乔宗方①考察，折中派清代李光地通过《周易折中》，在结合程朱二人的理学及"《易》教"思想的路线下，阐发了"性即理也，命即道也"的性命观，认为性命即道德，人作为"天地之子"继承了天地之理而成性，因此人性本善，但"其末流区以别矣"，"局于所受之偏而不能完气所付之全"②，故人有善有不善，这是继承了朱熹在人性论方面"天地之性"与"气质之性"之分。李光地在解释《复》卦"《复》，小而辨于物"时认为人需要保持或恢复善端，则需要通过"执中"。"天地之心，在人则为道心也。道心甚微，故曰复，小而辨于物。于是而唯精以察之，惟一以守之，则道心流行，而微者著矣……惟精惟一者，所以执中而矣。"③ 即通过保持中正从而恢复道心。在国家治理方面则提出了尊阳贵君的思想，"一君二民"的政治体制，广施君恩、福流万民的"为君之

---

① 乔宗方：《〈周易折中〉易学思想评析》，硕士学位论文，山东大学，2006年。
② （清）李光地：《周易折中》，巴蜀书社1998年版，第854页。
③ （清）李光地：《周易折中》，巴蜀书社1998年版，第562页。

道",不结党营私、君臣以诚相待的"为臣之道",养贤养民,实施宽容的政治手段以及统治者须保持忧患意识等建议。

据李秋丽①考察,继承派元代胡一桂的《周易本义附录纂疏》以及《周易启蒙翼传》二书,在以弘扬朱熹易学、"《易》教"思想为旨趣的前提下对朱熹《本义》和《启蒙》进行了创造性诠释。在本体论上,他吸收了朱熹关于"太极即理"的思想以及"易有理而后有数,有数而后有卦,有卦而后有象"的思想,认为理是具有超越性和逻辑先在性的,有理才有数,有数才有卦,有卦才有象,而象又统于占。在理气论上,他认同朱熹先有理、后有气的思想,认为阴阳乃气之始,包括天地万物在内的宇宙万殊皆是阴阳气化的结果。同时,他认为太极之理不仅贯穿象数,还贯穿于宇宙自然和社会人生的诸多领域,正所谓"无极太极之妙而实不离乎日用常行之间。其大包乎天地阴阳万事万物之富,而要不出乎君臣父子夫妇长幼朋友之序之外"②。

据王新春③考察,从理学角度而言,吴澄易学思想的内涵主要体现在八个方面:一是认为天道为人道的终极价值理据,天道因人的价值自觉而下贯转化为人道。人推天道以明人事,本于天道以立人道从而开人文。二是造化天人万象的终极本原为理和气,理为主宰,气为天人万象形质所自来。三是天道性命贯通,天人万象由理气造化出后形成一有机生存共同体与生命共同体,成为人之生活世界。而理赋予人之正性和善性,性即理。四是由秉受之气的清浊不同而彰显出来的善性也有所差异。五是人所秉受的理和气成为天理和人欲在人身上的相互张力,所以人须去其人欲之妄,不徇人欲之私,而合天理之宜。六是易学的核心乃三才之道,三才之道的彰显让人的地位得以确立而成为自觉接续天地之道的主体性存在。七是在生活世界中,人因世界万物彼此生化、对待、相通等关系而有着不同的时与遇。八是人之心灵需要为世界敞开,通过格物致知而诚意,透过自身的德性涵养,存天理去人欲,变化气质,彰显善性,成圣成贤。人须让其善

---

① 李秋丽:《胡一桂易学思想研究》,博士学位论文,山东大学,2006年。
② (元)胡一桂:《双湖先生文集》卷一《题陈元仲诗集序》,文渊阁《四库全书》。
③ 王新春:《吴澄理学视野下的易学天人之学》,《易学与儒学国际学术研讨会论文集(易学卷)》,2005年,第233—246页。

性通过躬行得以显用，对社会有所担当，从而确立我的世界。应与时偕行，见微知著，用时的智慧解决现实问题，从而达到从心所欲不逾矩的圣人时者之人格。从吴澄对朱熹"《易》教"思想的继承来看，其对本体论、心性论、认识论和工夫论方面的思想基本是对朱熹思想的继承，注重对由太极之理通过理气关系下贯于人的天理的保持和多余人欲的去除，并通过躬行实践达到儒家入世、济世救人，最终成圣成贤的目标。

朱熹及其后学的"《易》教"实践在与理学教化思想融合汇流之后，主要体现在士人教育、社会教化和家庭教育三个方面。

根据陈支平[①]的整理和考察，朱熹针对士人教育，认为培养士人、学子的高尚品德是为学的最高目标，于是在他一生中大部分时间都在讲学论道、教育学生、著述立作中度过。朱熹在为数不多的几年从政时间中，除了为民兴利之外，还努力整顿县学教育。二十四五岁出任同安主簿期间，针对县学教育中儒道式微的情况，发布《谕学者》《谕诸生》《谕诸职事》等文告，确立县学宗旨及大纲，制定学校规章制度，增修讲学之法。之后还做了重定策试答问之法，荐举学宾、直学，重建书斋、教思堂、经史阁、整理搜集藏书等一系列恢复县学的努力。在其他从政地，他策划建立岳麓书院、推动白鹿洞书院的修建与招生。在他的影响和努力下，几十所书院也得以创建或活跃起来。据统计，南宋书院运动中，与朱熹直接相关的书院共计四十所，其中创建书院四所，修复书院三所，在二十所书院讲学，为七所书院撰记题诗，为六所书院题词题额。还有二十七所书院是以朱熹年轻时读书或成名之后的讲学之地为契机而建立起来，以为纪念。

在社会教化方面，朱熹努力构建尊老爱幼、乡里和谐、患难相助，以"孝"为核心的具有一定自治能力的社会。具体做法是制定一系列以"德业相劝"为纲领，以过失相规、礼俗相交、患难相恤为主要内容的乡约，并设计了以乡里之中的长辈为核心的管理乡约的组织体系。其后学真德秀和黄榦也在自己从政期间，发布劝谕文，劝谕民众遵守孝道、和睦乡里，并排斥佛道以及怪力乱神，建立以儒家道德标准为基石的社会结构。

在家庭教育方面，朱熹则亲自书写"朱子家训"，重视建立与乡约内

---

① 陈支平：《朱熹及其后学的历史学考察》，商务印书馆2016年版，第58—90页。

容相一致的以孝道为基础，以尊老爱幼、乡里和谐、患难相助为核心的社会秩序。同时撰写《家礼》一书，着重针对家庭、家庭内部行为做出系统性规范。除制定了尊重长辈之类的行为规范外，还对夫妻和睦关系的缔结与维系、家庭成员的文化、礼制等方面的教育学习都做出了系统阐述。

其后学如陈淳、黄榦、真德秀等也继承师志，关注社会问题，并根据自己的道德标准，对社会上种种不良之风作出改造。陈淳针对社会上出现的告讦健讼之风和以强凌弱、无赖横行之风进行了谴责，上表《上傅寺丞论民间利病六条》《上傅寺丞论告讦》等文，痛斥那些与官府关系密切的社会上层人士通过操纵官府办案从中牟利，导致民间诉讼案件攀升的现象，并认为应采取教化与惩治相结合的方法进行化解。同时也针对社会上出现的"折合之风"、屠牛之风、僧寺及僧田泛滥、海盗南迁防盗等问题提出了自己的解决之策。黄榦则针对地方豪强倚仗权势、诬告他人，从而攫取他人田业致富以及士人横行乡里无视法纪的情况为受害者秉公执法，伸张正义，有时面对豪强不服判决、无理上诉时，也能坚持据理力争、越权申辩。真德秀仿效朱熹，撰写社会教化类的《谕俗文》《劝农文》等文。他在《潭州谕俗文》一文中，把社会教化分为个体家庭、宗族乡族、民间基层与社会关系三层，把孝道作为家庭、宗族和社会管理的核心，并通过孝道的宣扬，摒弃社会各种不良的社会风气。明清时期，福建各地依然兴办书院，并以朱熹的道德教化思想为力量，培育后代，淳化社会。

二　朱熹"《易》教"思想的局限

如上文所述，朱熹"《易》教"思想无论是从本体论、心性论以及工夫论的理论建构，抑或从具体如士人的教育以及社会和家庭教化的实际操作层面，都构建起了完整而宏大的"《易》教"体系，贯穿儒家知行合一（知在行前，行重于知）、注重入世的普世情怀和人文关怀，确实在当时发挥了重要的作用，为后世树立了良好的榜样。但正如朱熹所言，《易》历三古，时代的变化必然暴露出当时思想的局限性，这主要体现在以下两方面：

其一，朱熹从尊重客观历史的角度出发，认为伏羲所在的上古时期，人民民风淳朴，只需要将教化寓于卜筮，教人趋吉避凶即可，故《易》本为卜筮而作。因此，他在诠释《周易》经传时从卦爻辞为卜筮之辞的角度出发,尊重《周易》本义,同时还利用卜筮人人皆可用的特点,将《周易》的教化功能发挥到最大化。同时,他注重《易传》后天易在义理上的发挥。《系辞》言:"《易》有圣人之道四焉:以言者尚其辞,以动者尚其变,以制器者尚其象,以卜筮者尚其占。"又言"是故,君子居则观其象,而玩其辞;动则观其变,而玩其占。是以自天佑之,吉无不利。"象、辞、变、占为易之四道,可以说朱熹做到了将此四道圆融于一的境界,在当时是具有进步意义的。

但人人可用的卜筮之法到了当代,则已不适应社会整体的需求,故应予以理性看待。朱熹的本意应是让大家不能仅谈象数而使《周易》成为穿凿附会之语,也不能仅看重《易传》等后天易学之义理的阐发,而不追求其本原。从这个角度而言,我们既需要客观看待《周易》"卜筮其外"的特点,同时也要将其"哲理其中"的特点从《周易》象数与义理结合的角度进行深入的挖掘,从而能够将《周易》"易道广大,无所不包"的特点发挥到极致。从"《易》教"思想的角度而言,我们应更多地发掘对当代教化有所助益的内容,并结合时代需求,对其思想进行合理的扬弃,对儒家"《易》教"思想做到继承与发扬。

其二,朱熹对《周易》经传的诠释,主要是服务于其理学思想的建构与完善,而其理学思想主要是围绕"明明德、亲民、止于至善",即为人的立德修身以及社会的和谐有序的目标而建构,这就注定了其只注重人的品德的养成和国家从政人才的培养,而忽视了《周易》中所蕴含的社会其他方面如对科学技术知识的学习,这是自孔子以来儒家学人对《周易》等"五经"的定位所决定的。

西方学者如数学家莱布尼茨早在 18 世纪初发明二进制时,就在与教父白晋的通信中受到了他提及的伏羲八卦图的影响,并最终促使他修改自己的论文,将题目改为《关于只用两个记号 0 和 1 的二进制算术的解释和对它的用途以及它所给出的中国古代伏羲图的意义的评注》而再次寄出。① 正如传教士白晋所言:"《易经》是中国最古老的一部著作,或许也

---

① 张西平:《莱布尼茨和白晋关于二进制与〈易经〉的讨论》,《中国哲学史》2020 年第 6 期。

是世界上最古老的。它是中国所有科学和传统的真正来源。"① 而这一点则是作为理学家的朱熹无法看到的。

第二节 朱熹"《易》教"思想的当代价值

朱熹在《周易》经传所阐发的儒家"《易》教"思想的基础上，融合前人"《易》教"思想之精髓，在理学与易学贯通的大背景下，形成了如其集大成之易学、理学思想一样宏大而深邃的"《易》教"思想，对当代教化理论和实践都具有重要的借鉴价值。

如前文所析，"《易》教"指的是《周易》的教化。教化在中国传统儒家思想体系中属于"广义的教育"，包括个人自我教育、家庭教育、学校教育以及社会教化四方面。从内涵上来说，则更注重对以家庭为核心的社会人伦的教化和对人品德的培养。

一 朱熹"《易》教"思想有助于当代个人品德的养成

当今社会，物质文明不断丰富，但也出现了一些为满足个人私欲而置人民利益于不顾，甚至铤而走险违反法纪的行为。秋石认为，道德问题主要表现在以下人群：一是官员的道德缺失。突出表现为少数官员弄权谋私、钱权交易、贪污腐化等。这些人的败德行为对社会的负面影响最大。二是企业和商人的道德缺失。突出表现为某些企业或商人诚信缺失、坑蒙拐骗、制假贩假等。三是文化名人道德缺失。突出表现为某些所谓的名人、专家沽名钓誉、抄袭剽窃、低俗炒作等。四是公民道德缺失。突出表现在某些公民不守公德、见危不救、以怨报德等。② 这些问题产生的根源都是缺乏对自我人性中贪欲的克制，从而在面对义利的选择题时，无法做出正确的抉择。

朱熹"《易》教"思想的核心是修身，也就是对人立德、修德的重

---

① Gottfried Wilhelm Leibniz, Der Brriefwechsel mit den Jesuiten in China (1689 – 1714), Heraugegeben und einer Einleitung versehen von Rita Widmaier, Textherstellung und Ubersetzung von Malte-Lundolf Babin, Felix Meiner Verlag 2006.

② 秋石：《正确认识我国社会现阶段道德状况》，《求是》2012 年第 1 期。

视,上文所述以《乾》《坤》二卦为总纲目,以"三陈九卦"体现个人成德的前提、基础、过程及实施效用的总体过程,便是以君子、大人的德性养成为中心来展开的。当然在其他卦的卦爻辞、《易传》,尤其是《大象传》对各卦的诠释中也可见作者对个人修身明德的重视,其过程是通过敬天顺天、培养中正、独立、谦卑自牧的品格和自强不息、厚德载物的人生原则来达成明明德,进而化民成德、推行教化。① 正是基于此,朱熹将"明明德"作为其教化思想的出发点和根本点,通过对《周易》经传的诠释,将其中所蕴含的"德"义进行发挥,从而构建起"《易》教"及理学教化系统。

朱熹对《大象传·乾》"天行健,君子以自强不息"的诠释中补充道"君子法之,不以人欲害其天德之刚,则自强而不息矣"②。强调应去除过多的人欲(即贪欲)才能做到自强而不息。朱熹对《大象传·大有》"火在天上,大有,君子以抑恶扬善,顺天休命"一句诠释道"天命有善而无恶,故遏恶扬善,所以顺天。反之于申,亦若是而已矣"③。抑恶扬善作为一种道德准绳,不仅是对自身品德中善的褒扬和恶的遏制,也是对社会中出现的各种涉及是非曲直问题的判断标准。朱熹对《大象传·蛊》"山下有风,蛊,君子以振民育德"一句诠释道,"事莫大于二者,乃治己治人之道也"④。"育德"是治己之道,"振民"是治人之道,强调对自己品德的涵养和对民生的振兴,而立己德为其本。其他卦义不一一列举。

综上,就人的品德培养来说,朱熹"《易》教"思想可以为我们提供思想养料,并为当代公民素养提升提供可资借鉴的角度和内容。

二 朱熹"《易》教"思想有助于当代家庭教育的完善

当今,我国对家庭教育尤其是家风家教十分重视。习近平总书记提

---

① 郑万耕:《〈周易·象传〉及其教化观念》,《孔子研究》2013年第6期。
② (宋)朱熹:《朱子全书》第1册《周易本义》,上海古籍出版社、安徽教育出版社2010年版,第105页。
③ (宋)朱熹:《朱子全书》第1册《周易本义》,上海古籍出版社、安徽教育出版社2010年版,第109页。
④ (宋)朱熹:《朱子全书》第1册《周易本义》,上海古籍出版社、安徽教育出版社2010年版,第110页。

出，要注重家庭，注重家教，注重家风。他指出："中华民族历来重视家庭。正所谓'天下之本在家'"①；"家风是社会风气的重要组成部分。家庭不只是人们身体的住处，更是人们心灵的归宿。家风好，就能家道兴盛、和顺美满；家风差，难免殃及子孙、贻害社会"②。

《家人》卦☲☴集中体现了《易》的家庭教育观。《彖传·家人》言："家人，女正位乎内，男正位乎外。男女正，天地之大义也。家人有严君焉，父母之谓也。父父、子子、兄兄、弟弟、夫夫、妇妇而家道正，正家而天下定矣"。《本义》释："以卦体九五、六二释'利女贞'之义。亦谓二、五。上父、初子，五、三夫，四、二妇，五兄，三弟，以卦画推之，又有此象。"③ 意思是说，《家人》卦由下卦离与上卦巽构成，其中主爻为六二与九五爻。《彖传》用六二爻代表一家之女，居下卦中位且得正，用九五爻代表一家之男，居上卦中位且得正，二者相应，男女得正，体现了天地阴阳得正之大义，此是解释《家人》卦辞"利女贞"之义。九五爻与六二爻为夫妇，上爻为父，初爻为子，九三为弟，九五为兄，六二、六四皆为妇，与九五和九三相配为夫妇。这就是所谓"父父、子子、兄兄、弟弟、夫夫、妇妇而家道正，正家而天下定矣"。朱熹将《家人》卦之六爻关系喻为所谓"父父、子子、兄兄、弟弟、夫夫、妇妇"的家庭伦理关系，从家庭夫妇再推至家庭成员的关系，继而推至天下定。

程颐释《家人》卦辞为："家人者，家内之道；父子之亲，夫妇之义，尊卑长幼之序，正伦理，笃恩义，家人之道也。"④ 朱熹弟子问《程氏易传》所谓正家之道在于"正伦理，笃恩义"。"今欲正伦理则有伤恩义，欲笃恩义又有乖于伦理，如何？"朱熹答曰："须是于正伦理处笃恩义，笃恩义而不失伦理，方可。"⑤ 意思是说，相对于家人之间的恩义而

---

① 习近平：《习近平谈治国理政》第 2 卷，外文出版社 2017 年版，第 353 页。
② 习近平：《习近平谈治国理政》第 2 卷，外文出版社 2017 年版，第 355 页。
③ （宋）朱熹：《朱子全书》第 1 册《周易本义》，上海古籍出版社、安徽教育出版社 2010 年版，第 99 页。
④ （宋）程颐：《周易程氏传》，中华书局 2016 年版，第 161 页。
⑤ （宋）朱熹：《朱子全书》第 16 册《朱子语类》卷 72，上海古籍出版社、安徽教育出版社 2010 年版，第 2439 页。

言，正伦理是本，只有在伦理正的前提下才能让家人之间的恩义更加笃定，恩义的笃定须是在伦理不失的前提下才可以保证。这是对人修身后齐家的要求，夫妇正，家道才得正；家道正，国家才得治。对民众如此，对君王亦如此。正如九五爻辞所言"王假有家，勿恤言"。程颐释"夫王者之道，修身以齐家，家正则天下治矣"①。朱熹认为"王假有家"之"有"非"奄有四方"之"有"，而是如"'夙夜浚明有家'、'亮采有邦'② 之'有'，谓三德者则夙夜浚明于其家，有六德者则亮采于其邦"③。朱熹用《尚书》之言来说明"王假有家"之义，意在说明身正之人才能让家庭家事乃至国家政事清明，达到家齐国治的至善境界。可以说，朱熹和程颐的解释皆是强调修身为齐家之本，齐家为治国之本。而齐家之本在正夫妇，正伦理，这对家庭的和谐以及家庭成员的品德养成都具有重要的作用。所以，无论是对立德树人、还是家庭和谐抑或社会安定来说，良好的家风和家教都起着非常重要的促进作用。

三 朱熹"《易》教"思想有助于当代学校立德树人目标的实现

学生是国家的未来和希望。学生在学校教育中不仅接受各学科的专业教育，同时在学校所创设的教育环境中，也会受到多方面深层次的影响。而朱熹"《易》教"思想也可以对学校教育的目标、方法及教学过程提供镜鉴。

"立德树人"是学校教育的根本任务。《周易》中蕴含着大量的立德思想，通过朱熹等儒者的深入诠释和实践，深化和丰富了修身立德的理论深度和践行广度，为后来学人明德与道德践履提供了全面的观照。

朱熹"《易》教"思想不仅可以丰富高校中国哲学、思想政治教育等专业的课程内容，而且通过系统的挖掘，潜移默化地将"立德树人"思想渗透进大中小学的学科课程体系中去，从而提升学生的道德素养，使其

---

① （宋）程颐：《周易程氏传》，中华书局2016年版，第164页。
② "夙夜浚明有家""亮采有邦"，此两句源自《尚书·皋陶谟》："日宣三德，夙夜浚明有家，日严祗敬六德，亮采有邦。"蔡沉集传："浚，治也。亮亦明也。有家，大夫也。有邦，诸侯也。浚明亮采皆言家邦政事明治之义。"
③ （宋）朱熹：《朱子全书》第16册《朱子语类》卷72，上海古籍出版社、安徽教育出版社2010年版，第2439页。

成为有道德、有理想、有文化、有纪律的"四有青年",对中华优秀传统文化的传承也有助于提升学生的文化自觉和文化自信。

在中华优秀传统文化进课堂的大背景下,可以将《周易》经传文本以及后来儒者如朱熹的诠释引进文科类的课程。例如在中小学的语文、文学或思政课上,可以将朱熹相关作品结合其易学、"《易》教"的内容融合,让学生们领略古文美的同时,也结合朱熹的生平、人品、思想特征,让学生更加深入地了解中国儒家思想的真谛和精华,从而被他们"先天下之忧而忧,后天下之乐而乐""为天地立心、为生民立命、为往圣继绝学、为后世开太平"的忧国忧民情怀所深刻感染和触动,从而激发其内心的善端与善行。也可在大学开设《周易》方面的人文素养类课程,让看似艰涩难懂的内容变得亲切,再结合朱熹等中国古代哲人的阐发,让《周易》及其教化思想得到更广泛的关注与认知。

四 朱熹"《易》教"思想有助于当代社会伦理的提升

朱熹"《易》教"思想除对立德内容的阐发外,还注重对社会人伦理序的建立。人伦的建立始于"亲亲",即朱熹所言"父父、子子、兄兄、弟弟"的家庭伦理,这种家庭伦理中的长幼尊卑之序扩展至全社会,便形成了家庭关系与其他社会人际关系并进的"尽伦"社会。

朱熹"《易》教"将《乾》《坤》的健顺之性与人的性情相关联,并将《乾》之元亨利贞四德与儒家五常之仁义礼智四德相匹配,形成了以五常为核心价值观的社会人伦关系。上文也分析了《大象传·履》中"君子以辨上下,定民志"一句,程朱将其认定为人与人之间所践履的定上下尊卑之"礼"。只有发自内心践行礼,才能让社会各阶层的人自觉组成一个等差格局的和谐社会。

从家庭的正人伦到国治的至善境界,这一切皆是为了人人能够"各正性命""各遂其性"。正如方朝晖所言:"尽伦"是为了让人成为人。……"尽伦"的终极理想就是每一个生命最大限度地自我实现和健全发展,即"尽性""生生"和"各遂其性"。……人伦重建是今日中国的当务之急,也是一切秩序重建的重要起点。①

---

① 方朝晖:《人伦重建是中国文化复兴必由之路》,《文史哲》2013 年第 3 期。

总之,《周易》作为中华优秀文化的代表,其中蕴含的"《易》教"思想不仅是中华教化思想的重要组成部分,为国家的长远进步、社会的有序发展、学校德育体系的构建、个人品德的提升发挥过重要作用,在当代中国也必将发挥越来越重要的作用。

参考文献

（一）著作

（汉）班固：《汉书》，中华书局1962年版。

（魏）王弼、楼宇烈：《王弼集校释》，中华书局1980年版。

（晋）陈寿：《三国志》，文渊阁四库全书本。

（唐）孔颖达疏：《周易正义》，北京大学出版社1999年版。

（唐）李鼎祚：《周易集解》（四库易学丛刊），上海古籍出版社1989年版。

（宋）马光祖、周应合等：《景定建康志》，宋元方志丛刊本。

（宋）朱熹：《晦庵先生朱文公别集》，四部丛刊本。

（宋）杨时：《龟山先生集》，文渊阁四库全书本。

（宋）刘子翚：《屏山集》，文渊阁四库全书本。

（宋）邵雍：《皇极经世书》，九州出版社2012年版。

（宋）张载：《张载集》，中华书局1978年版。

（宋）陆九渊：《陆九渊集》，中华书局1980年版。

（宋）黎靖德：《朱子语类》，中华书局1986年版。

（宋）朱熹：《性理大全》，山东友谊书社1987年版。

（宋）黄榦：《朱熹年编》，中华书局1988年版。

（宋）胡方平：《四库易类丛书》第14册《易学启蒙通释》卷上，上海古籍出版社1990年版。

（宋）吕祖谦：《丛书集成初编·易说》，中华书局1991年版。

（宋）朱熹：《朱熹集》，四川教育出版社1992年版。

（宋）陆九渊、（明）王守仁撰，杨国荣等导读：《易山语录　阳明传习录》，上海古籍出版社2000年版。

（宋）程颢、程颐：《二程集》，中华书局2004年版。

（宋）周敦颐：《元公周先生濂溪集》，岳麓书社2006年版。

（宋）王应麟：《困学纪闻》（全校本），上海古籍出版社2008年版。

（宋）杨万里：《诚斋易传》，九州出版社2008年版。

（宋）周敦颐：《周敦颐集》，中华书局2009年版。

（宋）朱熹：《朱子全书》，上海古籍出版社、安徽教育出版社2010年版。

（宋）朱熹：《四书章句集注》，中华书局2011年版。

（宋）黎靖德：《朱子语类》，中华书局2015年版。

（宋）程颐：《周易程氏传》，中华书局2016年版。

（宋）刘牧、郭彧：《易学钩隐图导读》，华龄出版社2019年版。

（元）脱脱等：《宋史》，中华书局1985年版。

（元）赵汸：《文渊阁四库全书》第27册《周易文诠》，台湾商务印书馆1986年版。

（元）胡方平：《易学启蒙通释》（四库易类丛书），上海古籍出版社1990年版。

（元）胡一桂：《周易本义附录纂注》（四库易类丛书），上海古籍出版社1990年版。

（元）胡一桂：《周易启蒙翼传》（四库易类丛书），上海古籍出版社1990年版。

（元）吴澄：《易纂言》（四库易类丛书），上海古籍出版社1990年版。

（清）永瑢等：《四库全书总目》，中华书局1965年版。

（清）李光地著，刘大钧注：《周易折中》，巴蜀书社1999年版。

（清）毕沅：《续资治通鉴》卷155，岳麓书社2008年版。

（清）王懋竑：《朱熹年谱》，中华书局1998年版。

唐君毅：《中国哲学原论》，九州出版社2016年版。

张岱年：《中国哲学大纲》，中国社会科学出版社1982年版。

高亨：《周易古经今注》，中华书局1984年版。

钱穆：《朱子新学案》上册，巴蜀书社1987年版。

刘大钧：《周易概论》，齐鲁书社1986年版。

黄寿祺、张善文：《周易译注》，上海古籍出版社1989年版。

刘大钧：《大易集成》，文化艺术出版社1991年版。

金景芳、吕绍纲：《周易辞典》，吉林大学出版社1992年版。
刘大钧、林忠军：《周易传文白话》，齐鲁书社1993年版。
林忠军：《象数易学发展史》第1卷，齐鲁书社1994年版。
王治心：《中国宗教思想史大纲》，东方出版社1996年版。
张岱年：《张岱年全集》，河北人民出版社1996年版。
余敦康：《内圣外王的贯通——北宋易学的现代阐释》，学林出版社1997年版。
林忠军：《象数易学发展史》第2卷，齐鲁书社1998年版。
顾明远：《教育大辞典》，上海教育出版社1999年版。
牟宗三：《心体与性体》，上海古籍出版社1999年版。
丁为祥：《虚气相即——张载哲学体系及其定位》，人民出版社2000年版。
冯友兰：《中国哲学史》上下卷，华东师范大学出版社2000年版。
张立文：《朱熹思想研究》（修订本），中国社会科学出版社2001年版。
束景南：《朱熹年谱长编》，华东师范大学出版社2001年版。
《续修四库全书》，上海古籍出版社2002年版。
束景南：《朱子大传》，商务印书馆2003年版。
王新春：《也论虞氏易的卦变说》，载《象数易学研究》第三辑，巴蜀书社2003年版。
杨柱才：《道学宗主：周敦颐哲学思想研究》，人民出版社2004年版。
朱伯崑：《易学哲学史》，昆仑出版社2005年版。
余敦康：《易学今昔》，广西师范大学出版社2005年版。
张文智：《〈周易集解〉导读》，齐鲁书社2005年版。
刘玉建：《〈周易正义〉导读》，齐鲁书社2005年版。
史少博：《朱熹易学和理学关系探赜》，黑龙江人民出版社2006年版。
余敦康：《汉宋易学解读》，华夏出版社2006年版。
廖明春：《帛书〈周易〉论集》，上海古籍出版社2008年版。
张立文：《朱熹评传》，长春出版社2008年版。
张惠芬：《中国古代教化史》，山西教育出版社2009年版。
陈来：《朱子哲学研究》，生活·读书·新知三联书店2010年版。
舒大刚：《儒学文献通论》，福建人民出版社2012年版。

葛金芳：《南宋全史·社会经济与对外贸易卷》（上），上海古籍出版社 2012 年版。

李世萍：《汉代教化的多维研究》，知识产权出版社 2013 年版。

姚进生：《朱熹道德教育思想论稿》，厦门大学出版社 2013 年版。

张岱年：《中国哲学大辞典》（修订本），上海辞书出版社 2014 年版。

张克宾：《朱熹易学思想研究》，人民出版社 2015 年版。

林乐昌：《张载理学与文献探研》，人民出版社 2016 年版。

陈支平：《朱熹及其后学的历史学考察》，商务印书馆 2016 年版。

Gottfried Wilhelm Leibniz, Der Brriefwechsel mit den Jesuiten in China (1689 – 1714), Heraugegeben und einer Einleitung versehen von Rita Widmaier, Textherstellung und Ubersetzung von Malte-Lundolf Babin, Felix Meiner Verlag 2006.

（二）学术论文

陈来：《朱熹理气观的形成和演变》，《哲学研究》1985 年第 6 期。

陈来：《朱熹哲学的"心统性情"说》，《浙江学刊》1986 年第 6 期。

张惠芬：《论宋代的精舍与书院》，《华东师范大学学报（教育科学版）》1987 年第 1 期。

黎昕：《杨时"理一分殊"说的特色及其对朱熹的影响》，《福建论坛（文史哲版）》1986 年第 2 期。

杨天宇：《谈〈易经〉的成书时代与作者》，《史学月刊》1988 年第 4 期。

刘述先：《由朱熹易说检讨其思想之特质、影响与局限》，《周易研究》1990 年第 1 期。

陈勇：《"理一分殊"在朱熹伦理学体系建构中的核心作用》，《孔子研究》1993 年第 1 期。

任崇岳：《南宋初年的经济与政治形势——绍兴和议研究之二》，《郑州大学学报（哲学社会科学版）》1993 年第 1 期。

邓立光：《从帛书〈易传〉看孔子之"〈易〉教"及其象数》，《周易研究》1994 年第 3 期。

何乃川、陈进国：《论李侗的"理一分殊"思想》，《厦门大学学报（哲学社会科学版）》1994 年第 3 期。

刘宗贤：《周敦颐的理学思想及其在宋明理学中的地位》，《齐鲁学刊》

1996 年第 5 期。

刘大钧：《读〈周易折中〉》，《周易研究》1997 年第 2 期。

姜广辉：《"文王演〈周易〉"新说——兼谈境遇与意义问题》，《哲学研究》1997 年第 3 期。

郭沂：《〈易传〉成书与性质若干观点平议》，《齐鲁学刊》1998 年第 1 期。

陈启文：《成德广业之"三陈九卦"》，《周易研究》1999 年第 4 期。

林忠军：《周敦颐〈太极图〉易学发微》，《孔子研究》2000 年第 1 期。

林乐昌：《张载对儒家人性论的重构》，《哲学研究》2000 年第 5 期。

温海明：《朱熹河图洛书说的演变》，《周易研究》2000 年第 4 期。

杨明：《当前高校道德教育面临的挑战与创新》，《高等教育研究》2000 年第 5 期。

王利民：《刘子翚"不远复"三字符及其对朱熹的影响》，《宁波大学学报（人文科学版）》2000 年第 1 期。

汤勤福：《太虚非气：张载"太虚"与"气"之关系新说》，《南开学报（哲学社会科学版）》2000 年第 3 期。

徐洪兴：《周敦颐〈通书〉、〈太极图说〉关系考——兼论周敦颐的本体论思想》，《中国哲学史》2000 年第 4 期。

张其成：《汉代象数学家的人文情怀》，《周易研究》2000 年第 1 期。

蔡方鹿：《朱熹对宋代易学的发展——兼论朱熹、程颐易学思想之异同》，《周易研究》2001 年第 4 期。

余敦康：《朱熹〈周易本义〉卷首九图与〈易学启蒙〉解读》，《中国哲学史》2001 年第 4 期。

丁为祥：《张载虚气观解读》，《中国哲学史》2001 年第 2 期。

郑万耕：《宋明易学论象与数》，《北京社会科学》2002 年第 2 期。

熊瑜：《朱熹家庭教育简论》，《四川大学学报（哲学社会科学版）》2002 年第 5 期。

朱翔飞：《孔子与〈易传〉——论儒家形上学体系的建立》，《周易研究》2002 年第 1 期。

肖雁：《〈易传〉"德"论研究》，《周易研究》2002 年第 2 期。

白长青：《谈〈周易〉的行为教化作用》，《辽宁大学学报（哲学社会科学版)》2003 年第 6 期。

李秋丽：《朱熹对邵雍先天象数学的继承和发展》，《周易研究》2003 年第 1 期。

廖名春：《钱穆孔子与〈周易〉关系说考辨》，《河北学刊》2004 年第 2 期。

史善刚：《殷墟文化与商易》，《殷都学刊》2004 年第 3 期。

史少博：《朱熹理学的易学底蕴》，《青岛科技大学学报（社会科学版）》2004 年第 1 期。

郑万耕：《损益两卦何以深受古人青睐》，《北京师范大学学报（社会科学版）》2004 年第 6 期。

郭沂：《从"欲"到"德"——中国人性论的起源与早期发展》，《齐鲁学刊》2005 年第 2 期。

林乐昌：《张载理观探微——兼论朱熹理气观与张载虚气观的关系问题》，《哲学研究》2005 年第 8 期。

林乐昌：《张载成性论及其哲理基础研究》，《中国哲学史》2005 年第 1 期。

王新春：《吴澄理学视野下的易学天人之学》，《周易研究》2005 年第 6 期。

朱汉民：《朱熹工夫论的知行关系》，《湖南大学学报（社会科学版）》2005 年第 4 期。

朱修春、林凤珍：《杨时的"理一分殊"学说发微》，《南昌大学学报（人文社会科学版）》2005 年第 2 期。

束景南：《朱熹的"理一分殊"及其认识论指向》，《四川师范大学学报（社会科学版）》2006 年第 2 期。

蒙培元：《孔子与〈周易〉》，《东方论坛 - 青岛大学学报（社会科学版）》2006 年第 2 期。

黄黎星：《复见天地心，艮止圣贤境——〈复〉、〈艮〉二卦义理与宋儒心性之学》，《武汉大学学报（人文科学版）》2006 年第 2 期。

史少博：《朱熹"太极"观对前人的超越》，《周易研究》2006 年第 5 期。

朱汉民：《朱熹论居敬工夫与身心互动》，《教育评论》2006 年第 1 期。

郑万耕：《"三陈九卦"章考释》，《周易研究》2007 年第 3 期。

林忠军：《从帛书〈易传〉看孔子易学解释及其转向》，《北京大学学报（哲学社会科学版）》2007年第3期。

崔波、王军：《论京房"作易以垂教"的教化思想》，《河南师范大学学报（哲学社会科学版）》2007年第4期。

梁韦弦：《关于数字卦与六十四卦符号体系之形成问题》，《周易研究》2007年第1期。

林乐昌：《张载礼学论纲》，《哲学研究》2007年第12期。

郭晓东：《论程伊川"性即理"的基本内涵及其工夫论指向》，《云南大学学报（社会科学版）》2007年第1期。

姜锡东：《北宋五子的理学体系问题》，《文史哲》2007年第5期。

史少博：《论朱熹易学与理学的沟通》，《济南大学学报（社会科学版）》2007年第2期。

王永宽：《论河图洛书的哲学思维》，《河南教育学院学报（哲学社会科学版）》2007年第5期。

蒙培元：《朱熹关于世界的统一性与多样性——"理一分殊"》，《北京大学学报（哲学社会科学版）》2008年第3期。

林乐昌：《张载两层结构的宇宙论哲学探微》，《中国哲学史》2008年第4期。

温海明：《先天学之自得，后天学之无奈——朱熹易学中的先天后天问题》，《周易研究》2008年第3期。

宋立林：《前孔子时代的"易教"传统发微》，《国学论衡》（第五辑）2009年。

刘新华：《从数字卦和卦象看〈周易〉的成书》，《周易研究》2009年第4期。

傅惠生：《帛书〈易传〉中"损""益"卦论疑案探析》，《华东师范大学学报（哲学社会科学版）》2009年第4期。

金祐莹：《朱子易学之哲学的分析——通过〈易学启蒙〉理解"理"的"穷极"义》，《周易研究》2011年第2期。

郑熊：《"以〈易〉为宗，以〈中庸〉为体"探析——从张载思想结构来考察》，《齐鲁学刊》2011年第3期。

秋石：《正确认识我国社会现阶段道德状况》，《求是》2012年第1期。

张克宾：《论朱熹易哲学中的"生生"与仁》，《中州学刊》2012 年第 1 期。

张克宾：《朱熹与〈太极图〉及道统》，《周易研究》2012 年第 5 期。

何丽野：《〈周易〉卦象的和谐思想——基于"履"、"咸"、"泰"、"恒"四卦象及其关系的研究》，《北京行政学院学报》2012 年第 1 期。

李育富：《胡方平〈易学启蒙通释〉刍议》，《周易研究》2012 年第 1 期。

肖发荣：《论朱熹对张载读书思想的继承和发展》，《西安石油大学学报（社会科学版）》2012 年第 4 期。

郑万耕：《〈周易·相传〉及其教化观念》，《孔子研究》2013 年第 6 期。

方朝晖：《人伦重建是中国文化复兴必由之路》，《文史哲》2013 年第 3 期。

文平：《汉代象数易学伦理方法论要》，《河南社会科学》2013 年第 7 期。

于伟：《先秦儒家之"礼"与我国教育的教化功能》，《教育研究》2013 年第 4 期。

倪南：《河图洛书数卦之理论略》，《周易研究》2013 年第 4 期。

周永健：《论朱熹的社会教化思想》，《重庆师范大学学报（哲学社会科学版）》2013 年第 4 期。

廖名春：《〈周易〉卦爻辞的哲学——以〈乾〉〈坤〉两卦为例》，《文史》2014 年第 3 期。

吴亚楠：《〈易〉的发明与张载"太虚"气本之论》，《理论界》2014 年第 2 期。

向世陵：《宋代理学的"性即理"与"心即理"》，《哲学研究》2014 年第 1 期。

张克宾：《损益与易道及〈易〉书——帛书〈要〉篇"损益之道"章释蕴》，《烟台大学学报（哲学社会科学版）》2014 年第 4 期。

陈来：《宋明儒学的"天地之心"论及其意义》，《江海学刊》2015 年第 3 期。

乐爱国：《朱熹的"心即理"及其与"性即理"的关系——兼论朱陆之异同》，《徐州工程学院学报（社会科学版）》2015 年第 2 期。

郑吉雄、傅凯瑄：《〈易传〉作者问题检讨（下）》，《船山学刊》2015 年第 5 期。

陈来:《仁统四德——论仁与现代价值的关系》,《江苏社会科学》2016年第4期。

乐爱国:《朱熹的"天地之心"与理气的关系——以唐君毅、牟宗三的不同诠释为中心》,《徐州工程学院学报(社会科学版)》2016年第5期。

赖区平:《理学视野中的复卦》,《周易研究》2016年第1期。

张克宾:《论朱熹先天象数学与理气论之融通》,《哲学动态》2017年第8期。

张克宾:《立恒与适变:〈周易〉恒卦意蕴诠解》,《周易研究》2017年第3期。

吴震:《论朱子仁学思想》,《中山大学学报(社会科学版)》2017年第1期。

陈来:《朱子〈太极解义〉的哲学建构》,《哲学研究》2018年第2期。

蔡杰、翟奎凤:《由易观礼——〈周易〉履卦大象辞诠释》,《国学论衡》2018年第00期。

陈明:《从原始宗教到人文宗教——〈易经〉到〈易传〉的文化转进论述》,《北京大学学报(哲学社会科学版)》2018年第4期。

周广友:《〈易传〉"三陈九卦"的义理结构及其德性修养论》,《儒家典籍与思想研究》2019年第00期。

杨国荣:《何为理学——宋明理学内在的哲学取向》,《武汉大学学报(哲学社会科学版)》2019年第2期。

唐琳:《朱熹〈周易本义〉的学术思想特色》,《江汉论坛》2019年第2期。

林忠军:《论朱子对〈周易〉卜筮性的重新确立及其解释学意义》,《学术月刊》2020年第9期。

郑治文:《本体·心性·工夫——"北宋五子"到朱熹的理学范式建构》,《齐鲁学刊》2020年第2期。

许宁:《朱熹对张载理学命题的再诠释》,《中国哲学史》2020年第6期。

张西平:《莱布尼茨和白晋关于二进制与〈易经〉的讨论》,《中国哲学史》2020年第6期。

彭鹏:《巽卦〈大象传〉新诠》,《周易研究》2020年第6期。

丁涛:《二程与周敦颐师承关系考辨》,《广西社会科学》2020年第8期。

胡海忠：《从元包四德到仁包四德——〈周易正义〉与道学一元论建构》，《中国哲学史》2020年第4期。

张茂泽：《〈周易〉的儒教思想》，《河北师范大学学报（哲学社会科学版）》2021年第1期。

（三）会议论文

杨朝明：《"六经"之教和孔子遗说——略谈孔子研究的资料问题》，《周秦社会与文化研究——纪念中国先秦史学会成立20周年学术研讨会论文集》，2002年。

王新春：《吴澄理学视野下的易学天人之学》，《易学与儒学国际学术研讨会论文集（易学卷）》，2005年。

（四）学位论文

张巍：《〈易传〉人文教化思想研究》，硕士学位论文，山东大学，2006年。

乔宗方：《〈周易折中〉易学思想评析》，硕士学位论文，山东大学，2006年。

李秋丽：《胡一桂易学思想研究》，博士学位论文，山东大学，2006年。

宋立林：《孔子"易教"思想研究》，硕士学位论文，曲阜师范大学，2006年。

张勇：《朱熹理学思想的形成与演变》，博士学位论文，西北大学，2008年。

赵文源：《朱子〈易〉注考源》，博士学位论文，浙江大学，2009年。

康喆清：《董仲舒教化思想研究》，博士学位论文，南京理工大学，2013年。

范赟：《易学与两宋理学形成和发展的关系研究》，博士学位论文，南京大学，2014年。

刘泉：《张载〈横渠易说〉研究》，博士学位论文，陕西师范大学，2016年。

刘淑君：《李光地易学哲学研究》，硕士学位论文，山东大学，2018年。

李圣强：《〈周易〉经传德治思想研究》，博士学位论文，山东大学，2020年。

后　　记

　　时光荏苒，距离这篇著作的完成已两年有余。作为外语专业出身的我，选择这一研究主题，既有偶然的机缘，亦有内在的必然。

　　偶然，缘于与几位恩师的相遇，正是他们的引领，使我最终选择了这个研究方向。在此，我要特别提及并感念在我学术之路上给予我深远影响的三位导师。

　　首先，要感谢的是山东师范大学教育学部的于洪波教授。与于老师的专业交流，使我初次接触到《周易》这一中国教育史中不可或缺但学界研究尚显薄弱的领域。怀着对中华传统文化的敬仰以及对《周易》博大奥秘的好奇，我特意前往山东大学易学与古代哲学研究中心拜访名师。山东大学易学与古代哲学研究中心作为当代易学研究的重镇之一，汇聚了如刘大钧教授等诸多当代易学大家。在中心学习期间，我有幸遇到了我的第二位恩师——林忠军教授。在林老师的悉心指导下，我选择了南宋儒学及易学大家朱熹的"《易》教"思想作为我进一步研究的课题。第三位恩师是华东师范大学国际汉语文化学院的王茜教授。在本书出版之前，王教授给予了我诸多专业上的修改建议，最重要的是对我研究方向的肯定。这三位恩师的出现，指引并激励着我在这一领域不断深入钻研。

　　必然，在于我虽为外语专业出身，但自幼对中国文化怀有浓厚的兴趣与热爱。我的书架上，既有外语领域的书籍，也有相当数量的中国古典学术著作。求学过程中，诸位教授对中国哲学，尤其是易学以及中国教育哲学思想的精辟诠释，以及他（她）们为人处世中所展现出的谦逊、豁达、温和与儒雅，更加坚定了我对易学教化思想研究的决心。

　　在撰写此书的过程中，我系统研读了朱熹的《周易本义》《易学启蒙》等易学著作，并细致研读了《朱子全书》中关于其易学与"《易》教"思想的相关章节。每读至深处，朱子在对《周易》思想的解读中所展现的智慧总令我赞叹不已。仿佛在那一刻，生活中的诸多疑惑得到了释解，内心的彷徨与不安也随之消散。渐渐体悟到，古人与我们所面临的困惑与挑战，其实并无本质的差异。千百年前，古人已历经了我们今日的境遇，并将他们的智慧凝于笔端，成为后世的指引，使我们少走弯路，多生智慧。对此，我心怀崇敬与感恩。

然而，作为非易学专业出身的我，面对浩如烟海的古籍文献，限于有限的时间与学识，势必只能对朱子的"《易》教"思想窥其一斑。在本书中所作出的分析与结论，也难免存在不尽完善之处。在此，恳请相关领域的专家学者给予批评指正。这些批评与建议，将成为我继续深入研究朱子"《易》教"思想的动力与源泉。

本书的出版，离不开许多人的帮助与支持。除了三位恩师之外，我还要感谢山东师范大学教育学部、山东大学易学与古代哲学研究中心、华东师范大学国际汉语文化学院的诸位老师，正是你们的教导与支持，使我在学术道路上得以不断前行。特别感谢我的好友王康宁副教授，在我备感迷茫与困顿时，是你给予了我许多专业上的建议与帮助，助我重拾信心，以积极的心态面对未来的学术与生活。同时，我也要感谢山东师范大学国际教育学院的领导和同仁们，正是你们的大力支持，才使我能够全身心投入到学术研究中。

特别感谢中国社会科学出版社的编辑们，尤其是责任编辑安芳女士。本书得以顺利出版，离不开你们的专业付出与辛勤努力。

最后，我要深深感谢一直在背后默默支持我的家人——我的爱人公黎斌、儿子公闻博，以及我的父母和公婆。无论人生长短，有你们相伴，足矣！

李群

癸卯年春